郭 华 著

THE
DREAM
OF
TEACHING

教学的模样

教育科学出版社
·北 京·

出 版 人　郑豪杰
责任编辑　方檀香
版式设计　杨玲玲
责任校对　马明辉
责任印制　叶小峰

图书在版编目(CIP)数据

教学的模样／郭华著. —北京:教育科学出版社,2022.10(2023.2 重印)

ISBN 978-7-5191-3239-2

Ⅰ.①教… Ⅱ.①郭… Ⅲ.①中小学—教学研究—文集 Ⅳ.①G632.0-53

中国版本图书馆 CIP 数据核字(2022)第 170925 号

教学的模样
JIAOXUE DE MUYANG

出版发行	教育科学出版社		
社　　址	北京·朝阳区安慧北里安园甲 9 号	邮　　编	100101
总编室电话	010-64981290	编辑部电话	010-64981252
出版部电话	010-64989487	市场部电话	010-64989009
传　　真	010-64891796	网　　址	http://www.esph.com.cn
经　　销	各地新华书店		
制　　作	北京金奥都图文制作中心		
印　　刷	三河市兴达印务有限公司		
开　　本	720 毫米×1020 毫米　1/16	版　　次	2022 年 10 月第 1 版
印　　张	20.25	印　　次	2023 年 2 月第 2 次印刷
字　　数	241 千	定　　价	62.00 元

目　　录

CONTENTS

教与学永远统一

揭示知识的内在联系（本质联系），讲清知识的内在道理，以“讲理”的态度去讲“理”，是教学的一条重要“道理”。

教学即“讲理”

很多人以为，教学方式的不恰当、不适合、陈旧、落后是种种教学弊端产生的根本原因，因而寄望于通过改革教学方式来去除弊端、改进教学。近年来的教学改革尤其倾向于此。转变教学方式甚至成为教学改革的唯一内容，“自主、合作、探究”成为解决教学问题的主要抓手，成为解决学生机械学习、被动静听的灵丹妙药，成为培养学生创造性、实践精神的不二法门。但是，无论是理论研究还是实践探索，都无法证明，单纯改变教学方式就能解决想要解决的教学问题。道理很简单：机械的、死记硬背的学习方式自然不能激发学生主动的学习，但发现的、合作的、探究的方式也未必就不是机械的，未必能够激发学生的主动学习。有人意识到简单的转变是不行的，因而有了“教学方式多样化”，又有了“优选教学方式”，等等，做了许多的探索和努力，也取得了一些效果，至少课堂教学气氛活跃了，学生愿意参与了，甚至教学效果也有了起色。于是，更多关于教学方式的探索和研究涌现出来，例如“三三六教学模式”、“先学后教”、“二七一教学模式”、“10+35”模式（即教师讲10分钟，学生自学35分钟）等等。

当然，要承认，教学方式的探索、研究、创新确实是教学理论研究和实践探索的重要内容。例如，夸美纽斯在《大教学论》的扉页上就曾写道：“寻求并找出一种教学的方法，使教员因此可以少教，但是学生可以多学。”之后，赫尔巴特的教学形式阶段理论，杜威的“做中学”“设计教学法”，某种程度上，也都是对教学方式的探索，也都多少促发了教学方式的转变。就教学实践层面而言，教学改革的可见成效也通常表现为教学方式的变革。而由一种教学方式转变为多种，在多种中寻求最优，更是体现了教学探索的进步和自觉。

但是，为了变革而变革，为了活跃课堂气氛而转变，把转变的重心押在教学方式的转变上，则教学方式的转变就成了无源之水、无本之木，教学方式便成了没有灵魂的空壳。正如杜威所说：“用机巧的方法引起兴趣，使材料有兴趣；用糖衣把它裹起来；用起调和作用的和不相关的材料把枯燥无味的东西掩盖起来；最后，似乎是让儿童在他正高兴地尝着某些完全不同的东西的时候，吞下和消化一口不可口的食物。”① 因此，问题不在于教学方式本身的变革，而在于这种变革是怎么来的。

就世界范围内教学理论的探索和发展历史来看，一切的研究和探索都指向学生在教学活动中的发展，而促进学生发展的最根本的途径则是使学生明“理”，即向学生“讲理”。例如，我国古代就有关于教学中“讲理”的初步记载。《论语》的“闻一知十”“举一反三”，就表达了教学中“讲理”的重要性。这里的“一”便是

① 杜威. 学校与社会·明日之学校［M］. 2版. 赵祥麟，任钟印，吴志宏，译. 北京：人民教育出版社，2005：127.

普遍适用的、解释力强的道理（规律和原理）。只有讲清了“理”，学生把握了“理”，才能够举一反三、闻一知十。

自教学论成为一门学科以来，教学论史上的诸多探索，都在解决一个共同的问题，即外部知识（外在于学生个体的知识）如何通过教学活动被学生所占有、成为学生的精神财富，即知识被学生所理解和掌握的内在机制。虽然直到现在学生掌握知识的内在机制问题依然没有彻底解决，但至少有了一些积极的探索，而且这种探索都具有一个共同的特征，即在教学过程中，通过揭示知识的内在道理来使学生掌握。

夸美纽斯天才地意识到了学生的“注意”在知识学习中的作用，他说：“我们利用一点点技巧，就可以集体地和个别地吸引学生的注意，可以使他们获得一种观念（事实本来是这样），认为教师的嘴就是一个源泉，从那里可以发出知识的溪流，从他们身上流过，认为每逢这个源泉开放的时候，他们就应当把他们的注意当作一个水槽一样，放在它的下面，一点不要让流出的东西漏掉了。教员还应格外当心，除非全体学生都在静听，他决不可说话，除非他们全在注意，否则不可进行教学。……我们不应该对风说话，而应该对人的耳朵说话。”① 也就是说，他意识到，知识的学习如果没有学生的主动参与是不可能的；同时他也关注到教师要照顾学生的发展水平，提出了直观性原则、循序渐进原则，目的就在于使教学能以学生可理解的方式展开，使教师与学生发生真正的互动，使学生能够进入到教学活动中来，理解教师所讲的内容。当然，夸美纽斯并没有去论证“为什么教师讲了学生就懂了”“为什么教师的知识流到学生的头脑里就变成了学生的知识”，换言之，夸美纽斯只

---

① 夸美纽斯. 大教学论［M］. 新 2 版. 傅任敢，译. 北京：人民教育出版社，1984：140.

是初步地描绘了教学得以展开的外在表现形式，尚未涉及教学活动的内在机制，因而他所描绘的教学总体上是经验性的、处于半自觉的探索状态时期的教学。

赫尔巴特强调教学对学生发展的自觉干预，他所提出的教学过程的四个形式阶段（即明了、联想、系统、方法）比之夸美纽斯对教学活动的经验性描绘要自觉得多。教学的四个形式阶段理论不仅提出了学生在教学过程中专注、审思、联想等心理活动，还引导教师要着力在联想（即新旧知识的关联）、系统（在知识结构中把握和讲解知识）等环节上下功夫；同时，通过学生对所学知识的应用，检验学生的知识掌握状况，将内化了的知识再通过个人操作或作业的方式外显化，实现间接知识直接化，促进学生对知识的最终转化。换言之，教学不再是知识由教师这里“流向”学生的头脑，而是通过师生相互作用，揭示出新知识与旧知识的内在联系，利用旧知识解释新知识，从而实现学生与知识的实质性互动，将新知识纳入已有的知识系列中，使得知识在一个体系结构中存在，在相互依存中获得意义。赫尔巴特的这种努力，是对教学活动揭示知识的“理”的强调与凸显。

在人们的印象中，杜威似乎并不像夸美纽斯、赫尔巴特那样重视系统知识的学习。事实上，杜威并不轻慢知识：“今天比以往任何时候都在更大程度上要依赖于自然科学和社会科学的事实和原理的知识。”① “教学的问题在于使学生的经验不断地向着专家所已知的东西前进。”② 甚至“学校中的道德教育问题就是获得知识的问

① 杜威. 学校与社会·明日之学校［M］. 2版. 赵祥麟，任钟印，吴志宏，译. 北京：人民教育出版社，2005：337-338.

② 杜威. 民主主义与教育［M］. 2版. 王承绪，译. 北京：人民教育出版社，2001：200.

题"①。"如果……把必然占学校主要时间的获得知识和发展理解力看作和性格无关，那么学校的道德教育就是没有希望的。"② 当然，他也如赫尔巴特等人一样，知道儿童经验与外部知识之间存在着难以跨越的巨大距离，儿童掌握外部知识有着巨大的困难，因而他另辟蹊径，主张做中学（而不像赫尔巴特那样主张"学后做"——应用），即从学生的经验入手，希望通过教师引导学生去"做"事来丰富、改造、提升学生的经验，从而从学生经验中生长出足以弥合外部知识与学生经验之间鸿沟的力量，实现个体经验与人类经验的相接。在这个意义上，杜威也有道理：不是通过教师去揭示外部知识的道理而使学生理解、掌握，而是由学生自己在"做"的过程中体会出蕴涵在外部知识中的道理。这时，外部知识就不是外部的，而是学生自己的，无需"理解"便有了理解。

20 世纪 50 年代以后，布鲁纳、赞科夫等人更加明确地提出了使学生理解学习过程的主张。布鲁纳倡导通过发现学习，使学生把握知识的来龙去脉、理解知识的内在联系（即掌握学科的基本结构）。赞科夫则力主学生理解学习过程，以便学生能够掌握抽象的、原理性的"理论知识"。

综上，教学论史上探索的一条清楚的线索就是：从夸美纽斯时代关注外在知识如何被学生所掌握的外在形式的探索，逐渐转向探索教学认识的内在机制，即如何才能使学生理解和掌握知识的内在原理、本质联系，强调以科学的、人性的、多样而开放的方式展开教学活动，即以"讲理"的方式来讲"理"。教学实践的探索也同样呈现出这样一条轨迹，优秀的教学实践总是以"讲理"的方式来

---

① 杜威. 民主主义与教育［M］. 2 版. 王承绪，译. 北京：人民教育出版社，2001：374.

② 同①372.

讲“理”。可见，教学论的探索，始终指向更科学、更人性地来进行教学，或者说，一切教学改革总是指向更好地去“讲理”。

如果不能抓住知识的根本道理，不以“讲理”为前提，那么，单纯转变教学方式（或者其他方面的教学改革），只能带来表面的效益，而不可能在根本上改进教学。

揭示知识的内在联系（本质联系），讲清知识的内在道理，以“讲理”的态度去讲“理”，是教学的一条重要“道理”。

（摘自《教学即“讲理”——兼论变异教学理论在教学中的运用》，原载于《教育学报》2013 年第 5 期）

在“教”与“学”统一的语境中，“教”与“学”各自独立但又高度统一：“学是教主导下的学，教是为学服务的。”

教学：教与学永远统一

提到教学，很多人会说“教学是教与学的双边活动”，强调“双边”。强调“双边”，是有意义的，它提示了“教”与“学”各自独立、不能相互替代。但是，纯然独立的“教”与“学”却并不构成教学活动，因而强调“双边”还不足以充分解释教学活动。王策三先生谈到教学概念时，强调“统一”，强调教学是“教师教、学生学的统一活动”①，强调“教与学永远统一”。在“教”与“学”统一的语境中，“教”与“学”各自独立但又高度统一，在共同活动中承担着相互支撑的义务：“学是教主导下的学，教是为学服务的。”“永远统一”，便是须臾不能分离。一旦分离，“学”不再是那个“学”，“教”也不成其为“教”。

---

① 王策三. 教学论稿［M］. 2版. 北京：人民教育出版社，2005：87.

学："自学"与"教学"的区别

日常经验告诉我们，即使没有"教"，"学"依然存在，即"自学"；但"自学"显然是与"教学"不同的活动，而离开"教"、不在"教"指导下学习的个人，只能泛泛地称之为"学习者"（"自学者"）而不能称作"学生"。

在"自学"这里，没有他人（教师）的引导、帮助，学习者独自面对庞大深奥的人类已有认识成果，所遇困难之多、所用时间之久，远超教学；结果如何，全凭个人自己的天赋、悟性和努力。

当然，即便是"自学"，也比通过盲目的摸索和反复的试误去获取经验要安全得多、高明得多。自学的前提是有经验可学，即有前人或他人的现成经验，无需个人去实践、去探索。荀子《劝学篇》说："青，取之于蓝而青于蓝；……君子博学而日参省乎己，则知明而行无过矣"，"不登高山，不知天之高也；不临深溪，不知地之厚也"。① "学习"一途，正是登顶临渊、见天高地厚而知明行无过的正道。荀子又说："吾尝终日而思矣，不如须臾之所学也；吾尝跂而望矣，不如登高之博见也。登高而招，臂非加长也，而见者远；……君子生非异也，善假于物也。"② 这里的"善假于物"，"假"的是前人之经验智慧、前人所达到的高度；"登高"才能博见，"学习"便是"登高"，"登"前人之"高"，见个人"跂而望"所不能之"博见"，成就出于蓝而胜于蓝之"青"。

虽然没有实践探索那样凶险、艰苦，但"自学"之"学"却有另一番艰难困苦。学习者不仅要学习符号及符号系统，了解符号

---

① 王先谦. 荀子集解［M］. 沈啸寰，王星贤，点校. 北京：中华书局，1988：1-2.

② 同①4.

所表达的意义，理解不同的符号表达方式所传达出来的细微却重要的差别，还要在符号与客观事物之间建立联系；既要了解符号表述的逻辑，还要透过符号去了解客观事物及其内部联系；既要认识符号及其表达的意义，又要掌握人类发现知识以及用符号表达发现知识的过程。这便带来巨大的学习困难。例如，零下 8 度的“-8”与负数“-8”的区别及各自独立的意义，公式 $I=\frac{U}{R}$ 与公式 $Q=$ I2R$t=$（$\frac{U}{R}$）2R$t=\frac{\mu^2}{R}t$ 各自表达的内容及其所蕴含的复杂的原理以及人类的精神与心灵世界，等等。凭个人的努力想要全面而深刻地把握所有这些内容，是难上加难。正如赫斯特和彼特斯所说：“说许多目标没有‘教学’也能达到，这在实践中是不可能的。”①“单凭儿童在社会和物质环境中生活和自由探索，以为儿童就能够获得我们希望他们获得的复杂的、受规则支配的原理和程序……是可笑的。”② 不得已而为之的“自学”，精神可嘉；而故意绝师弃教，则并不理智。虽然“许多学习的形式，是在没有‘教学’的情况下进行的”，“但如果教学情境是教师精心安排好的话，则学生能更迅速、更可靠地学会绝大多数事情”。③

可以说，无“教”之“学”，虽然存在，却因没有教师的引导而很难真正登高望远、知明而行。如赫斯特和彼特斯所说：“概念以及检验真理的方式是主要的教育目标。这些教育目标连同我们感兴趣的有关心理品质，使我们能够一步一步地阐明千百年来形成的复杂的语言结构、社会制度和传统。只有掌握了它们得以生长的复

---

① 赫斯特，彼特斯. 教学［M］//瞿葆奎. 教育学文集：教学：上册. 北京：人民教育出版社，1988：66.

② 同①67.

③ 同①.

杂的非自然世界（non-natural world），它们才会对每一个儿童开放。"①但只凭个人的“自学”，是难以实现的，而“教学”正可以为“自学”所不能为。

教：不能独立存在

如上所述，没有“教”，依然有“学”（“自学”），“学”可以独立存在。只要有学习主体、学习对象，便能有“学”，虽然只是“自学”。那么，无“教”可以有“学”，是否无“学”也可以有“教”呢？

在英语中，“‘教’的意思就是通过信号或符号向某人说明某事，用信号或符号引起别人对事件、人物、观察或研究的结果等作出反应"②。从 teach 这个词的词性和词义来看，“教”就是向某人说明某事，既要有直接宾语，也要有间接宾语。“教”这个词的特性，揭示了教学的最朴素的特征：“教学”即教某人学习某事，“教”是为了“学”而存在的。而“教学即成功”的定义方式，则直接说明了“教”与“学”的不可分割。凡“教”必涉及“学”。如：“教育文献中常见的复合词 teaching-learning（‘教-学’）多少说明了这一点"③，“教学必然导致学习。根据这种观点，教学可以定义为这样一种活动，即 X 学习 Y 教的东西。假如 X 没学，Y 就不能算教过"④。在某种意义上，“教学”与“买卖”极其相似，

---

① 赫斯特，彼特斯．教学［M］//瞿葆奎．教育学文集：教学：上册．北京：人民教育出版社，1988：66.

② 中央教育科学研究所比较教育研究室．简明国际教育百科全书：教学：下册［M］．北京：教育科学出版社，1990：234.

③ 同②235.

④ 同②235.

都由两个相对独立、不能相互替代的活动结合而成，一旦结合成功，便相互支持、相互成就。如若没有“卖”，就没有“买”；没有“买”，“卖”就不会发生。所谓的“卖”，最多只是“摆摊”“展览”“吆喝”，只有“买”“卖”同时发生，才成了“买卖”。“教学”也是这样。没有“教”的“学”，只是“自学”而非“教学”，没有“学”，则“教”就不能称为“教”，可能是“自说自话”“独角戏”或是其他什么，但唯独不能叫作“教”。应该说，“教”的存在必有赖于“学”的发生，“教”是不能独立存在的。“教”的所有意义、价值与功能，都在于引发某人的“学”、为“学”服务。有了“学”，某种行为及行为意图才能成为“教”。也就是说，引发了“学”，“教”才显现为“教”；只有“教”和“学”同时发生、互有关联、互相影响时，“教”与“学”才统一为“教学”。

因此，当“教”与“学”分离时，“教”就不再是“教”了。

［摘自《“教与学永远统一”再认识——教学认识论的视角》，原载于《四川师范大学学报（社会科学版）》2017年第1期］

实现“两次倒转”，教师必须对学科、对学生学习有着深度理解和认识，知道内容在哪儿、学生在哪儿，知道搭建多大坡度的阶梯、给予什么样的帮助。

在“两次倒转”中实现教与学的统一

经过长期的探索、争辩与实践，人们对教学活动的理解更为理性、具体，对“教与学”的统一有更深刻的认识，但 30 多年前王策三所批评的“教与学割裂”的现象①依然存在，只不过换作另一副形象，例如“先学后教”“自主学习”等。对于已有研究成果的认识，停留于对个别方法的表面模仿而不知其深刻原理，难以借鉴吸收并转化为理性实践。例如，有人认为发现法不适合文科，情境教学不适合理科，等等。

看来，实现教与学的自觉统一，还需明确而具体的教学机制。

在借鉴吸收以往一切优秀研究成果的基础上，我们提出“两次

---

① 王策三在 1985 年出版的《教学论稿》中指出：“有的同志……提出，要把‘教论’变成‘学论’，甚至演绎开来，要把‘教室’变成‘学室’，把‘教具’变成‘学具’，把‘教本’变成‘学本’，等等。……这种‘学论’的主张和‘教论’的做法出于同一理论根源，就是都把教学和学割裂了。”参见：王策三．教学论稿［M］．北京：人民教育出版社，1985：91.

倒转”① 的教学机制来实现教与学的统一。

所谓“两次倒转”，简言之，就是先“倒过来”，再“转回去”。它的理论前提是教学认识论，即首先要确认教学过程主要是学生个体的认识过程（而非实践过程或交往过程等），学生是教学认识的主体，人类认识成果是学生认识的客体。所谓“倒过来”，是指相较于人类总体认识过程，学生个体认识过程（教学过程）是“倒过来”的过程。即：学生的认识（教学）并不从实践、试误开始，而是直接从人类认识的终点开始，把人类认识的终点作为学生认识的起点。这个“倒过来”的过程，与人类最初发现知识的过程完全相反。显然，直接从人类认识的终点开始，有着巨大的优越性，高速、安全、结构化，能够在短时间内掌握人类千百年来的认识成果。但是，“倒过来”也面临许多困难和问题。例如：学生的经验和水平与人类认识成果存在着巨大的差距，如何化解？外部知识如何能够成为学生的认识对象，又如何能够转变为学生的精神财富？如何通过书本知识的学习达成全面育人的目的？……这些问题，正是需要通过教学来解决的。

但是，在相当长时期里的相当多的教学实践，采取的却是简单粗暴的处理方式。例如，理所当然地直接将符号化知识告诉学生，把教学等同于传递。因为不能充分体谅学生学习知识的困难，因而未能对知识做有利于学生学习的转化。教师充当着“知识搬运工”的角色，学生的学习孤立无援，教学的结果很大程度上要依赖学生的天赋或努力。这样的教学，虽有“教”之名，但无“教”之实，难以引发真正的“学”。再例如，完全放任学生个人去摸索、试误，将杂乱无章的个人经验和低水平的个人“探究”看作学生主动、积

① 郭华. 带领学生进入历史：“两次倒转”教学机制的理论意义［J］. 北京大学教育评论，2016（2）：8-26.

极的学习，无视“教”的价值与意义，置学生于孤立无援的境地，导致学生只能在低水平的经验上“爬行”。凡此种种，都是“教”与“学”分离的实例，极大地削弱了教学应起的作用，扭曲了教学的价值、意义。

当然，也有一些优秀的教学实践，探索到了“教”与“学”统一的机理，能够将知识学习与学生发展融合为同一个过程。具体的做法，就是将外在知识（尤其是概念、原理）的学习过程转化为学生可以亲自“探索”“发现”的过程，使教学活动真正成为学生的主体活动。那么，这些优秀的教学是如何做到将外在的、确定的、客观的知识，变成学生可以探索、思考和主动建构的对象而不是只被传输的知识的？也就是说，在这些优秀的教学实践中，教师是如何引发学生的主动学习的？

大凡优秀的教学，都经历着“两次倒转”，即把“倒过来”的过程再“转回去”。“倒过来”，便是先决地承认教学过程是学生个体认识的过程，承认人类已有认识成果（知识）作为教学内容的意义和价值；而“转回去”则要使知识变成学生主动认识的对象而不仅仅是外部的知识，真正落实学生主体的地位，使教师、学生、知识（内容）得以有机统一，使教师的“教”与学生的“学”能够统一而成“教学”。“两次倒转”的教学过程这样进行：教师明了教学的内容和方向，但并不直接告诉学生所学的内容，而是从学生的经验切近处入手，从学生现有的水平、经验以及发展需要出发，采用多样而恰切的手段，精心设计知识“发现”的“真实情境”，激发、引导学生自觉的主动活动，使学生能够作为认识主体通过“发现”去建构出人类已经知晓的知识。当然，学生“发现”和“建构”知识的过程，不必要也不可能原原本本地经历人类最初发现知识的全部过程，而是在教师的引导下，简约地、模拟地去经历人类认识的典型过程，于短时间内“再经历”人类千百年的认识历程，于知识的“再发现”与“再建构”的过程中，体验并形成知识本身所内蕴的学科思想、思维方式，形成积极的情感态度价值观，从而有能力站在“巨人的肩膀”上继续前行。

实现“两次倒转”，教师必须对学科、对学生的学习有着深度的理解和认识，知道内容在哪儿、学生在哪儿，知道搭建多大坡度的阶梯、给予什么样的帮助，能够让学生自信而有动力地去自觉探索。数学特级教师俞正强的“如何让学生认识线无粗细”这个例子，生动地阐释了“两次倒转”的教学活动与知识“传输”“传送”的区别①。

对于“过两点可以画几条直线”这个问题，学生通常会回答“两条”。如果笔足够细的话，可以画更多条。在这种情况下，老师通常会这样引导：“如果点更加小，点小到没法再小了，可以画几条?”

如果老师这么问，学生就会猜到“两条”是错的，“既然老师讲点很小，那应该是暗示我们画一条吧”。于是，就会试着回答“一条”。在得到老师肯定之后，学生便“记住”了这个答案。“个别记不住的学生，在多次强化后也记住了。”

如果教学只是需要通过“强化”去“记住”某个“答案”或“结论”的活动，那么，“原来可以思考的东西，便开始远离思考。当思考的通道，这样被堵塞后，数学的魅力就渐行渐远了”。

那么，如何让教学活起来，让教学有魅力呢?教师首先要明了学生经验与科学知识之间的区别与差距。在生活中，线确实是有粗细的，线粗或者线细是再正常不过的事。在学生的经验里，因为线有粗细，所以在通过两点时，线越细就越可以多画几条。但是，

① 详见：俞正强．如何让学生认识“线无粗细”［J］．中国教师，2015（3）：59-60. 本部分案例根据俞正强老师的案例改编而来。加引号的部分为原文引用，重点线为引者所加。

“在数学上，线是无粗细的。因为线无粗细，所以过两点只能画一条直线。因此，关键在于如何让学生理解线无粗细”。要想让学生真正从内心理解过两点只有一条直线，必须首先让学生理解“线无粗细”。

如何让学生理解线无粗细呢？俞正强是这样上课的：

师：小朋友，线有粗细吗？

生：有，线有粗的和细的。

师：请在桌子上找一条线好吗？（不找毛线、电线）

生：桌子的边线，课本的边线，呵呵，好多。（线在面上）

师：哪一条线最短？（线有长短，长短才是线的属性）

生：数学课本的宽。

师：好，请同学们把这条最短的线画在纸上。

[同学们开始画线。老师寻找一条粗的线（甲生）和一条画得比较细的线（乙生），投影在屏幕上，问同学们]

师：这两条画的线有不一样的地方吗？

生：有，有粗，有细，粗细不同。（线有粗细，这是再自然不过的事情了）

师（指甲生）：你画的是哪条线啊？

甲生（指着数学书本宽的边线）：我画的是这条。

师：你把这条指给同学们看。（定了型）

师（指乙生）：你画的是哪条线啊？

乙生（指着数学书本宽的边线）：我画的是这条。

师：你把这条指给同学们看。（定了型）

师（对全体同学）：同学们，他们俩画的线一样吗？

生（惊诧，讨论，得出结论）：画的线是一样的，画出的线不一样。

师：为什么画的线一样，而画出的线却不一样？

生：画出的线有粗有细，画的线没有粗细，因为都是边线。

（这个结论是非常重要的。学生有两种体会：体会一是线在物上，边线是没有粗细的；体会二是线画出来有粗细，是因为笔有粗细。）

师（小结）：我们知道，线本来没有粗细，只是笔有粗细而已。

俞老师的这节课，并没有“输送”“平移”知识让学生“记住”，也没有生拉硬拽地去“启发”学生，而是从知识的结果“转回去”，转到知识的发生处，转到学生能够主动去“发现”和“建构”处，也就是说从学生的现有经验与水平出发，经过简约而典型的活动，使学生重新经历从生活经验上升为科学知识的过程。

因为有教师的帮助，这个过程便既合乎学科知识的发展脉络，又使学生能够“自主探索”“发现”，尤其能够唤起学生对数学之美的“惊诧”。

俞老师说：

生活中，关于线的粗细（学生认识）太深刻了，数学中要破此观念，原本不是十分容易。有了这个经历体会，再来思考过两点画几条直线的问题，学生就不难接受了。

关键的，数学是讲道理的。因为数学是讲道理的，所以，数学是可亲的。

而这种道理，具有一种惊诧的美丽。

从俞老师的这节课里，可以体会到，教学的“再转回去”的过程，是使教与学真正得以统一的重要一环，也是使教学成为道德的、教育的和发展的教学的重要一环。它同样关注知识的意义与价值，强调教师对学生的引导，但它能够创造性地缩短学生与人类认识成果（知识）的心理距离，让学生在知识面前不再感到自卑和强制，而是感受到自己的力量和主动活动的价值，让学生变得自信而阳光。它“使学生理解学习的过程”①，使知识成为学生可思考、可操作、可建构和有情感关联的认识对象，而不再是只需要“记住”的、与学生无关的客观外在物。

因此，“转回去”是教学真正应该有的样子。当然，“倒过来”是必有的前提。只有“倒过来”再“转回去”，才是真的教学，而不是混同于一般的实践探索。也只有再“转回去”，“倒过来”才有了现实的意义，教学才真正发生。

在“两次倒转”的教学活动中，教师、学生和知识得以高度统一，真正成为教学的三要素，而非各自孤立无联系的存在。教师的“教”引发了学生的“学”，而且是高质量的、有意义的“学”。“教”与“学”虽然各自独立，却又相互依存：学生学得好，是因为教师引导得好，教师能够把内容打开、精心设计，知道知识在哪里、学生在哪里，知道如何带领学生与知识相遇；而教师教得好，最终体现在学生学得主动、学得充分，是以主体的身份在学习，而且能够达到他自己自然发展所不可能达到的高度。

如此，“教”与“学”得到了完美的统一，是谓“教学”。

[摘自《“教与学永远统一”再认识——教学认识论的视角》，原载于《四川师范大学学报（社会科学版）》2017 年第 1 期]

① 赞科夫所提教学原则之一。参见：赞科夫. 教学与发展［M］. 北京：人民教育出版社，1985.

一项改革能够顺利开展，不仅要有改革的方向和理念，还要有能够让教师主动参与改革的吸引人之处，要有能够带领教师走上改革道路的入口。

教学改革的初心与坚守

教学改革是前赴后继、永无止境的实践。严肃的教学改革，既是对社会发展要求的主动回应，也是探索教育规律以促进学生健康发展的自觉努力。“为什么改”“改什么”“怎么改”，如人生问题一样，一直是教学改革的基本问题。自 2001 年我国第八次基础教育课程改革以来的 20 年，课程改革渐成主流话语。以学校课程体系建设、校本课程开发、课程领导力、课程意识等为主题的研究和实践探索，极大地提升了我国学校课程建设的能力。但是，课程并不能替代教学。课程体系无论理念多先进、结构多合理，如果不能由教学来体现，便不能转化为促进学生成长的力量，就只是静态的文件而不是现实的实践。因此，课程改革要深化，必须在教学改革上下功夫。

教学改革的重心是处理知识与经验的关系

学生、教师、知识是教学活动的三个核心要素。三者对立矛盾却又难舍难分、相辅相成。教学改革往往“按下葫芦浮起了瓢”，总有解决不完的问题，顾此失彼、难以为继，正是这三个要素间的复杂关系造成的。将它们和谐地统一到一起，实现夸美纽斯所说教学的“迅速、愉快、彻底”，是最大的挑战，也是教学改革持续不断的缘由。

学生、教师、知识三要素缺一不可。但自觉地关注到三个要素在教学活动中的地位、作用与价值及三者间的相互关系，则是非常晚近的事情。在夸美纽斯那里，把“一切知识教给一切人类”的宣称，突出强调的是知识的先在性和无上价值，学生和教师则相对黯淡，被无意忽略了；到了杜威和泰勒那里，儿童（学生）及儿童经验才成为被自觉关注的对象，杜威的《儿童与课程》和泰勒的《课程与教学的基本原理》中有极其深刻的论述，做出了杰出的贡献；将教师及教师对课程的影响作用自觉纳入研究视野，则晚至20世纪中叶才由施瓦布明确地提出来。可见，历经漫长的探索，才在理论上自觉承认了三者的地位、作用和相互关系，而在教学实践中，恰当地处理三者关系，需要更强大的实践智慧、协调更多样复杂的关系。

教学活动三要素的关系，通常反映为几组典型的二元对立关系，如知识与经验、教师与学生、结果与过程、目的与手段、内容与方式等。在这些关系中，尤以知识与经验的关系最为重要，是“牵一发而动全身”的关键。如何看待和解决这对关系，直接影响着教学活动的过程与形态。因此，知识以及知识与学生经验的关系问题，是任何一项改革都无法回避的根本问题。

无知识不教学。学生学习的主要是以符号形式存在的间接经验即“知识”，这是公认而确定无疑的。但为什么有关知识的争论却无休无止？事情越来越清楚，关于知识的争论，焦点并不在于是否“过于重视知识的传授”，也不在于知识的难易多寡，而在于知识与儿童或知识与儿童个体经验的关系。争论主要集中在两个层面。其一，性质层面：教学究竟是以知识来培养、发展儿童，还是让儿童从内在愿望出发来学习知识？其二，方法层面：外在的知识如何与学生发生意义关联，变成学生内在的精神财富？教育史上所谓的传统教育重知识、重教师，进步主义教育重经验、重儿童，就是对这两个层面问题的各自回答。

知识是千百年来人类实践成果的精华，蕴含着人类的思考方式、实践方式、思想情感和价值观。专门的教学之所以需要，就是因为任何个体都难以在其短暂的一生中发现如此庞大体量的知识，也难以凭一己之力参透原理性知识丰富复杂的内涵。人类需要继往开来，个体生命需要通过知识来扩展自身的感知觉范围，而教学就是对人类知识与个体经验间矛盾的解决，教学的根本问题就是外部知识如何成为学生的“骨骼血肉”，成为学生个体的内在力量、精神财富的问题，就是如何用已有知识来塑造、养成“新人”的问题。因此，无论是否自觉，都得承认教学的性质就是学生个体认识人类已有知识从而实现发展的过程，否则就不需要教学。

但是，于学生而言，知识是先在、外在、客观、确定而又高级、遥远的，似乎两不相关，难以相接。因此，如何让知识与儿童的经验相接，使外在的知识转化为对学生有意义的、内在的经验，就成为教学改革的重心。

经过教育史上反复的“钟摆”式改革，人们越来越清楚，于知识与经验间执其一端是行不通的，知识必须与学生发生关联进而转化为学生的经验。因此，即便承认知识的外在性、客观性，也必须使它具有“主体相关性”，即要从学生学习的角度来选择、改造、组织、呈现。① 在教学中，必须通过学生的主动学习来激活和转化

① 王策三．教学认识论：修订本［M］．北京：北京师范大学出版社，2002：78-80.

知识。王策三先生曾用“打开”来形容学生的知识学习过程。所谓“打开”，不是符号知识的单向、静态、原原本本地接受或复刻，而是学生作为主体在与教师、与知识的“搏斗”中对知识进行“深度加工”，获得知识的丰富的内涵与意义，体会知识所蕴含的思维方式、研究方法、情感态度，从而形成品格、提升境界的过程。王先生把知识喻为“百宝箱”，意即学生必须“打开”它才能真正获得其内蕴的珍宝，才能把知识转化为自己的精神财富。

对知识与经验关系的不断调整与协调，就是探索教学规律的过程，表现为持续的教学改革。

教学改革的目的是促进学生主动健康发展

对知识与经验这对矛盾，虽然有不同的处理方式，但只要是严肃的改革，大多是要寻求一条能够让学生在知识学习中获得主动、健康发展的道路，而绝不是要让人去“储藏”知识，成为知识的“存储器”，也绝不会让学生脱离人类历史文明野蛮生长。因此，死记硬背从来都被唾弃，不读书不学习也绝不会得到认可；将芯片置入人体获得知识的操作即便技术成熟，也不会被选择。不是因为将芯片置入人体的过程与死记硬背一样令人痛苦，而是因为它们同是对学生自主学习经历和独立思想的剥夺。

新中国成立以来，尤其是改革开放以来的 40 多年，我国教学改革的重要特点就是培养和发挥学生的主体性，如江苏省南京市琅琊路小学的“三个小主人”实验、北京师范大学与河南省安阳人民大道小学所做的“小学生主体性发展实验”① 等。当前的几种重要

① 小学生主体性发展实验即“少年儿童主体性发展实验研究”，教育界亦称“主体教育实验”。

教学改革，如深度学习、深度教学、“新基础教育”、学历案等改革，也都强调学生主体地位的落实、主体性的发挥。可以说，一切严肃的教学改革，都是为了促进学生主动而健康地发展。

当然，每一项改革都有具体要变革的对象和相应的措施与手段。例如：20 世纪 70 年代末期上海的“读读、议议、练练、讲讲”，变革的是课堂教学结构，变“以教为主”为“以学为主”，旨在调动和激发学生的主动性和积极性。进入 21 世纪以后，“翻转课堂”“先学后教”等改革，也是以教学活动结构的变革来激发学生的主动活动，来改变课堂上教师讲学生听的局面。但是，若以变革的手段和措施来替代促进学生发展的目的，将解决某种问题的改革手段模式化、唯一化，改革便失了初心，也终会僵死。如果主张课堂必须翻转、必须先学后教，教师上课必须只能讲 10 分钟……，那么便是在追求改革模式本身的“立”，是在树立一种改革模式、形成一种派别，而不是为了学生的发展。改革措施唯一化、绝对化、万能化、神化，最终只能浅表化、庸俗化，引发更多问题。这是改革频繁但不能深入、持久的重要原因。可喜的是，越来越多的改革把学生放在中心，而不以教学改革措施的片面极端去搏“眼球”搏“C 位”。例如：“深度学习”并不强调某种固定的模式，而是以学生的深度学习为目的，倡导教师探索能够促进学生深度学习的多样化的教学方式。

学生主动学习的发生和有意义的发展是判定教学活动的重要指标。因此，对于某些改革尤其是改革口号，不能从字面上理解，而要从学生主动学习和发展的角度来认真分析而不能盲目跟风。例如：“以学定教”的意涵究竟是什么？“以学定教”的“学情”能否成为确定“教什么”“怎么教”的唯一依据？如何理解“学情”、理解学生发展的“需要”？在“以学定教”的语境下，教学的方向和高水平的引领如何体现？学生克服困难的挑战性活动又如何体现？以学定教，不是降低要求迁就“学”，学生的主动活动不能等同于简单的快乐心情。真正的主动发展是有意义、有价值的，是在挑战性的活动中实现的境界提升。

因此，教学改革要牢记自身的目的在于促进学生主动健康地发展，而非树立某种庸俗化的改革模式。

教学改革要依赖教师、成就教师

每一场严肃的教学改革，都是一场自觉的思想实验。人们通常先进行思想实验，而后进行物质实验，最后再用思想实验加以反思。“思想实验远远先于物质实验，并且为物质实验作了准备。”① 改革之前便有改革措施、便有对改革成效的预判。在这个意义上，所有的改革都是从理念出发的，都是思想实验。但是，有意义的改革理念通常来自实践，是对实践问题进行深度关切的理论形态；有的改革理念则完全来自抽象理论的推导而全然无视实践的条件与可能，把教学改革看作真实验，不知道改革本身就是现实的人的实践活动。这样的改革会为了推广某种改革理念和模式，不惜“断腕割臂”、戕害教学实践。此类改革常常顾此失彼，自然问题层出不穷、难以为继。事实上，只要去学校问问有经验的一线教师就会知道，什么样的改革是众望所归的，什么样的改革是注定要被“阳奉阴违”的。

例如：教学内容结构化，原是对知识点线性排列弊端的改革，引导教师整体把握教学内容，关注知识间的联系，照应学生的经验、教学情境、教学方式等多种要素。但是，在持极端理念者那里，讲结构化就不能要知识点，要知识点便不能结构化。事实上，

---

① 马赫．认识与谬误［M］．洪佩郁，译．北京：东方出版社，2005：169.

只要问问一线教师就能知道，没有脱离具体知识的抽象的结构化。有语文特级教师在谈及任务群教学时说："在具体的教学过程中我们要整合，但是更不能放弃对单篇文本的阅读理解。特别是……所有的选文都是经典作品，它们反映了人类深厚而深刻的思想情感，它们采取了那个时代最好的表达方式，它们在语言上是那个时代的典范。因此……我还是试图引导学生对文本进行细致阅读。"①

但是，有些改革就是不去考虑实践而固执地要从理念出发。这类改革看不到教师、不重视甚至"嫌弃"教师的实践智慧，乃至把某些教师看作阻碍改革的"落后势力"，在教师队伍内部制造分裂和不团结，拉一帮打一派，"改革派"趾高气扬，"保守派"垂头丧气。这类改革只要求教师执行改革，而不信任教师、不去发动教师。"革新理论家们设计的许多方案，其目的似乎是强加在教师们身上的，是向他们提出的，而不是和他们共同提出的。这种专家统治论的家长作风是由于他们不信任教师，因此反过来引起了教师对他们的不信任。总之，教师们并不反对改革，他们反对的是别人把改革方案交给他们去做的那种方式，更不用说把一个改革方案强加在他们身上了。"② 当然，这类得不到教师认同的改革，是难以推行难见成效的。

教师才是教学改革的真正主体。发动改革的可以是行政部门、专家学者，但真正推进改革的却是全体教师和他们的学生。任何改革都必须有教师的现实改革意愿与行动。因此，一项改革能够顺利开展，不仅要有改革的方向和理念，还要有能够让教师主动参与改革的吸引人之处，要有能够带领教师走上改革道路的入口，要有切

① 王岱．如何在统编教材的使用中落实课标精神：统编高中语文必修下册第六单元专题教学设计［J］．语文学习，2020（7）：36-40.

② 联合国教科文组织国际教育发展委员会．学会生存：教育世界的今天和明天［M］．华东师范大学比较教育研究所，译．北京：教育科学出版社，1996：222.

实可操作、能上手的实践措施，还要让教师能够看到改革的“益处”。改革的问题必得是值得改的真问题，改革的措施既要接得上现实的实践，又有利于教师提升水平，还要让教师有自主探索的空间。可以说，好的教学改革不仅能够促进学生的主动发展，还能够充分发挥教师进行改革的主体性，是促进教师专业发展的重要手段。不能让改革挫伤教师的工作热情，更不能因改革而打压、鄙视教师，而应该依靠教师、发动教师，建设一支能够持续提升教学质量的教师队伍。例如：“深度学习”教学改进项目鲜明地指出，深度学习不是一种全新的教学模式，而是历史上一切优秀的教学思想与实践的提炼与升华。每一位教师在教学中一定都有这样或那样优秀的实践与想法，如果有意识地去捕捉、去审视，把好的做法和想法放大、放大再放大，张扬起来，把不好的做法和想法，一点一点地去掉、消掉，我们就会自然自觉地变好。因此，无论什么水平的教师，都可以参与深度学习的教学改革，都能通过改革变得越来越好。

教师是改革的主体。这里的教师当然包括那些极有天赋肯努力的个别教师，例如李吉林、马芯兰这样的教师，但更指参与学校整体改革的每一位教师。要发挥每一位教师的主体性，因此，学校层面要营造轻松而积极的改革氛围，让每一位教师都能有自觉的改革行动，都能有改革的心理归属。

承认教师是改革的主体，并不是说教师不需要发展了，而恰恰是要通过改革去发展教师、成就教师，让教师在改革中成长。承认教师是改革的主体，不是说不要外力的刺激和帮助，而恰恰是要在积极地与外界的信息沟通和合作互助中让教师得到发展。上世纪 90 年代初期，北京师范大学教育系裴娣娜教授与河南省安阳人民大道小学一起开展小学生主体性发展实验。“实验初期，裴娣娜教授组织了一批在教育基本理论研究及各学科领域有影响的专家学者，……以及一大批在读的博士生、硕士生等等，与安阳人民大道小学的教师们形成了一个跨学科的紧密团结的研究团队，共同参与实验研究。……在人民大道小学形成一股渴望学习、用心学习的系统学习教育理论的良好氛围。在系统的理论学习方面，专业的研究人员起到了积极的引领作用。……除了开设系列讲座，专业研究者还为实验学校陆续提供书目、材料，与教师们共同学习、讨论，支持实验教师坚持长久的理论学习。”① 通过学者的引领、系统的学习和探索研究，人民大道小学形成了一个由多学科优秀教师组成的、各有特色的、才智相当的教师团队。承认教师是改革的主体，就要承认教学改革不是在实验室里而是在教学实践现场里进行的，不能以片面的深刻来损害教学规律、贻误学生的发展。梅兰芳在讲京剧改革时主张“移步不换形”，教学改革也当如此，应静悄悄地、在自觉主动的教学实践中慢慢变好。

教学改革在路上，却不能信马由缰，忘了初心；教学改革要吸取历史经验，再也不能左右摇摆下去了。我们有责任通过主动的改革去探索教育规律，使教学实践能遵循规律、提升质量。谨慎而热情地拥抱改革、推进改革，既是对今天的学生负责，也是对未来美好生活的开创。

（原载于《中小学管理》2021 年第 5 期，有删改）

---

① 郭华．我国教师专业发展的实践探索：主体教育实验 18 年回顾［J］．北京师范大学学报（社会科学版），2010（5）：21-27.

因为转化，客观、静态的知识才能在不同的主体那里展现出多种不同的样态，生发出无限的可能，创造出新的联想。

教学方式变革要在“转化”上下功夫

学生学得生动活泼，轻松愉快，是教师和家长的共同愿望。但，少有教师和家长愿意给学生更多自主支配的时间。把学生的时间填满，被视作保证好分数的最可靠的办法。为了取得好分数，将知识作为固定结论告诉学生，节约出更多的时间让学生反复刷题，全然不考虑这样的做法是否符合学科知识的内在逻辑，是否会熄灭学生心目中对知识的内在渴求，是否会损害学生原本极为宝贵的创造力和年轻气盛的自信心。这是典型的机械教学观，认为教学只是信息的输入—输出，以为更多的输入必定会有更多的输出，完全忽视了学生作为主体对内容接受有选择权，对内容要理解、“加工”——转化。

教学方式的改革，大多在寻求改变这种机械教学的教学方式，落实学生的主体地位，让学生学得主动、生动。例如，上世纪 70 年代末期上海的“读读、议议、练练、讲讲”，通过改变课堂活动结构，变以“教”为主为以“学”为主，来激发学生的主动活动。

近些年的“先学后教”“导学案”“自主合作探究”，其意也均在此。但是，仅仅变革教学方式，甚至指望用某种唯一的教学方式来解决所有问题，就会违背初心，走向反面。教学方式改革的目的，不应是追求某种与众不同“灵丹妙药”式的唯一方式，也不应是追求花样翻新种类繁多的教学方式，而应该寻求使教学规律得以实现的多样综合的方式。具体的方式可以千千万，各有所长也各有局限。评判教学方式优劣好坏的首要指标，是学生是否动手、动脑、动心，是否真正发生了学习。

学生的学习和成长既可以是循序渐进、润物细无声式的“修炼”，也可以是豁然开朗、恍然大悟、茅塞顿开的刹那顿悟。无论是哪一种，其机理都在“转化”。正如粮食需要消化才能变成人生长的养分，知识只有经过学生的转化，才能变成学生精神成长的能量，变为学生自己的能力、品格、价值观。转化，就是学生学习知识的一系列主动活动，是学生作为学习主体的活动方式。

实现学生对知识的转化，必先有教师对知识的转化。即：把遥远的转化为切近的，把陌生的转化为熟悉的，把抽象的转化为具体的，把难的转化为易的，总之，是要把书本上的抽象文字转变为学生主动活动的对象。这样的转化工作，必然要求教师对课程内容及其结构有整体把握，对学生现有水平及要达到的教学目标及实现路径有清晰的认识。教师需要知道，对学科知识结构中的基本概念、基本原理以及基本观念，学生应该通过怎样的方式去学习哪些知识点来领会和把握——这正是教学方式变革的前提。或者说，教学方式，就是在学生与知识之间搭建桥梁、建立关系，将学生原本不能独立操作的知识技能，变成一系列有序呈现的教学素材，使之成为学生以现有水平便能够观察、思考、想象的对象，从而引发学生一系列典型的、基本的活动。当此之时，知识便成为学生活动的客体，学生则成为与客体交互作用的主体，主动去操作客体、转化客体，通过转化、在转化中，实现发展。

转化，是学生调动已有的知识储备，想方设法、绞尽脑汁地观察、思考、想象、表达、制作、沟通……。通过转化，学生形成举一反三、闻一知十的能力，体会到作为主体活动的意义与价值，愿意孜孜不倦地去渴求知识。因为转化，客观、静态的知识才能在不同的主体那里展现出多种不同的样态，生发出无限的可能，创造出新的联想。可以说，学生学习，就是将知识转化为自己的精神能量的活动过程，是学生旺盛生命力的最鲜活的表达。

因此，教学方式的变革，要在“转化”上下功夫。

（原载于《人民教育》2022 年第 11 期）

对于全人类及人类的发展而言，严肃、高深知识的传承与发展依然是必需的，需要一个个的个体作为活的载体去传承，进而去发现、发展新知识。

新媒体时代的教学及教学变革

什么是新媒体？众说纷纭，莫衷一是。纷纭之中，我们会发现，新媒体总是与数字化、网络、信息技术、即时性、互动性分不开。无论新媒体是什么，我们都需要思考新媒体的出现可能带来的教学变革。

新媒体会给教学带来哪些变化？

一段激动人心的视频《未来教室——英特尔的宏伟蓝图》，曾经风靡网络。这段视频描绘了数字化新媒体时代可能出现的教学情形。课桌上干干净净，无需教材，无需纸笔，只要一台平板电脑和食指，一切便尽在其中，一切便都可完成；教师从累赘的教具、飞扬的粉笔灰中解放出来，清新的数字化屏幕和平板电脑可以搞定一切；功能强大的网络连接、数字化的可视化的实现、即时的 3D 打印技术，使得在非数字化课堂上只能以文字、讲解来理解与想象的间接经验，转换成可视、可触的内容，从而使学生能够以“亲身”体验的方式去获得“直接”经验。

经由数字化技术的帮助，课堂教学发生了积极的变化。例如：教学内容能以立体的、集成的方式呈现，而不再总是线性的、平面的；如果需要，既可以无限放大，以深究其细节，又可以无限缩小，以观其全貌，察看与其他部分或要素的完整关系，端看教学目标之追求。就学生的学习方式来看，不仅可以有丰富多样的学习方式，而且由于虚拟体验、3D 打印技术的介入，传统媒体时代在课堂上难以做到的“亲身”体验也能轻易实现。可以说，新媒体有可能帮助教学更好地解决间接经验与直接经验的矛盾，即人类历史文化成果与学生的生活经验及认识水平之间的矛盾。换言之，在数字化新媒体的帮助下，间接经验得以“直接”呈现，学生能够以“直接”经验的方式、“亲历”的方式，去体验、体会、学习、掌握间接经验，这样，便弱化了间接经验学习中抽象、枯燥、形式化的弊端，从而使间接经验与学生的个人经验实现无缝对接，使学生既能够轻易地与知识（间接经验）建立意义关联，又能够深刻体会间接经验的意义。

翻转课堂之所以迅速成为教学改革追捧的“明星”，就是因为它在数字化新媒体的帮助下，解决了传统媒体背景下难以解决的问题。例如：在集体教学的背景下，实现因材施教、个性化教学，使学生可以自定步调、自己掌握学习的节奏；使学生的课前预习更有支持性，真正实现预习的效力；使课堂空间成为所有人都能交流、表达的公共空间，而非教师的“一言堂”；帮助教师收集全面的数据，从而能够及时、细致地关注每个学生的学习情况……

技术变革带来的教学变革，值得我们给予积极的关注。当然，也有人对新技术在教学中的应用以及所谓的技术神话持不同意见。

持不同意见者认为，无论技术能够带来多么大的变化，终究只是一种辅助手段，教学最根本的特性并没有发生改变，也不能改变，否则就不能称其为教学。例如：学生的学习总是在教师主导下的学习，无论运用什么新技术，也不能把教学过程变为纯粹的学习过程。技术并不能从根本上改变教学，因而也不必将教学问题的解决寄托在教育手段的革新上。的确，如果没有对教学活动根本性质的深刻认识，运用新媒体、新技术，反而会带来更大的问题。如果对教学活动有正确的认识，那么，新技术便能够为我们“锦上添花”；反之，新技术不仅起不到“雪中送炭”的作用，甚至可能“成事不足，败事有余”。

新媒体时代，教学的样子更模糊了还是更鲜明了？

1. 新媒体时代的教学必须发生转变

美国《连线》杂志认为，新媒体是“所有人对所有人的传播”。这一说法虽然不够精确，也未见得被所有人认可，但它的确道出了新媒体的重要特征。在“所有人对所有人传播”的时代，每个人都必须对网络、对数字化给出态度：或许你热烈地欢迎它、享受它，或许你排斥它、拒绝它，或许你听之任之、安之若素，却唯独不能闭眼不见、充耳不闻，当它不存在。《南方周末》2014 年 8 月 8 日刊登了一篇题为《人工智能将统治地球？》的文章，文中引用了英国莱斯特大学古生物学家简·扎拉斯维泽的观点。他认为，人类面对的最大威胁可能并不是自然进化的生物，而是某种人工智能。“如果有其他的智能出现，那将可能是电子类的或我们已经制造出来的某种事物。”即使如文章最后所言，现在的人工智能尚不能恰当地识别人类的自然语言，短期内并不构成“威胁”，但是，数字化或人工智能确实已经无孔不入地改变着我们的生活方式和思维方式。就教育而言，在“所有人对所有人传播”的新媒体时代，同样出现了以前未曾遇到的变化和问题。最重要的变化就是，少数人拥有知识、垄断知识的情形被打破了，知识传播的渠道大大增加了。

少数人拥有知识（经验）、有经验的人向无经验的人单向传播（传递）、知识（经验）及拥有知识的人都拥有崇高的地位和重要的价值，这是长久以来的情形。但是在数字化互联时代，这种情形发生了彻底的改变。一个人只要拥有一台电脑、一部手机，就可以轻松获取信息和资料，知识、经验、信息不再专属于某些人；在高度发达的现代社会，相对安全的环境、自动化的设施，使得人们在生活中就能习得应付生活所需的一般经验，因而知识的专门习得似乎不必要了。可以说，对相当多的个体而言，如果只为应对日常生活，那么严肃而高深知识的学习确实不是必需的了。换言之，对个体而言，严肃、高深的知识以及拥有这种知识的人，不再天然地具有高高在上、令人景仰的权威地位。但是，对于全人类及人类的发展而言，严肃、高深知识的传承与发展依然是必需的，需要一个个的个体作为活的载体去传承，进而去发现、发展新知识。因而，新媒体时代依然需要教学，但教学必须发生转变。

新媒体时代的教学首先要转变对待知识及知识传递的态度。要让知识从“神坛”上走下来，要使教学从“正襟危坐”中轻松下来，要使教师从“严肃”变为亲切，要主动帮助学生与知识建立紧密的意义联系，帮助学生去感受、体会、领略知识的美和价值，帮助学生成长为能够自觉传承知识并能够发现新知的独立个体。这样的教学形态，已往只有少数教师、个别教学可以自觉做到，而在新媒体时代，则必须也有条件成为常态。当然，新媒体时代的教学还需要在内容组织、教学过程以及具体教学方法等方面做出自觉的、系统的变革。

2. 新媒体时代的教师要体现独特价值

在新媒体时代，人们还必须思考的另一个问题是：在知识可以借由新媒体的帮助轻易获得的情况下，教师还有存在的必要吗？如果只是将教师定位于知识传递的角色，那么教师确实没有存在的必要了。但是，教师的作用显然不限于传递知识。已往，在知识传递的任务紧迫、手段简单、渠道单一、难以迅捷而完美地实现的情况下，教师的启发、引导，与学生的情感沟通，价值观引领，常常被知识传递的重负“掩埋”，需要极大的自觉挖掘和关注才能显现；而在新媒体时代，由于新技术的帮助，教师得以从重负中解脱出来，能够更好地发挥本应有的丰富多样的主导作用。显然，丰富多样的主导作用并非有了新媒体就能自然而然地实现，还需要教师做出自觉的转变。教师只有自觉改变长期以来把自己当作知识“二传手”的态度，努力改变教学作风，主动发挥更多样的作用，才有可能在新媒体时代不被人工智能所替代。

例如：教师必须引导学生在学习知识的过程中去质疑知识、选择知识，自觉培养学生有根据地进行批判和质疑的精神。在新媒体时代，学生获得信息的渠道大大增加，他们在不经意间就能接收到海量信息，这些信息是真是假是否有价值，都需要学生进行判断。因此，依据线索或一定的标准对接收到的信息进行质疑和批判，就成为学生的一项重要品质和能力。在这样的情形下，教师必须在教学中有意识地进行这种能力和品质的培养。如此一来，新媒体时代，教师似乎更重要，更不可替代了；而教学本应有的培养学生对知识的选择能力和质疑精神等功能也更加凸显。

在这个意义上，新媒体时代，教学本来应有的丰富的样子、多样的功能得到凸显，即教学不仅仅是知识传递，更是通过传递知识，提升学生的品位，培养学生积极的情感态度和价值观。

需要警惕地对待新媒体吗?

提到新媒体的副作用,人们立刻会想到:捧着书本严肃认真研读的情形少了,食指划动手机查看信息的情形多了,大量的阅读是碎片化、即时化、浅表化的,系统、持续、深入的阅读不多了,这样的阅读状况令人担忧,因为它可能阻碍人们从事严肃而深入的思考与研究。事实上,新媒体可能带来的副作用远远不止于此。

1. “虚拟代偿”可能淡漠对现实的需求

在传统媒体下,学生能够非常明确地知晓文字和语言所描绘的间接经验与直接经验的区别,因而对直接经验有着强烈的需求和向往;而当虚拟空间、虚拟影像介入教学时,学生则很难辨别现实与虚拟的区别(最好的虚拟就是追求像真的一样,就是要模糊它们之间的界线),从而把虚拟当现实,淡漠了对现实、对直接经验的亲历需求。更需要警惕的是,我们以为虚拟是真实现象的数字化再现,其实它是经过选择、加工的主观再现,它以貌似客观真实的方式呈现着主观、虚拟的内容。虽然以文字呈现的教材内容也要经历选择、加工与改造的过程,但新媒体的呈现方式却更有隐瞒性、欺骗性。

因此,我们不得不时常要问一问,是“谁”数字化了这个“内容”。

2. 强大的搜索引擎可能危害独立思想的形成

正如百度公司所宣称的“百度一下,你就知道”,强大的搜索引擎能够让人瞬间获取海量信息。但是,我们搜索到的很可能是一些真假难辨的信息,甚至是大量无关信息。当海量信息扑面而来时,尚未完全具备辨别能力的学生有可能被良莠不齐的信息所淹没,很难形成清晰的、有见地的思想。更需要警惕的是,新媒体的技术产品往往与生产商、供应商有着密切的联系，我们通过网络搜索得到的，通常是信息产品的生产商、供应商想要让我们得到的。因此，看似客观的网络信息很可能是利益操纵的结果。更可怕的是，由于强大的技术支持，某些组织或个体还可能通过轻易地操纵网络信息进而操纵人们的思想。因此，面对新媒体，我们要给出态度，要积极适应并作出适当改变。无论是旧媒体还是新媒体，都不能天然地应用于教学，必须通过有目的的、自觉的改造，才能使其服务于教学。

（原载于《中小学管理》2014 年第 12 期）

让学生进入课程

知识这个百宝箱的打开与传承，是对学生个体认识与人类总体认识关系的生动写照。教学要打开这个百宝箱，让它变成学生的精神财富和现实力量。

知识是个百宝箱

王策三说，知识是个百宝箱。① 原本这只是个隐喻，喻知识之珍贵、喻其丰厚的教育价值、喻其得之不易，却激起攻击、批评无数。② 因为它涉嫌只重知识不重人、只重书本不重经验，涉嫌将知识灌输“合法化”、重知识轻能力。“知识是个百宝箱”这句话，横亘在教育改革“除旧立新”的道路上，与“改变过于重视知识传授的倾向”等主张相对立。甚而占据道德高地、已成大众意识形态的“能力比知识更重要”的说法也被视为“轻视知识”的代表性言论，不出意外遭遇攻击批判。

2004 年，《认真对待“轻视知识”的教育思潮》一文发表，开

---

① 王策三．认真对待“轻视知识”的教育思潮：再评由“应试教育”向素质教育转轨提法的讨论［J］．北京大学教育评论，2004（3）：5-23.

② 这是王策三关于知识问题的核心观点，集中体现在《认真对待“轻视知识”的教育思潮》一文中。对此观点的批评很多，恕不一一列举。有兴趣者可追溯 2004 年以来与王策三商榷的各类文章。

启了中国教育界关于知识问题的大讨论和大争论。这场争论持续时间之长、卷入人员之多，前所未有，也使知识问题凸显出来，从幕后走到台前，与教学过程的本质问题并列，成为课程教学论研究的首要问题。知识、知识的性质以及知识与学生发展的关系成为研究热点。知识问题是一个永恒的话题，是教育理论界尤其是课程教学论研究绕不过去的难题。当前，在信息技术高度发达的智能化时代、在追求教育高质量发展的时代、在以核心素养为导向的时代，似乎知识不再重要、不需要下功夫学习了，“素养比知识更重要”“从知识本位向素养本位转变”等说法层出不穷。素养替代能力，成为轻视知识的新锚点。强调素养与能力当然没错，发现知识与能力、素养的区别，眼光更是敏锐，学习知识确实不等于拥有能力或素养；但把能力、素养与知识简单对立，用不可调和的表浅的二元对立思维处理其复杂的内在联系，不仅表现为理论上的偏狭晦暗，更会给实践带来危害——许多人把知识以及知识教学看作能力发展、素养培育或人性彰显的绊脚石和其不能有效实现的罪魁祸首，欲除之而后快，却没有看到正是因为知识与能力及素养存在复杂关系才需要知识教学。可以说，轻视知识就是轻视教学。

没有知识就没有教学

迈克尔·扬（Michael F. D. Young）的“把知识带回来”（bring knowledge back in）① 是一个象征性口号，提醒人们正视知识的价值。事实上，知识从未远离，一直是教育的核心关切。

关于知识的争论，表面上争的是知识的难易多寡及其学习方

① 扬．把知识带回来：教育社会学从社会建构主义到社会实在论的转向［M］．朱旭东，文雯，许甜，等译．北京：教育科学出版社，2019.

式；内里争的是知识在教学中的地位和价值、性质和类型，争的是教学是一种什么样的活动，即教学过程的本质。知识像一面魔镜，映照出人们对教学最真实的看法。

如果将教学过程的本质看作学生个体认识，教学就是教师引导学生学习和占有知识从而获得发展的过程，是以知识为工具并按照人类文明发展的总体方向来培养、塑造与提升学生的过程。在这里，知识是构成教学活动必不可少的核心要素，是外在于学生、客观而确定的，是以教材为载体的、符号化的、系统的人类已有认识成果，是学生个体认识的对象。如果将教学过程的本质看作实践，教学就是儿童自主活动、自主经验的过程。在这里，知识不是学生学习的对象，而是经验改造的终点、活动“生成”的结果。这两种教学本质观差异明显，却有共通之处，即都不否认知识的客观性和确定性。如果将教学过程的本质看作教学交往，教学便强调师生的沟通与协商，知识则是在共同语境中建构生成的境脉性存在，客观、确定的知识不再是必要的了。当然，无论哪种教学本质观都不得不处理知识问题，知识是教学绕不过去的核心。

人类创造教学这种专门活动，与知识的日渐繁多复杂有关。可以明确地说，现代教学主要是知识教学，是通过知识培养人又通过培养人来保存和传递知识的活动。远古时期虽无专门教学，却有承担教学功能的经验传播与传递。对个体而言，他人或前人的经验弥足珍贵，获得、掌握和运用这些经验，是保存生命、获取生产生活资料的有效捷径，能够极大地降低探索未知世界的危险。人类早期的知识就是种族经验的提炼与抽象。知识也常被视作间接经验。联合国教科文组织的报告《反思教育：向“全球共同利益”的理念转变?》（Rethinking Education：Towards a Global Common Good?）（以下简称《反思教育》）就把知识理解为个人和社会解读经验的方法。[①] 杜威认为，知识“本身就是经验。它们是种族的经验”[②]。当然，不是所有的间接经验都能被称为知识。只有经受了广泛的实践检验与修正，能够脱离特定主体和特定情境独立存在的并以文字符号为载体的相互联系的系统化的族群共有经验，才是知识。

《反思教育》对知识的理解是：“可以将知识广泛地理解为通过学习获得的信息、理解、技能、价值观和态度。”[③] 言下之意，知识是先在的、外在于个体的，只有通过学习，知识才能转化成为个体的认识、技能和情意态度价值观。这是对知识与个体间关系的透彻说明。事实正是这样。个体的识见与成长主要来自对他人经验或知识的学习，尤其是那些符号化的原理性知识，对于个体成长的意义不可估量。近代以来，自然科学突飞猛进，物理学、化学、生物学等各门自然科学成功地运用数学并发展出了一套像数学一样严谨、严密的体系；即便是传统的人文学科，如文学、历史学、哲学等，也都有一套特定的逻辑与规范，形成了一个自足的学科知识世界，远离常人的生活经验。这类知识以文字符号为载体、有内在的逻辑，是确定而客观的，包括自然科学知识、社会科学知识以及人文学科知识。符号化的系统知识撇去了知识的发现过程，抽离了伴随知识发现过程而产生的情感、态度与价值观，以“抽象”“风干”的形象出现，难以亲近，单凭个体的努力难以全面掌握这样的知识，“单凭儿童在社会和物质环境中生活和自由探索，以为儿童就能够获得我们希望他们获得的复杂的、受规则支配的原理和程

---

① 联合国教科文组织．反思教育：向“全球共同利益”的理念转变？[M]．北京：教育科学出版社，2017：8．

② 杜威．学校与社会·明日之学校 [M]．2版．赵祥麟，任钟印，吴志宏，译．北京：人民教育出版社，2005：116．

③ 同①．

序……，这种观点即便不象通常想象的那样荒谬，也是可笑的”①，必须由专门的教学来传递和学习。正是有了系统的科学知识，教师、学生才统一在一起，与知识共同构成现代教学。知识是现代教学的基础性的第一要素。没有系统的科学知识就不会有现代学校教学，没有知识教学就不会有个体学生自觉迅速的成长。正如赫斯特（Paul H. Hirst）和彼特斯（Richard S. Peters）所说：“在客观经验的不同形式中，概念以及检验真理的方式……连同我们感兴趣的有关心理品质，使我们能够一步一步地阐明千百年来形成的复杂的语言结构、社会制度和传统。只有掌握了它们得以生长的复杂的非自然世界（non-natural world），它们才会对每一个儿童开放。因此，我们要审慎地、系统地向学生介绍这些目标的抽象性质和复杂结构，因为看来这是儿童迅速有效地获得它们的唯一途径。”② 通过教学，知识才能与某个个体主体结合，从书面、静态、普遍的知识变为学生个体能够感受、理解与运用的生动、活化、具体的知识，变为个体现实生活的能量。

教学是保存和传递知识的工具

所谓“教书育人”，“教书”是手段，“育人”是目的。作为育人手段的“教书”以及知识传递本身有没有其独立的价值？如果有，它们在何种意义上是有价值的？敢不敢理直气壮地说：在人类发展的意义上，培养人也是为了知识得到更好的继承——保存与传递？

在人文主义者看来，知识只是培养人的手段，知识的选择、组

---

① 赫斯特，彼特斯．教学［M］//瞿葆奎．教育学文集：教学：上册．北京：人民教育出版社，1988：67.

② 同①66-67.

织与实施都要从人出发，所谓“一切为了儿童、为了儿童的一切”。若有人说传授知识本身也是教学的基本任务，甚而培养人也是为了知识的传承，那就不仅仅是陈腐落后，简直就是“目中无人”。

没人能否认教学是培养人的活动。教学培养人，天经地义，理所当然，教学的价值也正是通过培养学生来体现的。如果把视域拓宽、眼光放远，将教学作为社会活动之一种，嵌入人类历史长河中去考察，会发现，人类认识发展的历史是一代代思想家、科学家、艺术家以及普通劳动者的实践史和创造史，似乎跟学生、跟教学并无关系。但如果把人类认识的轮廓线索比作人的骨骼，那么这些骨骼相互沟通联结靠的却是神经递质、关节筋膜——教学。教学虽然并不发现和创造新知识，却是人类发展历程中不可缺少的中介环节，是人类发展阶梯的踏板。其功能与价值有二：保存和传递已有知识，培养能够继承以往知识、发现和创造新知识的人。这两项任务并不割裂，而是互相支撑、互为条件，互为工具、互为目的，共同构成人类存续和发展的基础。知识传递的前提是保存，保存了才可传递；同样，传递了的知识才能真正得以保存。最有效的保存就是有人知道、理解，能运用从而能创新、能发展。在这个意义上，继承就是发展。

知识的保存与发展需要有能力的个体，个体的精神丰满也必须借助知识来实现。知识虽然可以脱离某个主体独立存在，却不能脱离所有主体孤立存在。只有与主体结合，知识才不会死去。那些储存在书本里的知识，只有被人所识知和理解，转化为主体的认识、技能与情意态度，才能显现其作为人类知识的价值。在人类总体发展的意义上，知识的传递与保存和个体发展同样重要，甚至比某一个体的发展更重要。涂尔干说：“社会的东西往往比个体的东西具有更高的威望。……真理同理性和道德一样，通常都具有更高的价值。”① 个体“献身”于知识，就是献身于人类；个体终将消逝，但有了教学，他们发现的知识及其对人类文明的伟大贡献可以恒久流传，构成人类浩瀚星河的璀璨文明，成为未来更多个体赖以提升发展的精神食粮。只有知识得以保存和传递，才不至于使新生个体面对荒芜不名的世界从头开始探索，才能够在继承的基础上批判和创造。在这个意义上，人是知识的最好的活的载体，培养人就是在保存、传递知识，进而发展、创造新知识；有了知识的保存和传递，才会有个体“站在巨人的肩膀”上的发展，才会有人类持续不断的进步。所谓“继往开来”，说的就是教学。

可以说，知识不独是发展个体的工具，更是人类发展的基石。正是在这个意义上，要认真对待王策三所说的“轻视知识”的教育思潮，警惕那些以“学生中心”“学生至上”的名义破坏知识系统、任意选择裁剪知识、降低知识难度，以及借“心理化”名义肆意消解知识的确定性、客观性、严肃性等做法。

当然，并不是所有的知识都值得保存、传递。通过选择知识来培养人，又通过人的培养使某些知识得以保存、传递，形塑个人、建设想象中的社会，正是教育的重要功能。

总之，知识是充盈个体生命、存续人类文明进步的百宝箱。知识这个百宝箱的打开与传承，是对学生个体认识与人类总体认识关系的生动写照。教学要打开这个百宝箱，让它变成学生的精神财富和现实力量；同时要传承这个百宝箱，让世代永享它的福祉。

知识教学永远是人类文明进步的阶梯。

（摘自《知识是个百宝箱：论现代学校的知识教学》，原载于《北京大学教育评论》2021 年第 4 期）

---

① 涂尔干．实用主义与社会学［M］．渠东，译．上海：上海人民出版社，2005：120.

学生学习这些远离自身生活却先进、严肃的知识，与生活经验没有直接关联的、无趣的甚至难以理解的离奇概念，正是教学的优势。

学校知识选择的双重视角

知识选择是学校教学的重要问题。斯宾塞的“什么知识最有价值”、阿普尔的“谁的知识最有价值”，都是对知识选择问题的讨论。知识的“价值”首先在于它对学生发展的意义，即发展价值。例如，赫尔巴特和斯宾塞对课程设置和知识选择的讨论，突出体现的就是知识的发展价值。无论是赫尔巴特提出的培育学生的六种兴趣，还是斯宾塞提出的公民要过五种完满生活，都是从培育学生的角度出发的。斯宾塞认为科学知识最有价值，针对的是古典知识的装饰价值对学生生活没有实际功用。赞科夫主张理论知识占主导地位，认为理论知识更具发展性。泰勒在讨论学科专家对教育目标的建议时特别提到，为了选出适宜学生学习的知识，应该向学科专家这样提问：“你这门学科对那些不会成为这个领域专家的年轻人的教育有什么贡献？你这门学科对外行或一般公民有什么贡献？”① 泰勒列举了一些学科团体的教育目标建议报告，从中可以看出，大多数报告所重视的正是学科对学生发展的促进功能，如英语学科的功能有：实现有效的沟通、有助于有效地表达和澄清思想等。只有科学学科团体给出的报告略有不同，提出“像科学家一样看问题”，科学课程要“提供一种令人满意的、生动的描述”，让学生“更清晰地了解这个世界、人与这个世界的关系以及这个世界在更广袤的宇宙中的位置”。强调知识发展的价值并非不关注学科知识的内在逻辑和系统性。关注学科知识自身的系统性、独立性和内在价值是不言自明的前提。赫尔巴特自不必说，即便是关注学生经验的泰勒在经验组织时也强调，要重视“课程要素”即知识的连续性和顺序性。他说：“举例来说，在数系中‘位值’（place values）这个概念，是我们理解加、减、乘、除的一个非常基本的观念。四年级学生就在较低层次上对这个概念有所理解，但在九年级或十年级结束时，可以把它发展成一个更广泛、更深刻的概念。这个概念就可以用作实现连续性和顺序性的组织要素之一。”② 事实也正是这样：只有系统的、有逻辑的知识才是有历史、有灵魂、有力量、有趣味的知识，才能吸引学生沉浸于知识学习，从而发挥其“发展价值”。因此在知识选择的问题上，若要关注知识的“发展性”，就必须关注知识的“外部规定性”“中介性”“目标导向的系统完整性”“基础性”和“先进性”。③ 正是有了这些特性，知识才具有发展性。例如，“系统完整性着眼于教学认识客体对相关人类知识经验反映的全面性”，“强调知识经验自身的系统自足性——组织性、条理

① 泰勒．课程与教学的基本原理［M］．施良方，译．北京：人民教育出版社，1994：20.

② 同①69.

③ 王策三．教学认识论：修订本［M］．北京：北京师范大学出版社，2002：77-86.

性、逻辑清晰性和它们的内在关联性”，这些特性看起来只是知识自身的特性，是外部的，但事实上，只有具备“主体相关性”，知识才能进入课程教学系统。也就是说，科学知识的内在特质本身就是选择的重要依据。当前，这条依据要明确提出，与发展性依据相并列，从“不言自明”的隐含变为明言和明示，防止有意无意地被忽视。

明确了从知识特征和学生的双重视角去选择知识，就能够少一些轻视知识的浪漫幻象，那些具有先进性的知识、与儿童生活少有关联的知识、与日常经验相悖的知识，才能进入课程，才不会因被忽视而湮灭。例如早在20世纪，“在许多成年人、甚至一部分科学工作者还不懂、不会使用电子计算机的时候，它就已经列入了中小学校的课程表”①。同样，那些促发学科发生实质变革、影响人们对世界和自我再认识的知识，即便远离学生的生活经验、难以理解，也必须进入课程。例如，从根本上与常识相悖的牛顿对运动的定义、牛顿提出的万有引力，以及当初整个科学界都难以理解的牛顿第一定律等，都是当今中学生的必学内容。若非如此，难以想象普通大众会如何看待自然世界，更遑论现代科学技术的飞速发展。在这个意义上，即便是人类疑惑不解的难题，人类暂时难以理解的内容，也需要传承。例如，陈景润之所以要去证明“1+2”、陈杲等人之所以能够解决霍金提出的“引力瞬子”，便得益于教学对这些难题的传递。知识与学生互为工具与目的，知识学习是学生精神生活自觉提升的重要路径，而学生发展又是人类种族延续和发展的前提条件。因此，即便有些知识是当前经验难以理解的，至少也要通过教学让它们保存、流传，这样才能让更多的人了解它们，以后才可能弄懂它们、解决它们，或者质疑审视它们、批判它们，从而

① 王策三．教学认识论：修订本［M］．北京：北京师范大学出版社，2002：84.

创造新知识、贡献新识见。

因此，关于知识的选择，要严格区分两个性质不同的问题：“为了使中小学生对先进的课程顺利接受，是方法问题；保证课程的先进性则是方向问题。不降低先进性或科学水平是原则；方法要服从原则。”① 忽视知识的先进性、无视知识的客观性和确定性而降低教学难度，必然会降低国家的教育质量和科学水平。而学习先进的知识正是教学“不同于生活认识、一般学习性认识的最大优势”②。学生学习这些远离自身生活却先进、严肃的知识，与生活经验没有直接关联的、无趣的甚至难以理解的离奇概念，正是教学不同于日常生活而又高于日常生活的地方，是教学的优势，也是教学能够自觉促进发展的根本原因。

当然，学习这样的知识，是有难度有挑战的。科学知识与日常经验的分离，并不意味着教学可以理所当然地远离生活经验，也不意味着要将科学知识等同于或降维到日常语言层面来理解。前者是无视学生，后者则会使知识庸俗化、片面化，丧失科学知识内在的价值与丰富的内涵，失去其传递与传承的价值。既发展学生又传承知识，实现二者的统一，正是教师发挥主导作用的前提与空间，也是教师存在的理由和价值，是教学的优势所在。正是这个优势，使教学成为人类知识传承的必然工具。

（摘自《知识是个百宝箱：论现代学校的知识教学》，原载于《北京大学教育评论》2021 年第 4 期）

---

① 王策三．教学认识论：修订本［M］．北京：北京师范大学出版社，2002：85.

② 同①.

教学之所谓“讲理”，就是把这种抽象干瘪的知识具体化、丰富化，就是把静止在书本上的知识“活化”，把看似无意义的“死的”知识“解冻”“激活”。

“讲理”：建立学生与知识的意义联系

教学内容即学生在教学活动中的学习对象，主要是由“教育者”“根据教学认识的目标、按照一定的原则选择、建构而成的人类知识经验的特殊系统（同时还包括教学活动得以展开的环境）”①，即通常所说的间接经验，是对人类历史文化成果的选择、改造与加工，是以符号形态存在的现成知识，是外在于学生个体的知识。这些知识主要集中在课程标准或教材里，即通常所说的书本知识。对于学生来说，这些知识数量大、难度高、结构性强，是学生凭个人力量难以掌握的，但又是必须学习和掌握的。

讲理：化解知识的难度，实现学生的跨越发展

学生要学习的教学内容，表现在教材里，也许只是一个词、一

① 王策三. 教学认识论：修订本［M］. 北京：北京师范大学出版社，2002：76-77.

句话、一段文，但这些词语和语句段落，却是人类历经千百年曲折而艰苦的实践探索的结晶，有着无比丰富的内容：既是人类认识成果的简约的符号表达，又内蕴着人类探索和发现的思考和过程，是人类全部实践历史的浓缩的精华。学习这些知识，对于年轻一代的成长以及社会的未来发展，都有着不言而喻的重要性。但是，对于学生来说，这些知识不仅是高深的，而且是外在的、他人的，与学生个人并无直接联系，甚至是无意义的。在儿童个体经验与人类成果之间，存在着难以逾越的鸿沟，有着巨大的认识落差。

显然，放任个体依靠自己的力量去盲目地摸索、试误，终其一生都不可能达到人类认识的高度。在高度发展的现代社会，这样的放任也根本不可能。

个体一出生，就面对着已经高度发展的人类文明，儿童根本没有机会从头去探索。要想融入文明社会，必须在相对短的时间内继承人类已有的历史文化成果。

教师在教学中对学生的帮助，就是以恰当的方式化解知识难度、揭示知识的内在道理，使数量庞大的知识呈现出清晰而严密的内在联系结构，又能使结构复杂的知识体系清晰化、简约化。通俗地说，就是“讲理”，就是以理论知识带动经验、带动事实，以理论带动思考、带动活动。通过讲理，教学内容便从学生的可能的认识客体转变为现实的认识客体，成为学生思考、操作的对象，从而使学生迅速地将外部知识“据为己有”，提高学生的认识水平、思想水平、精神境界，帮助学生“站在巨人的肩膀上”，与高度发展的人类认识成果相接。那些试图通过降低难度减少内容来减轻学生负担，通过花哨的教学方式来使学生愉快，通过强化儿童自发的经验来获得发展的种种主张，都不能说是现代教学的应有之道。

讲理：活化知识，帮助学生建立与知识的意义联系

教学即讲理。这里所说的“理”，即符号（以结论形式呈现的知识）背后所蕴含的深刻的道理（即人类千百年的实践中所积累的众多实践经验及活动方式的结构化抽象）。这种道理，或是事物本身内在的道理（如万有引力即物体之间相互作用的引力、水有三种形态等等），或是客体知识被建构的逻辑机制（如汉字的书写顺序、音乐的节拍节奏、诗歌的押韵规则等等）。这些“道理”，对学生而言是外在、静止、隐蔽的，归根结底是学生个人很难理解和把握的。通过教学把文字符号所隐蔽的道理揭示出来（即讲理），知识才能由静止变动态，由隐蔽变外显，由抽象变具体，一句话：由“死”变“活”。活化的知识，才是学生可以欣赏、可以琢磨、可以批判、可以操作的知识；活化后，知识才成为学生认识的对象，成为学生与之建立深层意义联系的知识，成为学生与人类历史活动相遇相知的中介，成为学生认识客观世界的中介。如此，学习便无需死记硬背，学生也才不会“小和尚念经有口无心”，只记住符号而不知符号所言说的内容。换言之，只有讲“理”，才能够帮助学生“以理驭事”“以简驭繁”，把握事物和活动的本质特征，在众多事物间建立起内在关联，迅速掌握人类已有的众多的知识。当然，所谓的“讲理”的方式，并不只是讲授，可以采用多样的方式：既可以是讲授，也可以是演示，还可以通过引导学生探究去讲理，甚至可以通过暗喻去讲理。

强调教学要讲“理”，最直接的原因是知识总是以符号来呈现、表达的，而符号总是有意义的。

“语言的音和形是人的感性可以达到的物质的东西，它们与意识的内容或一定的客观对象具有相对确定的联系，构成语义方面；

人们虽然不能直接感知精神活动的产物，但却可以借助上述联系，通过对语言符号的感知，建立意义，达到对一定意识内容的理解。”① 一个孤立的符号也许可以代表多种意义，但这个符号如果被保留下来用于言说某事某物或某活动，则其在某个特定的符号系统中，就与其他符号共同承担着事物的意义解释功能，于是，在这个特定的系统中，这个符号所含的“理”、所含的意义便是特定的。同样，知识不是词语的简单组合，知识在结构中、在系统中，才有意义，这也正是变异教学理论的重要观点。例如，“颜色”这个词之所以有意义，是因为物体除了颜色还有形状、大小、质地等特征，于是“颜色”便在与其他特征的联系和区分中获得了独立的意义；“颜色”之所以有意义，还因为它有多种具体的表现和维度，如有黑色、白色、红色、绿色等，“颜色”是对它的多种表现形式的共同特征的抽象。三角形之所以有意义，是因为它可以与四边形、五边形等区别分开，锐角三角形也由于直角三角形、钝角三角形的存在而获得其独立的意义。在教学活动中，尤其是教学的高级阶段，就可以用此符号来解释彼符号，知识的“道理（原理）”就存在于符号的相互联系和相互解释中。当然，通过符号进行解释，必须建立在对此系统的全部知识的整体把握基础上。

教学要讲理，突出表现在基本概念和基本原理的教学中。例如：“惯性”是经典力学的一个基本概念。牛顿在其巨著《自然哲学的数学原理》里将“惯性”定义为：“vis insita，或称物体本身固有的力，是一种起抵抗作用的力。它存在于每一个物体之中，并始终使物体保持现有的静止或匀速直线运动的状态。”牛顿继续解释：“以我们自己的观察来看，这种力总是与该物体成正比，且与

① 北京师范大学教育系《教学认识论》编写组．教学认识论［M］．北京：北京燕山出版社，1988：82.

物体的惯性没有任何区别。一个物体，由于它的惯性原因，若要想改变它的静止或运动状态则是有一定困难的。因此，vis insita 这个名称，我们可以用更恰当的名字即惯性或惯性力来代替。但是对于一个物体来说，只有当某种力作用于它或要改变它的状态时，才会产生这种力。这种力既可看成是抵抗力，也可看成是推动力。”① 正如牛顿所说，“惯性”是物体固有的力，但对“惯性”的认识和研究却经历了漫长的历史，历经亚里士多德、伽利略、笛卡儿、牛顿的努力，才最终完善了惯性及惯性定律（牛顿第一定律），使之成为经典力学的一个基本概念。对于学生而言，他们不可能经历漫长而曲折的研究过程去亲历知识的形成过程，同时，在他们还不具备独立探索能力的情况下，就需要直接面对教科书中关于“惯性”以及“惯性定律”的文字表述（如物体保持运动状态不变的属性叫作惯性。惯性代表了物体运动状态改变的难易程度。惯性的大小与物体的质量有关。惯性定律是指任何物体在不受外力或受到一组平衡力时，总保持静止或匀速直线运动状态）。对于尚未掌握惯性概念的学生来说，虽然认得表述“惯性”及“惯性定律”的每一个文字符号，却难以理解其真正要义。也就是说，这些文字对于学生来说并不是真正的学习对象，也不是真正的教学内容。显然，死记硬背无济于事，学生必须在教师的带领下，通过讲解、实验、探索等方式去弄清这些文字所蕴涵的原理（即道理）。也就是说，只有讲“理”，才能真正把文字性的结论变成学生的认识对象，学生才能真正进入到教学活动中来。

基本概念和基本原理的教学之所以要讲“理”，是因为它们本身就是对事物内在道理的抽象反映。所谓“道理”，就是事物之所

① 牛顿. 自然哲学的数学原理［M］. 曾琼瑶，王莹，王美霞，译. 南京：江苏人民出版社，2011：2-3.

以是这样而不是那样的根本原理，即本质特征。这样的道理，在布鲁纳那里，被称作基本结构；在赞科夫那里，叫作理论知识；在中国的传统说法中，就是闻一知十的“一”、“举一隅不以三隅反”的“一隅”。布鲁纳说：“不论我们选教什么学科，务必使学生理解该学科的基本结构。这是在运用知识方面的最低要求，使它有助于解决学生在课堂外所遇到的问题和事件，或者在日后训练中课堂上所遇到的问题。经典的迁移问题的中心，与其说是单纯地掌握事实和技巧，不如说是教授和学习结构。……如果先前的学习使往后的学习更为容易的话，那就得提供一个一般的图景，按照这个图景，使先前与往后所遇到的事物之间的关系尽可能弄得清楚。”① 这种基本结构，是普遍的、强有力的、具有适用性的结构。掌握了学科的基本结构，也就明晰了学科的一般图景，便可以弄清事物之间的相互关系，而不是局限于零散孤立的一事一物。布鲁纳还特别强调了掌握基本结构对于学生智力发展的重要作用：“我们也许可以把培养优异成绩作为教育的最一般的目标；但是，应该弄清楚培养优异成绩这句话指什么意思，它在这里指的，不仅要教育成绩优良的学生，而且要帮助每个学生获得最好的智力发展。强调学科结构的良好教学，对能力较差的学生比起对有天才的学生来，可能更为宝贵，因为最容易被质量差的教学抛弃的，正是前者而不是后者。”② 也就是说，讲“理”不仅是教学内容本身的要求，更是学生智力发展的要求。教学不讲“理”，学生就不能开智明理。

因此，教学之“讲理”，不是只体现在概念、原理的教学中，而是体现在一切内容的教学中。即使在教学的初级阶段，例如学习字词、数字，也要讲清其中的道理，才能使学生理解其意义，从而

① 布鲁纳. 教育过程［M］. 上海师范大学外国教育研究室，译. 上海：上海人民出版社，1973：8.

② 同①6.

牢固掌握，灵活运用，转变为自己的知识。例如，讲清“山”这个字的象形来源，学生就无需死记硬背，无需大强度的反复练习，便能够掌握“山”的意义、“山”的写法（有些学生会犯各种错误，例如把“山”倒着写、向左横着写、向右横着写）。要想让学生理解数字“1”，教师要通过典型例子来抽象出数字“1”，而不是让学生反复记忆、“数数”；要想真正理解“共商国是”，就必得讲清楚“是”这个字的含义，对“家事、国事、天下事”中的“国事”与“国是”加以区别。在简单的问题解决学习中，也要讲“理”。例如，小学数学中的“估算”教学（按心理学的知识学习类型来划分，“估算”属于问题解决学习）。“估算”教学当然要讲到几种不同的估算方法，如去尾法、进一法、四舍五入法和凑整法等。但是，如果不讲清什么情况下需要估算、估算的目的是什么，学生就不能理解为什么在已经掌握了精确计算的情况下还要再去估算，从而也不能够真正领会估算的本质，即为了简便、快速，要把不好算的数估成好算的数（如把末尾估成 0 或 5 的数），然后再进行计算。即使是在技能教学中，也要讲“理”。例如，要想正确掌握动作技能，就必须掌握动作技能的要领。对于一个好的运动教练来说，最重要的不在于他自己的运动水平有多高，而在于他能够讲清这项运动的基本要领的关键特征，能使学生迅速掌握。

总之，教学之所谓“讲理”，就是把这种抽象干瘪的知识具体化、丰富化，就是把静止在书本上的知识“活化”，把看似无意义的“死的”知识“解冻”“激活”；就是把知识“打开”① ——理清它的来龙去脉，梳理它与其他概念的关系，弄清它在整个知识结构中的地位，把握它的活动方式、思想方式，等等。把知识“打

① 王策三. 认真对待“轻视知识”的教育思潮：再评由“应试教育”向素质教育转轨提法的讨论［J］. 北京大学教育评论，2004（3）：5-23.

开”，就是讲“理”。讲理的方式可以有许多，但语言的、符号的解释必不可少，这也可以部分地解释为什么讲授法是最基本最主要的教学方法。①

（摘自《教学即“讲理”——兼论变异教学理论在教学中的运用》，原载于《教育学报》2013 年第 5 期）

① 丛立新. 讲授法的合理与合法［J］. 教育研究，2008（7）：64-72.

有意义的教学是把课程、教师、学生紧密联系起来的教学。经过这样的教学，学生就可能在愉快的、有负重的过程中，实现有质感的、真正的发展。

什么是有意义的教学

无论何种改革，若不触及教学的根本，就只能流于形式，止于表面。那么，什么是有意义的教学？教学的根本是什么？课程的价值又是如何显现的？

有意义的教学是“讲理”的

托尔斯泰说，幸福的家庭都是相似的，不幸的家庭各有各的不幸。教学却恰恰相反，好的教学千姿百态，各有各的好，差的教学却是相似的，要么冷冰冰、硬邦邦，要么热闹非凡却轻飘飘，无所负重，教师倦怠，学生无趣。冷冰冰、硬邦邦的教学，通常有大的知识含量，但没能关注学生经验，无法将知识与学生的经验建立起联系，让学生觉察不到知识与自己的关联，知识在学生那里显现不出它应有的丰富的意义；热闹而轻飘的教学，虽然关注到学生的日常经验和当下体验，却没能自觉地将这样的经验和体验与人类历史经验建立起联系，没能将其融入广阔绵延、澎湃激荡的人类历史实践中。于是，原本鲜活的个体经验反而成为无背景无依靠无着落的偶然存在，随风飘荡，散失在日常的琐碎中。这两种看似相反实则共通的差的教学，差就差在没有遵循教学的“理”，没有找到促进学生发展的“道”。

好的教学虽有万千形态，但有共同的“好”的标准。以胡小彬老师“从中国海军演习看中美关系”这节课为例。学生虽然能够在日常生活中通过网络、电视等媒体接收到大量有关中美关系的碎片化新闻、信息，但并不能自发形成关于中美关系的整体图景。胡老师的作用，就是把学生在生活中偶然获得的、碎片化的信息，集中、整合、系统化，把它们放入历史的事实中，并作为历史的一部分帮助学生理解，使这些似乎是偶然的事件和信息有了历史的缘由、现实的基础，成为中美关系整体图景的一部分。如此，教科书上的那些原本对学生来说是枯燥的、静态的、封闭的“死”的“知识”，由于新闻信息的加入，由于学生切身的加入（思考、辩论等），成为与学生有关联的、鲜活的、动态的知识。也就是说，胡老师的这节课，通过学生的切身体验和日常经验，引导学生去理解、思考中美关系的历史和现实，使得教科书文字表达背后的道理，能够通过学生的“操作”而显现出来，让静态的“死”的知识“活”起来、“封闭”的知识“打开”来，这样的学习是愉快的、彻底的，也是迅捷的。好的教学就是这样，它是善于揭示文字背后道理的教学。

好的教学有一个特点，就是以平等、平和的方式“讲”道理。这里所说的“讲”，并不局限于“讲授”（虽然讲授是“讲”的重要表现形式）。教师带领下的探究、讨论、实验等，都是“讲”，即教师帮助学生领悟文字背后鲜活生动的道理，实现“明理”的目的。这样的“讲”，既不是单向的灌输，也不是外部的强制和强迫，而一定是学生积极参与其中的。在这样的教学中，学生不仅能够掌握知识，而且能够明了知识的来龙去脉，把握知识的形成过程和方法。更可贵的是，能够体会到愉悦的情感。这种愉悦，不是轻飘飘无所着落的，而是有负重、有内容的，因此，可称之为有质感的愉悦。这种有质感的愉悦，是学生将学习外部动机转化为内部动机的重要契机。学生有了学习的内部动机，就有了强的学习愿望，有了克服困难的勇气，能发现学习的有趣“好玩”，就会“欲罢不能”。也因此，学习的过程是愉悦的，学习结果是全面的，学生的智力、能力、情感态度价值观能够得到全面而和谐的发展。

好的教学，还在于讲“联系”。这是因为，学生所要学习的知识不是散在、孤立的，而是有结构的。布鲁纳说：“无论我们选教什么学科，务必使学生掌握这门学科的基本结构。”把握了学科的基本结构，就会明晰学科知识的关节点、关键点，就能够提“纲”挈“领”、“纲”举目张。教师的教学责任就是帮助学生建构知识的结构，理清知识的系统，即把握住知识的关键属性和内在联系，把“举一反三”“闻一知十”中的“一”讲清楚。在这里，“一”是结构，是这门学科的基本概念、基本原理，“三”和“十”则是具体事实。“北京是中国的首都”“三里屯在北京”等就是具体事实。一方面，这些事实的获取极其容易；另一方面，是否知道这些事实并不影响学生的根本发展。因此，类似的具体事实，并不能成为教学重点，也无需教学花更多的精力。教学的重点和关键是帮助学生建立知识间的内部联系，即把握知识的内部结构，把握根本的“一”。这一个那一个的具体事实，只有与“一”建立起联系，才有了存在的“根”，有了意义，才不只是要求学生去记忆的孤立信息。例如，一年级教师要讲清楚“山”这个字为什么是这样的，而不应该通过反复强化的训练让学生死记“山”的写法和意义。这是因为：这样的教学，是讲道理的，是建立结构的教学，不仅帮助学生将“山”这个字的字形字义与“山”的形象联系起来，而且让学生明了抽象的字词都有其意义内涵。当然，明了了这样的道理，写字时，就不会出现很多学生常有的把“山”倒过来或反过来写的错误。

总之，教学要讲理，教师要把知识背后的道理讲清楚，这是课程的要求。

课程是知识的建构

课程是教育者主观选择的结果。历经千百年的累积，人类知识浩如烟海。自然，学生不可能学习所有的知识，也不可能学习“原生态”的知识，于是，主动地选择、改造、加工就很必要，就建构、形成了课程。

教育者所选择的知识，内在地蕴含着人类的实践方式、认识方式、思维方式、情意系统、价值系统等，因此，课程绝不是干巴巴的孤立而抽象的符号，而是人类在实践和认识过程中所投入和凝练而成的智慧与情感的载体。同时，课程体现着教育者对学生认识方式的认识，对学生发展结果及发展方式的预期，是自觉性、目的性极强的人为构建。

主动选择、加工而成的课程，需要教学的再建构。一方面，要把抽象的符号变成学生可感的、生动的知识，需要教师去选择活化知识的路径和方式，需要学生投入情感、思维和理解力去感悟、思考。另一方面，在不同的教师、不同的学生、不同的课堂教学中，知识的建构会有相当的差异和变化，同样的知识也会展现出不同的样貌。正是在这个意义上，人们会说，知识是主观的，是个体的。也正因如此，我们才强调教师的作用，强调好教师的重要性，希望能够通过教师的努力，帮助学生用善的方式学习真的知识，达到美的境界。

教师是课程转化的关键

知识载于书本，道理蕴含其后。学生或许可以阅读文字，但很难独自参透知识背后的“道理”。于是，教师成为学生与知识之间的中介。

学生是教学的主体。载于教材的知识，是学生学习的对象，是学生认识的客体。

很多教师用“跳一跳，摘果子”来理解“最近发展区”的实质，以为很形象，实际上是错了。“最近发展区”要强调的，恰恰是“果子”在学生自己“跳起来摘不到”的地方，只有在教师的帮助下才能摘到。这样，就有了发展的空间，有了努力的可能和方向。正是在这个意义上，教师是带领学生走向课程的中介，是人类历史文化的人格化载体，是将学生扶上“巨人肩膀”的人。当然，教师自觉地帮助学生获得发展这件事本身，也是一个逐渐明晰的过程。

远古时期，并没有专职的教师，有经验的人就可以承担教师的职责；也没有系统的课程，如果把经验看作课程的话，那么，教师就是“课程”，教师与“课程”是一体的。教师要教给学生的，就是自己所经验过的、所知道的。他用经验的方式把自己的经验教出去就可以，并不需要特别去琢磨教的方式，也不特别琢磨学生学的方式，也就是说，教师无须把自己的“经验”转化成学生要学习的内容。于是，学生个人的天资与努力就至关重要。比如，鲁班培养弟子，从木头材质、纹路到墨绳、锯子的使用等，都主要通过真正的“做”来教，他“做”了便也就“教”了，怎么“做”便怎么教，至于能否学会，主要靠徒弟个人的天资和努力。

随着人类知识的增多，受教育范围的扩大，尤其是在工业革命之后义务教育普及的背景下，学习的内容扩大了，学习活动专门化了。学生要学的内容，并不自备于教师，教师与课程是分离的。教师要教给学生的，必须自己先掌握，即教师自己需要一个与课程结合的过程，即把抽象的知识转化成他自己可以理解的对象。而教学活动的专门化，使得教师不再能通过“做”来“教”，而必须寻求“学”的基础来“教”，因此，教师必须充分把握课程，理清课程内部的结构，找到课程与学生经验和学习方式的结合点，用适合的方式再呈现出来，才能帮助学生抓住知识的关键要素、内部联系，领会其中的道理。这就是对课程的“转化”。例如，要想帮助学生把握知识的本质，必须了解学生的思维特点和认识方式。比如，对“鸟”的定义的学习。学生在日常生活中所经验到的鸟，都是有羽毛、会飞的，如麻雀、鸽子，因此，学生脑海中关于“鸟”的定义，一定与羽毛、会飞有关。如果教学中，教师依然只给“鸟”的标准正例，学生就很难把握鸟的本质特征。好的教师，就会在教学中给出鸟的非标准正例——比如企鹅，帮助学生去观察、寻找鸟的根本特征，从而帮助学生全面掌握鸟的定义。在这里，了解学生，成为帮助学生学习知识的前提。

教学要关注学生的体验

“人类认识的终点是学生认识的起点”，即学生可以直接将人类已有的认识成果作为自己认识的对象，而不必从零开始探索，这是教学的一个巨大优势，它可以使学生在短时间内实现对人类认识成果的掌握，“站在巨人的肩膀上”。但是，如果强制学生知道、记住这些知识，学生就会觉得枯燥、无聊，无兴趣。要让学生对这些外在于他的知识感兴趣，就必须让学生去经历、体验人类认识的历史。当然不能真正地全部去经验，而是让学生“好像”又回到人类早期那样，选取知识结构中的节点，典型地去模拟“重演”。比如，让学生“重走长征路”，不可能重演飞机炸敌人追的场景，但可以让学生绑着沙袋在操场上走五圈，体会长征的艰辛以及坚持的可贵。“重演”中，学生似乎亲身参与知识的形成过程，那么，知识背后所蕴含的道理、思维方式、情意态度和价值观也就能体验到了。

正如我们刚才所说，好的教学可以丰富多彩、千姿百态，所以，具体的教学方式一定会多种多样。但对教师来说，整体把握、细节入手，应该是一个大致的方向。所谓“整体把握”，就是把握知识的内在的本质联系，“细节入手”就是找到与学生经验结合的切入点，是具体的引导。比如胡小彬老师讲中美关系历程，讲了五星上将、清华学堂的建立等细节，再从经济因素、政治因素、军事因素等几个方面把握中美关系，重点突出，把抽象知识的理解转化为具体的学习过程，这样，课堂教学结束时，学生和教师就站到了同一高度。

这样的教学是把课程、教师、学生紧密联系起来的教学。经过这样的教学，学生就可能在愉快的、有负重的过程中，实现有质感的、真正的发展。

（原载于《中国教师》2015 年第 9 期下半月刊，标题有修改）

在研制课程时关注学生，让学生进入课程里，是课程研制的难点，也是本轮课程标准研制过程中着力突破和解决的重点。

让学生进入课程

学生与课程的关系，一直是课程研究及研制的核心问题。杜威的《儿童与课程》便是专门讨论这一问题的名篇。

只从学科或儿童出发来研制课程都是简单的，但又是不可能的。严格地说，那不能算是课程研制。虽然有相当多的课程没有儿童，自说自话；也有一些课程不顾学科逻辑，自以为是。

课程研制之难，难在既要考虑学科的强的内在逻辑，又要关注儿童的基础和需要，更要让学生通过课程学习实现自觉的提升和发展。在研制课程时关注学生，让学生进入课程里，是课程研制的难点，也是本轮课程标准研制过程中着力突破和解决的重点。

不能说过去在课标研制时不关注学生。在课程目标中、学业评价里、课程内容组织时，都有关注；学生的年龄、学段、知识基础、心理发展，都被关注，以便制定出“适合”的课程。这样的关注很重要，是课程研制的前提。

但是，这样的关注只是把学生当作课程服务的对象、教师活动的对象。课程的实现效果依赖的是课程研制专家及教师的教学努力，与学生、学生的活动和努力无关。换言之，学生被排除在课程之外，不在课程里而在课程外。就像建房子，保证了结构上的力学安全，却没考虑主人如何在其中生活。如果课程研制阶段不给学生的活动留有空间，不预设学生的学习活动，又如何能够期望教学实施阶段有周全的考虑呢？

为此，我们应转变课程研制观念，让学生进入课程，让学生及其活动成为课程的内在要素，而不是使学生成为立于课程之外的旁观者。

如何让学生进入课程？

这次课程标准修订在内容组织上的一个重要变化，是突出核心概念（不同学科有不同表述，如核心概念、大观念、大概念、大主题等）。进入课程的这些核心概念不能是静态孤立的，而必须是广泛联系的、动态的，必须伴随着学生的主动活动而不断进阶、扩展、深化。显然，这样的内容组织是有学生的活动空间的，学生必须进入课程。当然，这样的课程研制是困难的。首先，要确定这样的核心概念；其次，要预设出概念进阶扩展所必需的学生活动。即，既要在课程内容的组织中看到学科逻辑，又要想到学生的学习活动逻辑以及发展逻辑，难上加难。

学生进入课程，在新版课程标准的“课程内容”部分表现得最为明显。这部分有三个板块，即“内容要求”“学业要求”“教学提示”。“内容要求”规定了学生必须学习的基本内容，体现本学科的基本内容及其逻辑；“学业要求”预设了学生通过学习此内容应获得的发展；“教学提示”明确指出学生应该经历哪些基本的、典型的活动才能学习这样的内容、达到这样的学业要求。

那么，学生应该经历哪些活动、什么性质的活动？这并不是随意确定的，而必须把握学科，把握学科内容的内在逻辑，把握学生发展的基本规律与基本方向。正因为学生要进入课程，才必须凸显本学科最核心最关键的内容，并通过学生活动的设计，将课程与教学活动紧密联系起来。如此，由于学生及其活动的进入，课程标准不再是静态的、线性的内容呈现文本，而成为一个立体的、动态的、开放的系统。

当然，给出“教学提示”，是相当困难的任务。人们大多习惯于从学科出发，来提示教师如何呈现、展示知识以及知识的线索，因此，从学生活动和发展的角度来反观概念的发展及内容组织，就变得困难。如果没有对教学实践的深度把握，就很难给出合理恰切的“教学提示”。这也提醒课程专家：课程研制绝不是孤立的课程研究，而是与教学活动密切关联的课程实践。课程内容组织也不是单纯对现成内容的组织，而是由内容到学生活动、由学生活动到内容，在课程内容与学生之间主动建立关联的、反复思虑的过程。

在学科、学生之外，教师也应成为课程研制时的思考对象，即课程研制时应考虑课程内容如何呈现能够更有利于教师将内容转化为学生的活动。当然，即便课程标准做得再细致、再充分，教师的智慧和努力都是必要的。

（原载于《全球教育展望》2022 年第 4 期，标题有修改）

核心素养导向，既是课标研制工作的主线，也是课标文本的主旋律。

让核心素养真正落地

“让核心素养落地”，是本次课程标准修订的工作重点。核心素养导向，既是课标研制工作的主线，也是课标文本的主旋律。

用核心素养来表述课程目标，让课程“目中有人”

课程目标是对学生学习及发展结果的期待，是课程内容选择、教学活动设计、学业质量确立的基本方向和依据。此次课标修订，力求使课程目标自觉体现本课程在培育学生核心素养方面的基本贡献，结合本课程的性质、理念及课程的基本内容，从核心素养视角对课程总目标及学段目标进行表述。课程目标的素养导向，有利于转变那种将知识、技能的获得等同于学生发展的目标取向，引领教学实践及教学评价从核心素养视角来促进和观察学生的全面发展。

以课程内容结构化来引领教学实践变革，让学生在主动活动中生成素养

本次课标修订的一项重要变革，是以结构化的方式（如主题、项目、任务等）来组织课程内容。课程内容结构化，意在改变知识、技能的简单线性排列方式，强化知识间的内在关联，凸显学科的本质、思想方法以及内在逻辑。课程内容结构化，既强调学科知识结构，还强调在这样的结构中所隐含着的学生的活动及活动方式的结构化，为课程内容的活化、动态化，教学活动的综合性、实践性提供内容基础。结构化的内容组织方式，凸显出不同的知识技能在学科知识结构中所处的不同地位、所承载的不同教育价值，提示着教学实践以整体有序、多样综合的方式来挖掘知识的育人价值。课程内容结构化，有利于克服教学中知识点的逐点解析、技能的单项训练等弊端，引导教师主动变革教学实践，从关注知识技能的“点状传输”自觉变革为关注学生对知识技能的主动学习和思考，关注教学的关联性、整体性，关注学生在主动活动中所形成的知识、技能、过程、方法、态度、品格、境界的综合效应，关注学生核心素养的养成。

需要指出的是，内容结构化，并不意味着可以忽视或无视知识点，而是要在知识结构中去重新认识和定位知识点的意义与价值，要在学生的主动活动中实现知识点的教育价值。在课程标准的“课程内容”一章，有“内容要求”“学业要求”“教学提示”三个部分。这三个部分缺一不可、内在关联。“内容要求”指向“学什么”——强调在结构中的、扎实的基础知识学习的重要性，防止知识虚化；“学业要求”指向“学得怎样”——结合教学内容要求，提出素养发展目标；“教学提示”指向“怎么学”——学习这样的

内容、达到这样的要求，学生必须经历哪些基本的、典型的活动，让课程“活”起来、“动”起来，让学生进入课程，让课程内容变为学生主动学习的活动。

依素养发展水平来描述学业质量，让学生素养具体化、鲜明化

学生素养发展，贯穿课标全文本，隐含在课程内容及教学实践中，体现在课程学习结果的具体描述中。例如，数学学科提出应培养学生具有如下素养：会用数学的眼光观察现实世界、会用数学的思维思考现实世界、会用数学的语言表达现实世界。那么，如何才算具有了数学的“眼光”“思维”“语言”？有什么样的表现才能判定学生是“会用”了？能够观察、思考、表达现实世界中的什么样的问题，才算是“会”了？这就既需要有课程目标的总体指向，需要内容的选择、组织，还需要在各部分内容的“学业要求”及最终的“学业质量”部分中，做具体的描述，使核心素养不再是空洞的语词口号而变成学生真实的能力、品格和价值观。

此次课标修订，希望让课程标准真正成为教科书编写的依据、教学活动开展的依据、教学评价的依据，让课标使用者感到课标能用、管用、好用，真正引领、推动教学实践的深度变革，提高我国义务教育教学质量，让核心素养落地，实现立德树人的根本任务。

（原载于教育部官网）

实施新课标，就是将曾经偶然的、个别的好的做法，变成系统的、普遍的、自觉的实践：反思其内在的道理，将原有的优势放大，或是将消极的东西逐渐消除。

以新课程精神持续深化教学改革

《义务教育课程方案（2022 年版）》及 16 个课程标准（以下简称“新课程”）甫一出台，便引发广泛关注。人们兴奋、激动又焦虑，格外关心新课程可能带来的新变革。这一版课程方案和课标，方向明确、理念鲜明，落地措施积极稳妥，是在借鉴吸取我国已有课程改革经验和教训基础上的改进与完善，是温和的改进。新课程最鲜明的导向，是培育学生核心素养，落实立德树人根本任务。落实新课程，就要在课程建设、教学实施、考试评价、教师发展、学校管理等方面，体现核心素养导向，落实立德树人根本任务。

以国家课程为主体，发挥地方和校本课程补充作用

新修订的义务教育课程方案依然实行三级课程管理，设置国家

课程、地方课程、校本课程三类课程，但明确强调国家课程的主体地位，明晰了三类课程各自的功能与价值。国家课程是奠定共同基础的主体课程，而地方课程和校本课程是国家课程的拓展与补充，体现地方教育资源和特色，满足不同学生的个性需求。

对于学校来说，国家课程、地方课程、校本课程浑然一体，共同构成学校育人的完整课程体系。开齐、开足、开好国家课程，是学校的基础工作。同时，如何开发校本课程，统筹使用地方课程、校本课程及部分国家课程的课时，是实施新课程方案时需通盘考虑的一项重要工作。

课程方案规定，地方课程、校本课程与国家课程中的劳动、综合实践活动等占九年义务教育 9522 总课时的 14%—18%，即 1333—1714 课时。其中，地方课程不超过九年总课时的 3%；若一、二年级开设外语，所需课时计入地方课程课时，但不超过总课时的 4%，约为 381 节。劳动、综合实践活动每周均不少于 1 课时，班团队活动原则上每周不少于 1 课时。按方案规定的九年教学周总数 313 周（一至八年级每年 35 周，九年级为 33 周）计算，那么，劳动、综合实践活动、班团队活动共占去 939 课时，约占九年总课时的 9.86%。这样，以上各项总计 1320 课时，约占总课时的 13.86%。如此看来，校本课程的空间在 0.01%—4.14%，即 13—394 课时之间。

若以最大值 394 课时计，则校本课程平均每年约有 44 课时，恰是一门相当完整课程的课时，既可九年整体规划、一体化设计，也可依学段去设计几门不同课程。无论怎样设计，都是需要学校认真对待的一项课程建设工作。况且这每年的 44 课时，只是一个年级、一个班甚至一个学生的课时。在极端理想的意义上，为了满足所有学生的所有需要，校本课程的开设数应是学生数的倍数。当然，这既不可能也没必要。在极端消极的意义上，则只要开发一门课程即可用去所有课时。果真如此，校本课程就变成了必修课，轻忽了它满足学生个别需要的功能，起不到对其他两类课程的补充作用。校本课程的开发，要从它自身的价值与意义以及它与国家课程和地方课程的关系上来考虑，故而，校本课程至少应该满足学生最低的可选择要求。

若以最小值计，校本课程九年只有 13 课时，几无空间。那么，学校是否可以不作为？认真研读课程方案，就会发现，将国家课程的劳动及综合实践活动与地方课程、校本课程的课时打通统筹使用，是对学校课程建设和实施能力的一大考验。课程方案规定了劳动、综合实践活动等的课时比例，劳动课程也颁发了课程标准，但具体内容、活动开展方式，却仍需要学校去规划、落实。因此，即便以最小课时比例计，即便除去地方课程的 4%（即 381 课时，含一、二年级的外语开设课时），统筹使用的课时依然有 952 课时，平均每周约 3 课时。充分发挥这 3 课时的作用，学校能够争取更大的课程建设空间，在体现学校特色、满足学生多样化发展需求、及时反映时代发展最新主题方面，有所作为。当然，对于一些小型学校，或者课程开发能力有待提高的学校，可以集中精力先开好几门高质量的校本课程，逐渐拓展。

领会课标基本精神，深入推进教学改革

2022 年版义务教育各科课程标准的鲜明特点是核心素养的自觉转向。集中表现在：教育目标和学业质量的素养表述、课程内容结构化、跨学科主题学习等。这些新变化，既是核心素养落到实处的具体举措，又是这些年来我国基础教育课程教学改革的先锋实践探索在课程标准修订中的反映。换言之，新课标虽然有新变化，但绝不是无迹可寻、另起炉灶的“另一套”，而是在教师们自己的实

践中曾经出现过，至少听说过，有经验和感受的基础。实施新课标，就是将曾经偶然的、个别的好的做法，变成系统的、普遍的、自觉的实践；反思其内在的道理，将原有的优势放大，或是将消极的东西逐渐消除。

以受到广泛关注的跨学科主题学习为例。

跨学科主题学习虽然第一次在课标中明确提出，但类似的实践却早已普遍。研究性学习、PBL、STEM，都与跨学科主题学习相类似，强调综合运用多学科知识来解决有意义的实践问题。在制度化的文件中，也有相似的表述。如2015年版《北京市实施教育部〈义务教育课程设置实验方案〉的课程计划（修订）》提出各门学科课程用不低于10%的课时开展学科实践活动；2001年版和2011年版的义务教育数学课程标准中设有“综合与实践”的内容板块。虽然这两个文件，主要指学科内知识的综合实践，但一旦实践，就必然与现实的、完整的社会生活发生关联，就会关涉多学科知识的运用。如此看来，所有学校都有实施跨学科主题学习的经验，把它做好并不困难。在这个意义上，跨学科主题学习是新课标的亮点，但绝不是难点。跨学科主题学习的实施可从基础做起，逐渐拓展。第一层面，完成课标规定的主题设置，让师生感受跨学科主题学习的基本思路、意义及实施策略，形成初步的跨学科意识；第二层面，结合课标中提供的跨学科主题设计思路及实施要点，结合当时当地及学校和学生的特点，开发既能体现学科特点又能体现当地当时实际的新主题，充分发挥教师的主动性，给教师开发课程、体现专业自主性以充分的机会；第三层面，鼓励不同学科教师联合开发跨学科主题，加强学科间的沟通与协作，实现课程整体育人，例如北京师范大学第二附属中学的“诗乐舞”课程，就是语文、音乐、舞蹈学科的相互协作。当然，还可以有更多的追求，例如，发挥区域内学校各自的学科优势，打造可共享的优质跨学科主题学习。对学校来说，可借助跨学科主题学习的实施，推动学校课程建设、教研活动转型，推动学科课程质量的提升，让每一门课程都成为学校整体育人系统中的一部分。

课程内容结构化是中小学管理者和教师关心的另一个重要变化。

课程内容结构化，是指围绕学科的基本概念、基本原理，对课程内容的结构化组织。内容结构化，意在引导教师从学科结构的视角整体把握教学内容，分清内容的“轻重缓急”，采用恰当的方式去挖掘和体现不同知识点的教育价值，改变知识点逐点解析、技能项逐项训练的教学思路，从而帮助学生形成强有力的、普遍适用的认知结构，在学科内部及学科之间建立众多的“突触”连接，使知识可激活可调用，与人的思维和问题解决建立起紧密关联。

课程内容结构化，同样是我国多年来优秀教学实践经验的总结、提炼。例如，数学课程内容结构化参考了北京市朝阳区星河实验小学校长马芯兰的小学数学知识网络图的研究成果；语文的任务群则与近些年来的整本书阅读、群文阅读、主题教学等的探索与研究关系紧密；理科类课程，如物理、化学、生物及科学的“核心概念”或“主题”，与近年来的大观念、思维进阶、项目学习等实践有着内在的关系。

总之，课程标准中的这些新举措新变化，都与我们的已有经验有关，是原有经验的自觉化、系统化。因此，实施新课程的过程，不是一个推倒重来的过程，而是积累新经验、探索新可能的过程。

重视教师在课程实施中的主动性和创造性

课程标准无论多么理想、完美，也都只是课程“文本”，只是教学的指南而不是教学本身。教学才是课程改革的最终落脚点，是课程标准由文本变为现实课程的必由之路。在这个意义上，关注教师对课标的理解、实施，是课程改革顺利落地、实现育人价值的根本。

当先锋探索变为常态化实践时，需要广大教师的正确理解和创造性实施，需要在教学理念与行为方面实现更新和转变。

例如，如何理解课程内容结构化？如果按照非此即彼的“革命式”改革的话，既然强调课程内容结构化，知识点似乎就不重要了，有人甚至认为知识点教学落后陈旧。但稍有教学常识的教师都知道，没有知识点，教学就没有抓手，就无法展开。事实也是如此。没有知识点，就构不成结构。在这个意义上，新课程实施必须信任教师、依赖教师。当然，不能止于教师的原有认识，也不是说教师不需要发展了。新课标的重要意义之一恰恰在于，既能对接教师已有的经验，让教师有信心、能上手，又要让教师能够通过现实的实践活动来获得自觉的、持续的发展。可借助专业培训让教师了解课标的修订重点，在教学实践现场开展教研活动，通过集体备课、现场改课等方式，让教师于具体的课例中把握课标的精神。

内容结构化，既要认可教师的常识，又要引导教师将知识点放在知识结构中，形成整体的课程内容观。例如，小学数学的“计数单位”，从课标研制的角度看，要围绕这个核心概念来组织整数、小数、分数等相关知识点，将其组织成一个内在有关联的结构。从教学的角度来看，要想让学生学得聪明，学得主动，就须以结构化的思维来开展各知识点的教学：既要让学生理解不同知识点在“计数单位”这个核心概念上的内在一致性，又要让学生理解整数、小数和分数各自计数单位的独特性，从而在独特性的基础上理解计数单位的一般共性。也就是说，课程内容结构化只是教学改革深化的前提，如果没有教师的正确理解和主动践行，没有教师对学科结构的整体把握，课程内容结构化，就可能变成一种改革的噱头，教师依然我行我素，只教知识点而不关注学生学习的关联性；也可能使教学改革偏向另一个极端，既没有了扎实的知识点学习，又形不成强有力的知识结构，课程教学改革也不能持续深化、健康发展。

要承认教师在课程教学改革中的主人翁地位，借助课程改革来引领其自觉发展，才能真正落实新课程精神，持续推进课程改革走向深化。

（原载于《中国教育报》2022 年 6 月 22 日）

判断学校课程是否多样的标准，不是学校有多少课程，而是每个学生是否都有机会在适合自己的课程面前进行抉择。

“走班制”：从“班”到“个人”

自 2004 年高中新课程实施以来，“走班制”成了热门词，走班似乎成了学校改革的标志。不仅高中走班，甚至有些小学也开始走班了。那么，究竟什么是“走班制”？为什么要走班？“走班制”应该怎么做？这些基本问题，必须得到明确清晰的回答。

什么是“走班制”

什么是“走班制”？简单地说，就是打破固定的班级编排，不再由固定的学生组成固定的班级，而是经常变换班级的人员构成。

“走班制”是对“非固定班级”的通俗说法，它的学名叫作“不分年级制”或“无年级制”，即“non-graded”，强调学生个人对课程的选择权利，改变学校对学生课程学习的统一安排。在这个意义上，“走班制”是对班级授课制的改造。当然，“走班制”并没有彻底颠覆班级授课制，而是一种温和的改进：它保留了“班”

的形式，但不固定；学校的教学组织及安排不再以“班”为单位，而是以“个人”为单位；班级是由个人通过选择自愿形成的，而非学校统一划分的。在这样的班级里，学习内容、学习进度依然保有经典班级授课制“统一”“齐步走”的特征，但这种特征不是由外部规定的，而是由于每个学生都选择了同样的步调而自然形成的。

在“走班制”背景下，学生既可以选择修习哪个科目，也可以选择什么时间修习，还可以选择以不同的“步幅”“步调”去修习不同的科目，甚至可以选择跟哪个老师去修习，等等。

为什么是“走班制”

在实施“走班制”的高中学校，有一个描绘“走班制”的形象说法，即“一个学生一张课程表”。显然，“一生一表”的走班制与“一班一表”的班级授课制截然不同。“一班一表”规定的是全班的统一内容、统一进程，而“一生一表”则体现了每个学生对学习的自主安排和主动选择。也就是说，“走班制”的制度安排，从根本上是为学生个别需要服务的，是对学生发展需要的充分尊重。这种制度安排，给予每个学生充分的选择权，尽可能地为每个学生的发展创造充足的条件，这就与经典的班级授课制完全不同了。如果说班级授课制强调统一和效率，“走班制”则强调对个人发展需要的满足，强调各取所需、主动选择。

“走班制”虽然以满足学生个人发展需要为出发点，但并没有采用个别教学的方式，依然以班级为单位。即使“一生一表”，学生依然通过自愿选择汇聚成班。在这种情况下，经由个人选择而成的非固定班级，能够更好地实现班级授课制想要实现却无力实现的“同质化”，从而能够更好地进行“统一”教学、实现“齐步走”。在这个意义上，“走班制”既是对班级授课制的改进，也是对班级授课制的最忠实执行。它解决了现代学校的大规模与学生个别需要之间的尖锐矛盾，也避免了其他个别化教学组织形式的弊端；既为学生个人的自主选择提供了条件，又保证了学生能够在自主选择的基础上过上一种自觉的集体生活。

在教学组织形式的制度设计之外，“走班制”还是一种自觉的教育生活，它指导学生自觉规划未来发展，帮助学生认识自己，引导学生在选择中学会选择。

“走班制”要怎么做

高中新课程方案实验初期，走班只是达成学生选课的一种辅助手段，并无多少制度建设的考量。许多校长认为，“走班制”需要课程多样、资源丰富、学校规模大。课程多样学生才有得选，有得选才需要走班；开设更多样的课程必然需要丰富的资源，至少需要更多的教师、更多的教室；学校规模大、平行班多，走班才能走起来，反之，规模小、人数少的学校，便无法走班，只能由学校统一规定学生修习的内容及进程。显然，这样的观点是极为表面的，并没有认识到选修及走班的真正意义。

就课程和资源而言，多样、丰富当然不是坏事。但是，课程并不是越多越好，资源也未必越丰富越好。在达到基本要求的基础上，课程质量远比多样更重要，资源的适当及运用的恰当也远比静态的丰富更重要。为多样而多样，课程质量便不能保障，许多学校虽然开出几百门课程，但课程质量却令人担忧。例如，有的选修课程甚至没有必要的课程大纲，没有评价的基本指标。这样的课程，不开设比开设更好。至于学校规模，则更不足议，这不是制约走班的前提条件。

在高中新课程实施十年之后，重新审视选修和走班，相信校长和教师会有不同的认识。

保证每个学生都有可以选择的多样课程。对学校而言，课程多样才可供学生选择；对学生而言，适合的课程才是最重要的。显然，学生的学习时间是一定的，无论学校有多少课程，学生能够修习的门数大致是确定的。因此，对于学校而言，可供学生选择的多样课程不应只体现在数量上，而是由于类型、层级的细分而出现的多样。例如数学，所有的学生都应该学习，但不必所有的学生都学同样的数学，因而要在类型和层级上细分出更多样、更适合学生选择的课程。可以说，判断学校课程是否多样的标准，不是学校有多少课程，而是每个学生是否都有机会在适合自己的课程面前进行抉择。做到这一点，学生就可以在多个适合自己发展需要，兴趣取向、难度水平、步调步幅不同的课程中进行选择，走班才能真正“走起来”。

指导并帮助学生理性选择，潇洒走班。“走班制”背景下的课程安排，应像超市一般，将所有课程的主题、难度、课程大纲、开课时段、时间长度、开课空间、人数上下限、开课教师等都展示出来，由学生去确定要修习哪些、何时修习。如此，便特别需要学生个人的主动性及选择能力。因此，“走班制”更适合较高年段的学生，如高中学生。但即使是高年段的学生，也终究与成人不同，“走班制”的制度安排，并不是因为学生有了选择能力才让他们去选择，而正是要在选择的过程中去培养他们的选择能力。因此，学校和教师在学生选课的过程中给予积极的引导和帮助就成为必要。在这个意义上，教师的引导和帮助本身，是课程及课程资源最大程度发挥作用的关键，否则，多样的课程和丰富的资源不仅不会成为学生发展的养料，还会成为学生发展的阻碍；选择也不会成为理性的抉择，而成为孩子气的任性，那样，“走班制”就会成为灾难。

学生选课手册和导师制是响应课程选修及“走班制”的配套措

施。就我国当前“走班制”的实践现状来看，对学生选课和走班的真正指导，还需要更进一步踏实实践。

引导学生组建有归属感的集体。“走班制”必须面对因固定班级打破而带来的学生归属感缺乏、集体感减弱的问题。有的学校用行政班来解决：虽然走班，但仍以行政班的名义开展某些活动，如组织班团队活动、春游、运动会等；有的学校则鼓励学生自发形成相对稳定的社团，如话剧社、篮球队、围棋组等。自觉组建稳定的、有归属感的集体，对于大型学校更为必要。例如，一个由 5000 人组成的高中与一个由 500 人组成的高中相比，走班更易造成陌生感和冷漠；而规模相对较小的学校，即使走班，学生的熟悉感和归属感也要强得多。在这个意义上，适当规模的学校比超大规模的学校更适合学生，走班带来的问题也要小很多。

“走班制”是对教学组织形式积极而有价值的改革探索，是对班级授课制的积极改造。它能够更好地满足现代学校学生个性发展的需要，为学生的课程整体把握能力、学习规划能力、自主选择能力及责任心的发展提供了机会，使得学生的学习过程成为学生自觉生活的过程。

（原载于《中国教育报》2014 年 5 月 21 日）

教，为学生发展而自觉

整体把握教学内容，是确定“什么需要教”“什么不需要教”的前提。教师必得“凌绝顶”，才能看清来龙去脉，整体布局、抓住重点。

知道“什么不需要教”很重要

“教什么”的问题自然极为重要。但“教什么”的背后，隐含着另一个同样重要的问题，即“不教什么”。只有清楚“不教什么”，“教什么”才能真正显现出来、清晰起来、确定下来。在课程设计阶段，“教什么”是课程设置与内容选择中必须回答的问题，关乎教育目的的达成。在教学实施阶段，“教什么”的问题转化为“什么需要教”“什么不需要教”，是教师对教材内容进行加工、转化从而确定教学内容时必须考虑的问题。因此，在教学中，“需要教的”与“不需要教的”是相反相成的，构成事物整体的两个面向。

一些没有经验的年轻教师，习惯于根据教材的安排，平均使用力量。只要是教材里有的，全部都“教”。这样的“教”，既没有考虑教学内容的相互联系、内在结构，也没有意识到应从学生学习的角度去加工处理教材内容。对于学生在教学中观察、思考和操作的教学内容究竟应有什么样的水平与特点，未有思虑；对于如何将教材上的符号表述转化为学生现有水平的学习对象，全无主张。因此，也就无法将知识结构与学生的认知结构进行对接，无法真正帮助学生实现主动学习，“照本宣科”是也。

决定什么需要教、什么不需要教，根本上是让教师明确教学是为了更好地帮助和促进学生发展，而不是把教材上的内容传输出去。因此，那些最具发展价值的，就是最“需要教”的。布鲁纳说，“不论选教什么学科，务必使学生理解学科的基本结构”。基本结构主要是指学科的基本概念、基本原理和基本法则，是最能体现学科基本观念和思维方式的，是学科的关键内容。

“需要教的”，通常是高难度的、复杂的、原理性的内容，是“走在学生发展前面”的内容，意在引领和促进学生迅速地向更高水平提升发展。“不需要教的”，通常是事实性的、技巧性的内容，是“需要教的”内容的“举一反三”式的变式展开，是对它的说明、解释、丰富和扩展，意在为学生自主活动留出更大空间，同时实现学习活动的多样化。在教学中，通过时间、力度、方式、方法上的区别对待，使“需要教的”凸显，而使“不需要教”的内容隐入“需要教的”之中来显现。如此处理，既能突出重点，也能帮助学生建构起自己的知识结构，聪明、愉快、有条理地学习，将学科的知识结构转化为学生的认知结构。例如，马芯兰把小学数学的540多个概念凝练为十几个基本概念，强调“和、差、倍、分”几个核心概念，更将“和”看作是核心中的核心，是重点“教”的；吴正宪倡导“建好承重墙、打通隔断墙”；俞正强区分了“种子课”和“生长课”。这些研究和实践都是对教学内容所做的整体架构与处理，是对“需要教”与“不需要教”的内容所作的区分，为学生恰切的、多样化的学习活动方式提供了清晰的思路。

整体把握教学内容，是确定“什么需要教”“什么不需要教”

的前提。“不识庐山真面目，只缘身在此山中。”教师必得“凌绝顶”，才能“一览众山小”、识得“真面目”，才能看清来龙去脉，整体布局、抓住重点。

（原载于《中国民族教育》2020 年第 4 期）

教师的工作主要在课前“幕后”，而课上“台前”则主要是学生的主动经验与活动。这正是教师起作用的方式，即创造条件让学生自己主动“去经验”。

上课与学生经验

上课是教师的工作，是学生学习和发展的主要途径，也是现代学校教学的主阵地。

有些教师，尤其是教学经验少的年轻教师，懵懵懂懂，以为上课就是呈现和传达知识，至于学生怎么学、学到什么程度、能够获得怎样的发展，那完全是学生自己的事儿。但是，若课是这样上的，又何需教师？若教学是这样的，与学生自学又有何不同？

可以肯定地说，教学绝不是这样，课也绝不能这么上。

在课堂上，教师的工作是引发、推动、改造、提升学生的活动，而不是用自己的工作代替学生的活动。换言之，教师要承认学生是学习的主人、课堂的“主角”、教学活动的主体，要真心诚意地当好学生学习的引导者、帮助者。

弄明白师生在教学活动中各自的地位与作用，教师便清楚了课该怎么上，那便是：尊重学生的已有经验、创造条件让学生自己去经验，即引着学生自己去活动。可以说，教学就是在教师的引导下，学生在“主动经验”中拥有“经验”并获得发展的过程。这个主动经验的过程，就是学生与知识（人类历史经验）建立意义联系、赋予知识以个体生命意义的过程，也是学生个人偶然经验得以改造、提升并获得普遍意义的过程。

课的方式和形态可以多样，但让学生“自己去经验”，以主人的姿态去学习、去活动是最根本的。在主动活动中，外在于学生的知识才有了可感的形式与意义，成为从自己的经验中生长出来的“活”的经验，是自己经验的改造和提升的结果。课堂上的活动，则是学生主动思考、“发现”、“建构”知识的一系列有意义的、相互关联的活动。学生自己的经验成为“发现、建构”知识的基础，知识则内化为学生的经验。

显然，这样的课需要教师做充足的准备：了解学生的现有水平与状态、确立清晰的教学目标（即学生个人无法实现但在教师的帮助下可以达到的目标）、做好教学内容转化——将教材上静态的内容转化为学生主动活动的对象，保证学生学习的高起点和自觉性。如此，便要在备课时从目标的高处往低处探，直探到学生现在所在处，知道学生“在哪里”。例如：学生“经验过什么”“有哪些经验”“知道什么”“能做什么”“对什么感兴趣”，了解学生在没有教师的帮助下能够独立完成怎样的任务；站在学生现在的经验与水平上思考，若要达到目标，学生需要克服怎样的困难，经历怎样的过程，应该唤醒学生的哪些经验，如何改造这些经验，如何找准知识与经验的交汇点，等等。

可以说，课前准备就是教师由高到低的整体把握、回溯探查与设计，是从知识（人类历史经验）到经验（学生个人经验）、从目标到学生起点的回溯，是一个“倒过来”的过程。上课时，则是把“倒过来”再“倒回去”的过程，即从经验提升为知识，从现有水平向目标努力的主动活动过程，表现为学生的主动活动（如思考、探究、读书、练习、听讲等等），“操作”那些由教师转化的、适合他现有水平并引导他不断向上攀登的教学材料。在这样的过程中，学生真正成为了教学主体。

这样的课，经历了“两次倒转”。教师的工作主要在课前“幕后”，而课上“台前”则主要是学生的主动经验与活动。这样上课，教师的作用似乎并不是很重要，而这正是他起作用的方式，即创造条件让学生自己主动“去经验”。

课若这样上，就是真正的教学了。

（原载于《中国民族教育》2020 年第 6 期）

教师备课不能孤立地备一“课”。这一课的内容、活动及其发展价值定位，都得放在学科整体结构背景中，结合学生的活动及发展进阶去考虑。

单元备课与“胸有成竹”

我觉得，可以用“胸有成竹”来描述教师对教学内容的整体把握。教师上课时若能知浓墨留空白，画出的“竹子”才会疏密有致，灵动有型。

“胸有成竹”可由单元备课来实现。单元备课针对的是以“课”为单位的“备课”。以“课”为单位进行教学，本是班级授课制的核心特征，可有效规划时间、空间、人员、内容、活动以及各种资源，使教学能够有条不紊、按部就班地进行。王策三先生在介绍“课”的定义时说，“课”是“把教学内容以及实现这种内容的教学手段、教学方法展开的教学活动，按学科和学年分成许多小的部分，分量不大，大致平衡，彼此连续而又相对完整。这每一小部分内容和教学活动，就叫作‘一课’。一课接着一课进行教学”。依此来看，“课”既是学科内容的年级划分，更是学生学习活动的单位。然而，由于静态的教学内容更易分割，又因教材编写多以知识的逻辑线索为根据，有些教师常以为“课”的重心只是一个个独立表述的“知识点”，忽视了“课”本身所具有的、以学生学习活动为线索的整体性、连续性和进阶性。也因此，“备课”慢慢衍化为以“一课内容”为对象，原本立体动态的“课”（活动）降为平面、单薄、孤立的知识点。

虽然中小学以课时为单位组织教学，但教师备课不能孤立地备一“课”。这一课的内容、活动及其发展价值定位，都得放在学科整体结构背景中，结合学生的活动及发展进阶去考虑。

备课既要有纵向大单元的视野，也要考虑横向小单元的关联。在此基础上，再去设计一节课的活动，形成课时微单元，强化其内容及活动的内在结构及发展价值。

纵向大单元主要指同一主题以及围绕这一主题展开的学生活动的纵向深化与拓展。单元备课要关注此主题的核心概念、基本原理以及相应的学生活动在不同年级的连续性进阶发展，做到既相对独立又前后呼应。例如，“地形”是中学地理的重要内容，初一、初二、高一、高三都要学。北京市海淀区教研团队设计的“地形”跨学段纵向大单元，从学习进阶、表现标准、学科素养水平等维度整体设计、规划不同年级的学习目标与活动，既把握这一内容的纵向发展序列，也为每一年段横向小单元的教学定位提供了结构坐标。

横向小单元比纵向大单元更具操作意义，主要指同一年段的共同主题。例如，小学二年级的“初步认识角”“认识长方形”“认识更多的图形”就可看作是相互联系的横向小单元，整体关联设计，就会避免知识点的孤立、割裂和重复。

单元究竟是什么？维果茨基的说法最符合我们对单元的理解：“单元是不能再进一步分解的整体的活的组成部分，具有整体所固有的一切基本特性。”即，单元是动态立体的、具有学科一切基本特性的“活的”单位，是为学生的学习活动而组织起来的知识结构。相应的，单元备课便是以“活的”思想来整体规划教学内容以及学生活动，使教师上课时能够在重点处着力、在该留白处空无，凸显学科结构和学科的基本思想方法，帮助学生建构自己的知识结构，体会学科的基本观念、基本思维方式以及基本价值取向。

（原载于《中国民族教育》2020 年第 5 期）

我们赞许“教是为了不教”，但，将来的“不教”，正是现在“教”的结果；只有真正的“教”才能引发学生的“学”。

教，为学生发展而自觉

“以学代教”的主张，源于对教学活动的片面认识。这种认识把教学看作知识的传递活动，甚至极端化为对知识文字表述的传递与传输。对“最近发展区”一词的误解，就是强调“学”而忽视“教”的一个典型。

在教学中，“最近发展区”常被庸俗化地理解为“跳一跳，摘果子”。事实上，“最近发展区”意味着：没有教师，教学就不可能发生；没有教师的帮助和引导（即“教”），学生不可能通过自己的努力快速达到在教师帮助下所能达到的发展高度。换言之，“学生跳起来也摘不到”的果子，在教师的帮助和引导下能够“摘得到”。

它蕴含两方面的道理：（1）教学要走在发展的前面；（2）没有教师，就没有能够走在发展前面的教学。这两个道理充分说明了教师、教学在学生发展中的重要意义与价值。教学所要促进的学生发展，绝不只是思维的、智力的、心理的发展，而是作为具体的、历史的、社会实践主体的发展，学生要形成社会实践主体所必须具备的健康的身心、高水平的文化修养、较强的实践能力、高级的社会性情感、高尚的精神境界。

在学生的发展过程中，教师承担着帮助、引领、点拨、提升的作用。正是有教师的帮助，学生才能够体会到知识所蕴含的道理与智慧，才能理性地对待知识与周遭的事物，才能知晓自身的优势与不足。学生的偶然表现，可能因为教师的点拨而成为自觉的行为；面临困难时，因为教师的信任、鼓励而满怀信心。正如《你鼓舞了我》（*You Raise Me Up*）的歌词所写："你激励了我，故我能立足于群山之巅；你鼓舞了我，故我能行进于暴风雨的洋面；在你坚实的臂膀上，我变得坚韧强壮；你的鼓励，使我超越了自我。"

教与学不可分割，不应把教学只看作是知识的传递活动，而应把它看作自觉促进学生成长为有责任、有担当的未来社会实践主体的最重要的活动。这样的目的，没有教师的帮助与引导，要想在短时间内全面、彻底地达成是不可能的。

指向学生发展的自觉的教学活动，一定具有以下两个特点：

其一，教学的所有活动都是有目的的，是精心设计、规划的。例如，教学前的诊断和设计、教学过程中的监测与反馈、教学结束后的总结与反思，目的共同指向把学生从现有的水平、境界提升到期望水平、目的水平。从什么角度切入、教学中用什么样的方法、举什么样的例子、对学生的提问做出怎样的回应等，都是自觉的、有目的的，是经过预先设计的。甚至一个动作、一个语词，都是基于教学促进发展的目的而认真思忖、设计的结果，是教师对学生发展进行自觉引导的体现。要说明的是，设计与规划并不束缚教学，也不等同于刻板的教学流程，更不是不能变更的"教案剧"，而是灵动活泼的烘托着学生不断向上发展、提升的自觉教学活动主旋律。

其二，教学过程是道德的过程，具有教育性。教学作为育人的重要活动，其内容、方式及过程都必须是道德的、有教育性的，若不符合教育的价值标准，即使是有意图的自觉活动，也不能看作教学。例如，“许多可以学到的东西——令人厌恶的事情，如性堕落；或缺德的行为，如揪别人耳朵——必须排除在教育之外”①。首先，教学的内容必须是正确的、有教育性的。有科学性错误的、教育价值不高的、低俗的内容不能成为学生学习的对象。其次，实现内容的方式和过程本身也应该是道德的、有发展意义的。“‘教育’的价值标准不仅用来判断这些活动的结果，而且也用来判断过程本身。……某些一般的学习过程不能被当作有教育意义的学习形式。不尊重学习者人格的所谓学习过程，就是一个例子。”② 威逼利诱、强制恐吓、死记硬背，虽然也能够学到知识、技能，但绝不是教学。以正确的内容、道德的方式、有意义的过程，培养学生向上向善的正确价值观的活动，才是教学。这样的“教”，是不能被替代的。

我们赞许“教是为了不教”，强调培养学生的独立、自主、创造性；但，将来的“不教”，正是现在“教”的结果；只有真正的“教”才能引发学生的“学”，才能让学生成长为无须“教”而能创造美好生活的社会实践主体。在学校教学中，“学”要在“教”的引导下进行，“教”要为“学”服务，“教”与“学”是永远统一的活动。

（原载于《中国教育报》2018年2月28日）

---

① 赫斯特，彼特斯．教学［M］//瞿葆奎．教育学文集：教学：上册．北京：人民教育出版社，1988：65.

② 同①.

当教师从某一科目的执教者转变为学生发展的引导者，其课程意识也就能从自己所教的课程“意识”上升至影响学生发展的全部课程的“意识”。

增强教师对全部课程的“意识”

有人将“课程领导”看作“课程管理”的高级版，强调学校领导在课程定位、开发、实施及评价等活动中的专业引领作用，而“课程领导力”则被理解为有领导权、有话语权的人在课程活动中的指导、引领、协调的能力。将课程领导力做此解释，极大地降低了课程领导力的丰富性和包容性，尤其弱化了普通教师在课程开发、建设、实施以及评价过程中应有的主体性、创造性、能动性，甚至不及课改初期所倡导的“课程意识”。

课程意识的核心是教师在课程实施中的主动性和创造性，强调教师在课程实施中超越“忠实执行”的取向而能自主、创造性地实施，如整合教材、开发课程资源。课程意识的提出，初步确认了教师在课程实施中的主体地位，要求教师必须意识到课程及其内容所蕴含的对于学生发展的意义与价值，探寻课程与学生互动的最佳路径与方式，要意识到教师在实现课程意图中不可取代的作用，觉察课程实施中教师与课程、课程与学生、教师与学生之间相互对立、相互支撑的复杂而紧密的关系，最终实现课程的教育价值，达成课程目标。显然，具有课程意识的教师，绝不只是用眼睛去看“课程”，更能用心去体会课程；同时，也绝不会仅停留于“意识”，更有能力让静态的课程“活”起来。

如果教师真正具有了课程意识而不只是一个表面的“课程资源开发者”，他就会在课程实践中意识到：学校课程决不仅限于自己执教的那门课程，教师也决不能仅对自己执教的那门课程负责；他所执教的那门课程与其他课程有千丝万缕的联系，每一个教师也都必须与其他教师主动合作。有了这样的“意识”，教师才可能真正站在学生发展的立场，自觉地思量如何处理自己执教的课程与其他课程的关系，考量课程内容的相关与融合，展开创造性的课程活动。这样的教师，才有可能从某一科目的执教者转变为学生发展的引导者，其课程意识也就能从自己所教的课程“意识”上升至影响学生发展的全部课程的“意识”，这样的课程意识便是课程领导力。

近年来，越来越多的学校强调课程领导力，原因在于课程领导力的提出抑制了当下许多学校在课程建设过程中表现出来的“课程躁狂症”，如未经严谨的研究，便急于开设种类多样的选修课，急于提出新奇的课程改革举措，急于表现课程的与众不同。在这样的背景下，能够踏踏实实地研究课程，把握课程开发、实施、评价的特点，为每个学生的健康发展提供充分的教育条件，便是课程领导力的重要内容。

同时，从更为积极的角度看，课程领导力的提出，能够更加凸显课程主体宏观的课程视野、以学生发展为宗旨的课程价值观、整体协调的课程开发观以及恰切有力的课程实施能力。这样的课程领导力，是每一个课程主体都应该具有的；这样的课程领导力，不是某个人的能力，而是课程领导共同体的共同品质。

（原载于《中国教师报》2016年1月20日）

在学校和教师这里，如若主张“以学代教”，则是推卸了本应承担的责任，是极端不负责任的表现。在学校教育中，“以学代教”不应被倡导。

学校不可以“学”代“教”

前几日，听到有关教学论的若干谬论，其中一则是“学可以替代教”，即教得好不好不重要，只要学得好就行，教学中最重要的是学生的“学”。这则谬论之所以大行其道，是因为伴有诸多听起来极为“正能量”的道理，例如：“学是学生的主动活动”，是“学生主体性”的重要体现。由此，许多教师把自己从教学活动中“择”出来，将本应承担的教学责任推给了家长和校外补习班。

“学”究竟能否替代“教”，确需认真澄清一番了。

“教替代学”或“学替代教”是老问题，说到底就是教与学“割裂”“不统一”。在两者之间，“学替代教”的呼声更强烈，似乎更高级、更值得倡导，因为它强调学生的主动性，所以更具迷惑性，危害更大，更容易被忽视。

“教替代学”的做法是容易被破除的。教师“教”得再好，学生不跟着“学”也无济于事。因此，“教不能替代学”是明白无误的真理，有“教”有“学”才是“教学”。

“学替代教”则是不易辨明的谬论。有经验的教师都知道有两种截然不同的情形，即：教师在场也未必能引发学生的学习；反之，教师不在场，也有学习发生。就这两种情形而言，学生的学习好像都与教师关系不大，教师在场未必能引起学生的学习，不在场也未必没有学习，所以，重点是在学生自己的主动性、自觉性、积极性上。教学道理仅此而已吗？学真的能替代教吗？

上述的第一种情形，可以看作是“教替代学”的失败例证，这里不再赘述。

第二种情形，即教师不在场的“学习”，则需认真分析，分析学习究竟是“自学”，还是在教师“教学”引导下的“学习”。如果学习的愿望、方向、内容、节奏，事实上是由教师引导、启发的，即使教师不在场，也依然是“教学”——或是课堂教学的前伸，或是课堂教学的后延，抑或是教师魅力和影响力的体现，总之，不是“自学”。如果学习与教师没有关系，完全是自发愿望和行为，那就可以确认为“自学”，而这里的学习者，即使其社会身份是学生，也不能视作教学意义上的“学生”，而只能是被一般地称作“学习者”或“自学者”。若是“自学”，则不必讨论“学能否替代教”的问题，因为它可以不需“教”而独立存在，自然没有替代的问题。

“无教之学”的“自学”虽然存在，但因没有教师的引导，费时费力、艰苦困顿，最重要的是，即使花费大量的时间、付出巨大的努力也很难真正登高望远、知明而行。一出生就面临着庞大知识系统的年青一代，既不可能也无必要重复人类早期实践探索的轨迹，而可以“站在前人的肩膀上”，直接从认识人类已有成果开始，于短时间内达到“百尺竿头”，成长为能够推动人类“更进一步”的人。

而“无教之学”的“自学”以及“由学来替代教”的所谓“教学”，却使学习者（学生）面临巨大的困难。这是因为，系统知识的学习与实践探索不同，并非直接与客观对象本身打交道，而主要是通过符号及符号系统等媒介来间接与客观对象打交道。因此，学习者不仅要了解符号及符号系统，还需了解符号所表达的意义，理解不同的符号表达方式所传达出来的细微却重要的差别，还要建立符号与客观事物的联系；既要了解符号表述的逻辑，还要透过符号去了解客观事物及其内部联系；既要认识符号及符号所表达的意义，又要理解前人发现知识以及运用符号表达发现的过程。这便带来了巨大的学习困难。例如，从学习“自然数”到学习“负数”，对于学习者来说，有着巨大的、难以逾越的思想和心理距离，凭学习者个人的努力想要全面而深刻地把握负数的内容，难上加难。正如英国著名学者赫斯特和彼特斯所说：“单凭儿童在社会和物质环境中生活和自由探索，以为儿童就能够获得我们希望他们获得的复杂的、受规则支配的原理和程序……是可笑的。”在学习者那里，不得已而为之的“自学”，精神可嘉，而故意的绝师弃教，却并不理智。在学校和教师这里，如若主张“以学代教”，则是推卸了本应承担的责任，是极端不负责任的表现。在学校教育中，“无教之学”的“自学”不可能成为主流，“以学代教”更不应被倡导。

（原载于《中国教育报》2018 年 2 月 14 日）

改进教学的前提，是要深刻反思：于“传递知识”之外，怎样传递知识？为什么要传递知识？

如何改进学校整体的教学

一些学校主张“以学代教”，是因为跟着教师“教”的“学”并不比学生自己“学”更轻松、迅捷、彻底。这种做法虽有现实原因，但作为专业的教育者，却应该做深刻的反思。因为教师是学生最直接的接触者、联系人，最应该了解学生学习的困难和需求。一名合格的教师，不应对学生学习时的困难、乏味视而不见，也不应不思改进。

那么，应该如何改进教学？

首先要审视我们的教学观念尤其是教学潜意识。校长和教师都赞同这样的观念：教学是培养人的活动，学生是教学的主体；教学要生动活泼地促进学生的发展。但是，一旦进入课堂开始教学，这些观念却很难真正落到实处。其中，教师水平所导致的“有心无力”以及根深蒂固的“教学即传递知识”的潜意识，恐怕是最为主要的原因。

“教学即传递知识”的潜意识，反映在教学活动的方方面面，教学的关注点、出发点、目标都是知识。知识成为教学活动最醒目的要素，成为确定活动目标、制定活动进程、评价活动成效的核心依据和核心指标。重视知识虽然正确，但人们常常忽视一个重要问题，即知识传递给学生，是要为学生发展服务的。所以，改进教学的前提，是要深刻反思：于“传递知识”之外，怎样传递知识？为什么要传递知识？真正把学生及其成长放在心中，将学生的成长和发展作为教学的根本目标。

其次，改进教学的落实还在于“改进教师”，改进教师的教学观念、教学意识和教学能力。教师得“有心有力”“手脑一致”，把转变了的观念真正落实到教学实践中。优秀教师的意识与做法应该普及，为所有合格教师所应具备。

一个合格的教师会确定学生“在哪里”、有什么样的经验、具备怎样的水平；会根据学生的水平和经验设计教学的起始点，引导、帮助学生成为教学的主体。例如，特级教师俞正强为了使学生理解“过两点只有一条直线”，他先帮助学生理解数学中“线无粗细”的概念。数学中的“线”与生活中的“线”不同，生活中的线“有粗细”，而数学中的线“无粗细”。学生在理解“线无粗细”之前学习“两点一线”，只能机械记忆，数学学习就会成为无趣的任务。只有当教师从学生经验处切入，帮助学生理解“线无粗细”，学生才能真正作为学习主体去理解它的本质意涵，体会到数学这门学科的神奇、有趣。

一名合格的教师，不会采取强制的、简单粗暴的方式让学生学习“难”的知识，但也绝不会因为学生学起来难，就任意削减知识、降低难度，让学生体验廉价的快乐。教师不应消极等待学生的自发成长，而应用“润物细无声”的方式去自觉促进学生的发展。为此，教师要做“两个转化一个引导”，即：把教学要求转化为学生自己的学习愿望，把教学内容转化为学生现有水平可以观察、思考、操作的对象；引导学生从现有水平出发，经过自己的主动活动，达至教学目标所要求的水平和境界。其中，教学内容的转化最为关键。

在教学内容转化时，表面看起来快速的照本宣科，并不能让学生真正理解、掌握内容，更不能通过活动让学生得以发展。因此，将学生现有水平不能独立学习和操作的内容，转化为从学生能够自主完成活动开始的一系列活动，从而缩短学生经验与教学内容之间的心理距离，帮助学生体验个人经验与人类知识之间的内在关联，使得教学内容的意义及其所蕴含的思维方式在活动中展现，并成为学生自己的经验、体验与知识结构。这样的教学，是学生为主体的教学，不是把知识平移灌输出去，而是把学生培养成有能力获取知识、领悟知识学习的乐趣、创造美好未来的社会主体。

当然，这样的教学，对教师要求颇高。教师既要心中有学生，更要能够了解学生，了解学生的经验、水平、学习方式；既要对学科结构有整体把握，又要了解教学内容的本质、内涵、关键特征与典型变式；既要能够把教学内容转化为与学生有关联的、学生能够理解的有结构、有脉络、有内在联系、有生命的活动对象，在教学内容与学生活动之间建立起关联，更要在学生作为主体的主动活动中，发展学生认识水平、认识能力，提升学生的精神境界。这样的教师，是良好教学的需要，但需要全社会共同关注和培养。

（原载于《中国教育报》2018 年 3 月 28 日）

减负，减的是无意义的负担；提质，则只能通过学生的主动活动来实现。

聚焦学生活动的整体设计

提升质量是教学活动永恒的追求。“双减”当前，人们不得不思考质量的本质含义以及获得质量的正确道路。当消耗时间的“持久战”被限制、“出大力流大汗”的笨方式被“减”掉时，每一所学校、每一位教师都必须思考，如何能够在有限时间内“保质保量”完成任务、实现目标，促进学生生动活泼主动发展。

聚焦学生主体活动

教学的重要价值之一，就是比“自学”来得轻松、省时、愉快、彻底。从这个意义来讲，教学本身就是“减负提质”的活动。课程内容的选择、教学方式的持续改进，目的都在于此。2017 版高中新课程以及颁布在即的义务教育课程方案及各科课程标准都有一个共同特点，即以核心素养引导和定义教学目标及教学质量，同时通过课程内容结构化来引领、推动教学实践变革；聚焦学生主体活动，提升教育教学质量。

将外在、抽象的学科知识转化为学生个体的内在素养，是教学的重要任务，也是育人目标的具体体现。由知识而素养的过程，必须经历学生的主动活动。若将知识比喻为精神食粮，学生的主动活动就是咀嚼、消化食物，将其转化为生长养分的必需环节。

学生能否发生主动活动，与课程内容组织方式、教学活动整体安排以及教学活动的目的指向密切相关。以往单纯变革教学方式，企图以多样化的方法引发学生主动学习的做法，就像包裹着苦药的糖衣，只是诱骗学生吞下去的伪装，只是将单一方法的知识传输变成千奇百样的知识传输，并没有触及问题的根本。高中新课程及义务教育课程修订着重关注课程内容结构化，则为大多数教师设计、引导学生主动活动提供了基础条件。

以结构化的方式组织课程内容

课程内容结构化，与知识的线性排列不同，是一个既体现课程内在逻辑，又与学生主体心理和行为逻辑相关的课程内容组织方式。它以核心概念、大观念或核心任务组织结构化的知识，突出了知识间的内在联系与脉络，为学生的学习和思考埋下了线索、提供了路径，预设、隐含着学生可能有的学习活动。与课程内容线性排列的“知识点”相比，课程内容结构化并未特别强化教师对知识的介绍和展示的系统性，而是着力于从学生的观察、思考、想象等学习活动入手组织内容，致力于解决教学实践中惯常的对知识逐“点”解析、技能逐“项”训练等弊端，将教学从关注学生获得一块块孤立、零散的“砖”的执拗中解放出来，进而把关注点放在如何帮助学生形成学科整体印象、把握学科本质、形成核心素养上。

以结构化的方式组织课程内容，就像按照学生的生活需要建造有结构的房子一样。在这个有结构的房子里，“砖”的价值才真正呈现出来。不同的“砖”被放在不同的部位，承担着不同的功能，共同支撑起整体的“房子”。因“砖”各不相同、功能各异，所以不能等量齐观，必须在结构中整体思考发展脉络，以与价值相应的活动及方式去挖掘其功能，才能真正把握它。而结构化内容组织方式的目的之一，就是在课程内容中为学生的主动活动预留空间，使知识能够成为学生观察、思考、想象、表达、制作的对象，成为学生主动活动的生成物。在主动活动中，静态的知识结构转变为学生主动建构的认知结构，变成与自己的精神和情感关联的“家”，而知识则转化为学生自己的现实力量，提升学生的能力、品格、境界、价值观。

整体设计学生学习活动

以恰当的方式促进学生自觉健康成长，是教学质量的应有之义。教学“减负提质”的前提，是做好学生活动的整体设计，不是一课一活动的点状设计，而是根据内容结构进行关联性的整体安排。分析内容的表里层次，确定教学的轻重缓急，圈定典型而关键的节点，于教学开始前便站在终结处回望全程，将终点的思想要素渗透进活动全程，经由学习活动的展开过程为教学目标的实现奠定知识基础与心理结构，使学生形成关于学科的基本思想与基本方法。教学活动的整体设计目的在于让学习真正发生，使教学过程成为学生自主攀登以实现目标的过程，成为学生打开知识、进入人类历史、融入先贤思想、形成素养的过程。略过学生的活动过程，教学就不成其为教学，教学质量提升更是无从谈起。

因此，教师不仅要转变观念，从关注“教”转变为关注“教学生学”，而且要有实际措施将观念落地，设计能够让学生主动投入、“动手动脑动心”、有意义的一系列相互关联的活动。未经设计、目的指向不明的简单重复活动，如大量抄写、计算，虽然也是活动，却很难让学生动脑动心，正是需要“减”掉的负担。教学中的活动，必须经过缜密设计，既要有明确的意图，又要提供给学生现有水平可操作的材料；既要调动学生感觉器官的参与，更要让学生动脑思考、用心体验。这样的活动，也许依然需要刻苦、需要长时间投入，却不会成为学生的精神负担，而是激发学生从事挑战性活动的动力，是挖掘学生智慧潜能的契机，是给予学生克服困难、体验成功和自信的机会，是通向学生健康发展的道路。

总之，减负，减的是无意义的负担；提质，则只能通过学生的主动活动来实现。

（原载于《中国教师报》2022 年 1 月 5 日，标题有修改）

第

深度学习之“深”

信息时代的到来，逼迫着教学从农耕时代的朴素的“教学即传递”的观念中走出来，从非此即彼的各种形式化的改革中走出来，重新认识教学的任务与功能。

教学不只是“传递”

在相当长的时期里，“教学即传递”是人们对教学活动的定位，即人类认识成果是传递物、教师是传递者、学生是接受者。虽然也有批判者认为教学并非“传递”而是“体验”“创新”，但是，这种观点除了作为“教学即传递”的“非此即彼”的对立面，在实践中实难找到落实的方法与路径。而“教学即传递”则因体现了教学最基本的方法与路径，而在教学实践中有着广泛、持续且扎实的影响。但这种观点及相应的实践，本身并没能体现教学活动全部的内涵与意义，很大程度上片面化了教师、学生的角色与地位，也弱化了知识本应有的意义与作用，降低了教学活动本应有的地位。在社会发展相对缓慢、知识来源相对单一的时代，在“知识就是力量”、信息需要索取而非选择的时代，在发布的知识具有权威性而无需个人做评判只需接受的时代，“传递”（甚至只是“灌输”或知识的“平移”）足以应对，因而有着实践的合法性基础。

但是，当信息时代来临，知识来源途径多样混杂，每一个人都可能发布信息而每一个人也都面临着要对信息的正误做出独立评判的时候，若教学只是定位于“传递”，主要是以死记硬背为手段的表层学习，或它的反面——只强调探究形式而无探究精神的学习形式，不仅苍白无力，甚至有害。

我们必须思考：在“百度一下，你就知道”的时代，如果教学的目的还只是传递和接受知识，教学的价值何在？在“百度一下，你就知道”的时代，若教师还只作为知识的拥有者和传递者，那么，教师还有存在的价值吗？教师在何种意义上是无可替代的？当信息真假不明、良莠不齐地汇聚而来时，教学如何能够帮助学生辨别真伪、明辨是非？在“百度一下，你就知道”的时代，学生凭什么要通过艰苦的学习去掌握课本上“枯燥”“死板”“无趣”的知识？教学如何让学生体会知识的价值和意义？

在阿尔法狗（AlphaGo）大胜围棋职业九段选手李世石①的时代，只传递知识的教学自然不行，它的反面，不关注知识的价值而只形式化地关注探究、创新和体验的教学，同样不行。

信息时代的到来，逼迫着教学必须从农耕时代的朴素的“教学即传递”的观念中走出来，也从非此即彼的各种形式化的改革中走出来，重新认识教学的任务与功能②。教学不仅要帮助学生承继人类认识成果，而且要在这个过程中感受、体验人类认识过程中的思想的、行为的、判断力的精华，成长为能够明辨是非、有正确价值观、有担当的未来社会实践的主人。总之，教学为了发展，教学要

---

① 2016年3月9日至3月15日，谷歌旗下的深度思维公司（DeepMind）开发的围棋程序阿尔法狗对决职业九段选手李世石，并于3月9日初战告捷，最终以4∶1大胜李世石。阿尔法狗并不是一台超级计算机，而是一个由许多个数据中心作为节点相连，每个节点内有着多台超级计算机的神经网络系统。

② 郭华. 新媒体时代的教学及教学变革［J］. 中小学管理，2014（12）：4-6.

促进发展，教学要让学生具备自主发展的意识与能力，要发展学生的核心素养。这，成为当前紧迫的任务。正如马克思所说：“社会一旦有技术上的需要，则这种需要就会比十所大学更能把科学推向前进。”在信息时代我们以前本应有但被忽略了的思考与实践被凸显出来，逼迫我们给出答案。

（摘自《深度学习及其意义》，原载于《课程·教材·教法》2016 年第 11 期）

深度学习的目的是要培养能够创造美好生活的人，培养生活在社会历史中的、具体的人，而非抽象意义上的有高级认知和高阶思维的偶然个体。

深度学习与课堂教学改进

深度学习是核心素养培育与发展的基本途径

1. 深度学习是我国课程教学改革走向深入的必需

改革开放 40 多年来，基础教育研究与实践的最大成就之一，就是树立了“学生是教育主体”的观念。但是，在课堂教学中，学生并未真正成为主体，大多数课堂教学也没有发生根本变化。为什么？因为大多数教学改革尚未抓住教学的根本，对课堂教学的研究还只停留在文本上、观念上，没有落到实际行动中。开展深度学习的研究与实践正是把握教学本质的一种积极努力，是我国课程教学改革走向深入的必需。

2. 时代剧变倒逼教学改革必须走向深入

当前，智能机器尤其是智能化穿戴设备大量出现，部分传统职业已被替代，甚至有人认为教师和教学也可能因被替代而消失。在这样的情形下，我们不得不思考：在智能化时代，真的不需要教学了吗？真的不需要教师了吗？当然，那得看是什么样的教学。如果把教学仅仅看作是知识的刻板传递的话，那么，智能技术完全可以胜任，教学和教师完全可以被智能机器替代。借用马云（阿里巴巴集团创始人）的话说，在一个把机器变成人的社会，如果教学还在把人变成机器，是没有出路的。

蒂姆·库克（Timothy D. Cook，苹果公司现任首席执行官）说：“我不担心机器会像人一样思考，我担心的是人会像机器一样思考。”正是由于智能机器的出现和挑战，我们必须严肃思考：教学究竟应该是怎么样的？教学存在的意义和价值究竟是什么？事实上，教学的价值和意义一直都是培养人，但智能时代让它的意义和价值更加鲜明，不能再被忽视。因此，当机器已不只以存储为功能，而开始像人一样思考的时候，我们清醒地意识到：教学绝不是知识传递，甚至知识学习本身也只是培养人的手段，教学的最终目的是实现学生的全面发展。因此，帮助学生通过知识学习、在知识学习中形成核心素养，在知识学习中成长和发展，成为教学的首要任务。

深度学习的内涵

那么，什么是深度学习？可以从两个层面来理解。一个是初级层面，是针对教学实践领域的弊端提出来的，是针砭时弊的一种提法。深度学习是针对实践中存在大量的机械学习、死记硬背、知其然而不知其所以然的浅层学习现象而提出的。这里的“深度”是指学生的深度学习。我们并不强求教师必须采用某种固定的模式或方法，而是强调，教师要用恰当的方法去引发、促进、提升学生的深度学习。在这个意义上，深度学习是浅层学习的反面，是针砭时弊的。

但是，深度学习绝不只停留于这个层面。深度学习还有另一个层面的内涵，即高级的层面：深度学习并不只是为了促进学生高级认知和高阶思维，而是指向立德树人，指向发展核心素养，指向培养全面发展的人。因此，深度学习强调动心用情，强调人的价值观培养。每个教师都应该想：我今天的教学会给学生造成什么样的影响？能够让他有善良、正直的品性吗？会让他热爱学习吗？会影响他对未来的积极期待吗？……总之，深度学习的目的是要培养能够“百尺竿头，更进一步”、能够创造美好生活的人，培养生活在社会历史中的、具体的人，而非抽象意义上的有高级认知和高阶思维的偶然个体。

此外，我们的深度学习也与机器的“深度学习”绝不相同。我们所说的深度学习是要激发学生自己的想象力、原创力，培养学生的同情心、敏锐的感受力，提升学生的合作意识、信任感，等等，这是人的深度学习和机器的“深度学习”有根本区别的地方。

综上，我们所说的深度学习，必须满足以下四个要点：

（1）深度学习是指教学中学生的学习而非一般意义上学习者的自学，因而特别强调教师的重要作用，强调教师对学生学习的引导和帮助。

（2）深度学习的内容是有挑战性的人类已有认识成果。也就是说，需要深度加工、深度学习的内容一定是具有挑战性的内容，通常是那些构成一门学科基本结构的基本概念和基本原理，而事实性的、技能性的知识通常并不需要深度学习。在这个意义上，深度学习的过程也是帮助学生判断和建构学科基本结构的过程。

（3）深度学习是学生感知觉、思维、情感、意志、价值观全面参与、全身心投入的活动，是其作为学习活动主体的社会活动，而非抽象个体的心理活动。

（4）深度学习指向具体的、社会的人的全面发展，是形成学生核心素养的基本途径。

根据这四个要点，我们给深度学习下了一个定义：“所谓深度学习，就是指在教师引领下，学生围绕着具有挑战性的学习主题，全身心积极参与、体验成功、获得发展的有意义的学习过程。在这个过程中，学生掌握学科的核心知识，理解学习的过程，把握学科的本质及思想方法，形成积极的内在学习动机、高级的社会性情感、积极的态度、正确的价值观，成为既具独立性、批判性、创造性又有合作精神、基础扎实的优秀的学习者，成为未来社会历史实践的主人。”①

课堂教学如何实现深度学习？

我们初步构建了一个深度学习的理论框架②，目的在于真正落实学生的教学主体地位，正确处理学生个体经验与人类历史成果、学校教学与社会实践、教师与学生等几对关系，让学生在有意义的教学活动中得到健康成长。课堂教学中，必须做好以下几项工作。

1. 实现经验与知识的相互转化

“经验”与“知识”常被看作是彼此对立的一对概念，事实上却有着紧密关联。深度学习倡导通过“联想与结构”的活动将二者进行关联、转化。简单来说，“联想与结构”是指学生通过联想，回想已有的经验，使当前学习内容与已有的经验建立内在关联，并实现结构化；而结构化了的知识（与经验）在下一个学习活动中才能被联想、调用。在这个意义上，“联想与结构”所要处理的正是知识与经验的相互转化，即经验支持知识的学习，知识学习要结构

---

① 郭华. 深度学习及其意义［J］. 课程·教材·教法，2016（11）：25-32.

② 同①.

化、内化为个人的经验。也就是说，学生个体经验与人类历史知识不是对立、矛盾的，而是相互关联的，教师要找到它们的关联处、契合处，通过引导学生主动“联想与结构”的活动，让学生的经验凸显意义，让外在于学生的知识与学生建立起生命联系，使经验与知识相互滋养，成为学生自觉发展的营养。

2. 让学生在主动活动中成为真正的教学主体

没有人否认“学生是教学的主体”，但在教学中如何才能让学生成为主体呢？有人把“学生主体”误解为让学生“自学”，放弃教师的作用。显然，“自学”不是“教学”。教学不是学生孤零零地自己学习，是有教师引导的。也有人把教师引导曲解为教师灌输、教师替代，无视学生的主体地位和主体性的发挥。那么，究竟如何才能让学生真正成为教学主体呢？我们提出了“两次倒转”的学习机制①。为什么要提“两次倒转”？因为，相对于人类最初发现知识的过程而言，从根本上说，教学是一个“倒过来”的活动，即学生不必经历实践探索和试误的过程，而可以直接把人类已有的认识成果作为认识对象、学习内容，这正是人类能够持续进步的根本原因，是人类的伟大创举。但是，如果把教学的根本性质（即“倒过来”）作为教学过程本身，那就可能造成教学中的灌输，强调反复记忆和“刷题”，无视学生与知识的心理距离和能力水平，致使学生产生厌学情绪。因此，在强调教学的根本性质是“倒过来”的基础上，要关注学生的能力水平、心理感受，要将“倒过来”的过程重新“倒回去”，即通过教师的引导和帮助，学生能够主动去“经历”（当然不是真正地经历，而是模拟地、简约地去经历）知识发现、发展的过程。在这个过程中，知识真正成为学生能

① 郭华．带领学生进入历史：“两次倒转”教学机制的理论意义［J］．北京大学教育评论，2016（2）：8-26.

够观察、思考、探索、操作的对象，成为学生活动的客体，学生成为教学的主体。正是这样的过程，让学生能够体验到个人与知识之间的深刻关联，激发内在动机，更重要的是缩短了高级知识和低级知识之间的差距，缩短了学生和教学内容之间的心理距离。在这个过程中，学生会发现所有的高级知识都是从低级知识走上来的，这样才会有继续去建构知识、发现知识的自信、能力和意识，以及使命感，这才是我们立德树人的落脚点。

3. 帮助学生通过深度加工把握知识的本质

学生活动与体验的任务，主要不是把握那些无内在关联的碎片性的、事实性的信息，而是要把握有内在关联的原理性知识，把握人类历史实践的精华。因此，学生的学习主要不是记忆大量的事实，而是要通过主动活动去把握知识的本质。知识的本质需要通过典型的变式来把握，即通过典型的深度活动来加工学习对象，从变式中把握本质。同样，一旦把握了知识的本质便能够辨别所有的变式，举一反三、闻一知十。“一”就是本质、本原、原理、基本概念。当然，本质与变式需要学生对学习对象进行深度加工，这是深度学习中要特别重视的地方。

4. 在教学活动中模拟社会实践

一般而言，学生是否能把所学知识应用到别的情境中是验证教学效果的常用手段，即学生能否迁移、能否应用。深度学习也强调迁移和应用，但我们不仅强调学生能把知识应用到新的情境中，更强调迁移与应用的教育价值。我们把“迁移与应用”看作学生在学校阶段，即在学生正式进入社会历史实践过程之前，能够在教学情境中模拟体会社会实践的“真实过程”，形成积极的情感态度价值观，因而我们强调“迁移与应用”的综合教育价值——既综合运用知识又实现综合育人的价值，而不仅仅是某个学科知识简单的迁移。它比一般的“迁移与应用”更广阔一些，学生跟社会的联系更强一些。

5. 引导学生对知识及知识的发现、发展过程进行价值评价

教学要引导学生对自己所学的知识及知识发现、发展的过程进行价值评价。例如，食物的保鲜与防腐。过去学这个知识，学生通常要掌握“食物是会腐烂的，想让食物保鲜就要加防腐剂”这个知识点，甚至初步掌握防腐技术。但那仅仅是作为一个知识点、一个技能来掌握的。深度学习要让学生讨论，是不是所有的食品都可以用防腐剂来保鲜？是不是防腐剂用得越多越好？这就是一种价值伦理的判断。深度学习不仅仅是学知识，还要让学生在学习知识的过程中对所学的知识进行价值判断；不仅仅是对知识本身，还要对知识发现、发展的过程以及学习知识的过程本身进行价值判断。当学生对所学知识及所学知识的过程进行价值判断的时候，就能够体会到：所有的知识都是人类发现、建构起来的，我们现在学的知识之所以是这样的形态，是前人不断发现、持续贡献的结果，所以知识永远是发展的，因此它是临时的。那么既然知识是临时的，是不是就不需要学了呢？如果不学它，这个知识就不能继续向前推进，所以在此时此刻它是完成性的、终极性的知识，将来它还会继续向前发展。谁来把它推向前进？是我们，是今天学习这些知识的人。因此，价值评价是深度学习里面非常重要的一个部分，这也是培养学生独立性、创造性非常重要的一环，它不是某一个环节，它融合在所有的教学活动、教学过程当中。在信息时代，引导学生进行这样的价值评价，引导学生养成正确的价值追求，形成较强的评判能力，尤为重要。

（原载于《基础教育课程》2019 年第 2 期，有删节）

深度学习是对以往一切优秀教学的精华的概括和提炼，它内在地包含着学生积极主动的学习，是能够引发学生主动学习愿望与积极活动的教学。

深度学习之“深”

关于深度学习①，一线老师们最想弄明白的问题是：深度学习究竟“深”在哪里？“深”到什么程度算是“深”呢？这两个问题典型地投射出了老师们面对一个新名词时的朴素思考：先确定它的“新”意，再确定自己要怎么做才能符合它的要求。

那么，如何回答老师们的这两个问题呢？

深度学习“深”在哪里？

深度学习之“深”当然与“浅”对应，但并不在程度的“深”，而在性质之“深”。需要明确的是，深度学习是指教学中学生的学习而不是自学，它是对以往一切优秀教学的精华的概括和提

① 郭华．深度学习及其意义［J］．课程·教材·教法，2016（11）：25-32.

炼，是“好”教学的代名词，它内在地包含着学生积极主动的学习，是能够引发学生主动学习愿望与积极活动的教学。

为了加强对深度学习的理解，也可以从弄清楚什么不是深度学习、什么不是好的教学入手。苏霍姆林斯基曾经说过这样一段话：“著名的德国数学家 F. 克莱因把中学生比作一门炮，十年中往里装知识，然后发射，发射后，炮膛里就空空荡荡，一无所有了。我观察被迫死记他并不理解、不能在意识中引起鲜明概念、形象和联想的知识的孩子的脑力劳动，就记起了这愁人的戏言。用记忆替代思考，用背诵替代对现象本质的清晰理解和观察——是一大陋习，能使孩子变得迟钝，到头来会使他丧失学习的愿望。”①

苏霍姆林斯基的这段话，生动地描绘了“坏教学”的样子。这种坏教学不可能引起学生的深度学习，因为它使学生“被迫死记那种并不理解、不能在意识中引起鲜明概念、形象和联想的知识”，学习被降解为记忆和背诵：“用记忆替代思考，用背诵替代对现象本质的清晰理解和观察。”这样的教学，有技术、有做法、有手段，却不能触及学生的心灵，不能引起学生的观察、理解和思考，“鹦鹉学舌”“小和尚念经——有口无心”“心不在焉”，成为很多学生学习的主要表现，学生的“心”不在学习上。没有“心动”，没有用“心”，何谈主动？何谈深度？教学若不能打动人（心），学生的思想、意识、情感就不能活跃，就不可能有深度学习。

正常的学习必须以人的生理及心理做基础，因而生理学与心理学都对学习有深入的研究，感知觉、记忆、思维、意志、动机、兴趣、情绪情感等一直都是重要的研究内容，但“心灵”却很少成为研究的对象。也许是因为心灵难以被客观研究，也可能是因为这些

---

① 苏霍姆林斯基．把整个心灵献给孩子［M］．唐其慈，毕淑芝，赵玮，译．天津：天津人民出版社，1981：156.

研究并不认为学习需要心灵的参与。

但是，朴素的经验告诉我们，人的学习若不能触及心灵（内心、灵魂），至多只是抽象个体的心理活动，而不是一个活生生的有思想、有灵魂的人的活动。只有当心灵（灵魂）伴随着感知觉以及其他心理活动进入学习当中，学生才真正作为主体主动、积极地展开学习。在这个意义上，学习是非常个人化的活动，与学生的个人经历、内心感受以及思想水平与想象力都有着密切的关联，如果只是从生理和心理的年龄特征来抽象地理解学生，就难以真正触动他的心灵，引发对他有意义的学习。

因此，教师必须与学生心灵相通、心心相印，才能知道如何去唤醒他学习的意识，引发他学习的愿望与行为。另一方面，学生的学习又是高度社会性的。学生关心什么、能够有怎样的心灵，一定与他的老师、同学有关，与他所处的社会环境有关，与正在进行的沸腾的社会生活有关。

正因为如此，让学生真正发生学习，才成为一个需要讨论的公共话题。教育所要培养的，绝不仅仅是有小情小爱的、抽象的、偶然的个体，而是能够进入伟大的社会历史实践进程的具体的社会的人，要有历史感、责任感和担当意识。因此，深度学习之“深”，首先表现在：它超越生理学、心理学，而达至社会历史实践的深度；它触及学生的心灵深处，与人的理性、情感、价值观密切相连；它要培养的是社会历史进程当中的人。所以，深度学习，首先“深”在人的心灵里，“深”在人的精神境界上。

在“百度一下，你就知道”的时代，在人工智能时代，在芯片植入已经从科幻走向现实的时代，深度学习倍显迫切。可以说，无论在什么样的时代，通过教学掌握知识、技能，形成高级认知、高阶思维都毋庸置疑、理所当然。若教学的功能和目的仅限于此，则完全可以由人工智能来替代：既可以由人工智能来完成教学的任务，也可以废除教学，直接由人工智能替代这样的教学所培养的人。

人工智能的强大，逼迫我们不得不思考，有哪些东西是不能被替代、不愿被替代而必须由人自己来承担、承受、感受的？在教学活动中，有什么东西不能被替代？至少，学生成长的愿望、敏锐的感受力、理性的体验、思想的情感色彩以及为他人为社会勇于承担的责任感和历史感是不能被替代的，而这也正是教学不能被替代的理由。

因此，引起孩子们的理智兴趣，使学习成为一件富有吸引力的事情，激发学生全身心地投入到有思想、有情感、有创造力的活动中，是人工智能做不到而教师必须承担的部分，因为这里有教师对学生的爱与关怀，有教师对学生成长为一个更好的人的期待以及为此而做出的种种努力。而这些不能被替代的，是不能被程序化、不能被安排的，是虽有缺陷但不断努力变得更好、虽然稚嫩但在努力成长的，是与“人”有关的。深度学习之“深”，深在这里，它绝不仅仅是“浅”的对立面，它与人的心灵相关，不能被替代。

深度学习还“深”在系统结构中，“深”在教学规律中。深度学习虽然表现为一个个的教学活动，但并不是孤立无关联的一个个的活动，而是存在于有结构的教学系统中。正如语文阅读教学有精读、有泛读，山谷有高峰必有低谷，节奏有张必有弛一样，学生的深度学习也是一个系统，需要整体把握。并不是每一节课、每一个活动都得“深度加工”，而是要根据教学规律有节奏地展开。正如柳宗元在《种树郭橐驼传》一文所说：“橐驼非能使木寿且孳也，能顺木之天，以致其性焉尔。凡植木之性，其本欲舒，其培欲平，其土欲故，其筑欲密。既然已，勿动勿虑，去不复顾。其莳也若子，其置也若弃，则其天者全而其性得矣。”依循教学规律，才是真正的“深”。

深度学习不仅要“深”下去，还要“远”开来，要培养能够继“往”开“来”，创造美好未来生活的社会历史实践主体。

深度学习要“深”到什么程度？

深度学习究竟要“深”到什么程度这个问题，其实是在问教师应该做什么、做到什么程度，才能引发学生的深度学习。

好的教学是自觉促进学生发展的活动，而且要使学生在短时间内获得较大的发展和提升。如此，学生必然要以较短的时间、较快的速度去学习比自身现有水平高得多、难得多的内容。这样，问题来了：学生的现有水平不足以独立学习如此高难度的内容，因而很难成为主动操作这些内容的主体；而现有水平能够操作的内容又不足以促进学生自觉快速的提升和发展。怎么办呢？

历来有两种思路：一种是坚持学习高难度的内容，另一种是选择学生的主动活动。这两种思路，或者因为重视内容而忽视学生的主动活动，或者因为强调学生的主动活动而忽视内容难度的意义，都是把内容与学生的活动割裂开来，把教学或学生的学习看作只是学生自己的事情，全然忘记了教师的角色与作用，要么使学生面对高难度内容时落入孤立无援的愁苦境地，要么让学生经历少有难度和挑战的任务，终究都不能使学生在短时间内获得有价值的提升和发展。深度学习要解决的问题就是：在有难度、有挑战的学习任务面前，如何让学生感到自己是活动的主体，能够自主操作这些内容，发生积极主动的学习活动？

教师要适时出场，发挥教师应有的作用。

其一，确立促进学生自觉发展的“最近发展区”。

确立最近发展区，就是确定学生的现有水平及未来发展水平。

学生的现有水平是指学生在没有任何外力帮助的情况下，能够独立完成作业的水平。换言之，教师要确定学生现在知道什么，能做什么——对什么有兴趣，能够操作什么内容，能够以什么样的方式完成什么样的活动，等等，即知道学生“在哪里”。学生的现有水平是已经达到的、确定的，但教师得有本领探测得到。同时，还必须确定学生即将达到的未来水平。这个未来水平远比学生现有水平要高得多，不是学生自己“跳一跳”就能摘到的“果子”，而是怎么跳都摘不到的“果子”，即凭学生个人现有的能力和努力不可能在短时期内达到的水平。也就是说，在学生现有水平与较高的未来水平之间，形成了一个区域，即“最近发展区”。

这个区域就是学生学习有难度的内容、完成有挑战的任务的区域，是教师与学生交往、帮助学生发展的区域，也是学生以主体的方式从事学习活动、获得发展的区域。学生在最近发展区的活动，即维果茨基所说的“教学走在发展的前面”“教学引领发展”的具体表现。因为要促进学生的发展，所以，教师不会因学生学习困难就降低难度；也正因为要促进学生的发展，教师也不会将自己置于学生的学习活动之外。教师的作用，就是要帮助学生成为教学的主体，主动去挑战困难、克服困难，从现有水平主动积极地走向未来水平。

其二，帮助学生真正成为教学的主体。

那么，如何帮助学生成为主体呢？学生成为主体不是在教学之后，而正是在教学之中，即学生以主体的方式成为主体。

学生成为主体的重要标志是能够自主操作特定的对象（客体），并能从中获得发展。教师的重要作用之一，就是为学生提供他能自主操作的对象（我们暂且称之为“教学材料”）。为什么要提供这样的“教学材料”呢？教学材料与知识、教材内容有联系但又不同，不是它们的简单复制翻版，而是对它们的转化，是对它们的活化、具体化。

知识是客观“在那儿”的东西，是科学家的实验、哲学家的论证、文学家的描述等等，不管你学不学它，它就是那个样子，不增一分，不减一分；教材上的内容，以客观知识为基底而又关联着学生的学习，是根据学生年龄与水平对知识的选择、加工、改造，有取舍改造也有顺序安排，例如五年级数学、三年级语文（与学生就读年段及水平相关）。但教材内容往往不是学生能够直接操作的内容，而是较为抽象的、静态的、离学生较远的内容。

相比于教材内容，教学材料缩短了教学内容与学生的心理距离，更为具体，也更具操作性、活动性。它应有两个特点：第一，含有教师的教学意图，因而不只是客观的对象、知识的载体，更是思维方式、情感态度价值观的凝结，体现着教学目的、预设着特定的学习活动展开的方式；第二，是按“序”展开的学生活动的操作对象，因而并不是静态的对象，而是伴随着学生主体活动展开的、动态变化的内容及其活动。为学生提供能自主操作的教学材料，意味着教师要基于教学目的去设计并引导学生的主动学习活动与学习进程，引导学生能够主动投入到学习中去。提供这样的“教学材料”，是教师促进学生自觉主动活动的前提，是促进学生开展深度学习的重要工作。

学生是如何操作“教学材料”展开深度学习的？可以用“两次倒转”的教学机制①来解释。

简单地说，要引发学生的深度学习，教师要做几件事：一是确定学生自觉发展的最近发展区；二是确定通过什么样的内容来提升、发展学生，即转化教学内容，提供恰当的“教学材料”；三是帮助学生“亲身”经历知识的发现与建构过程，使学生真正成为教

① 见前文《在“两次倒转”中实现教与学的统一》，此处不再赘述。

学的主体。

教师若能做好这几项工作，就有可能引发学生的“深度学习”了。

（原载于《新课程评论》2018 年第 6 期，有删节）

“深度学习”的理论价值，不仅在于让学生学得主动、积极；更重要的是，使教师、学生、教学内容获得高度的统一，使教学内容实现其本应有的价值。

深度学习的价值

深度学习的理论不是某一流派理论的演绎，而是历史上优秀教育理论成果及优秀教学实践经验的汇聚与提炼，是对学生学习与发展的一般道路的现实探讨。

在相当长的时期里，教学理论研究及教学实践探索在教学活动的基本问题上，常常偏执一隅。例如，在涉及师生在教学中的地位与作用时，要么强调学生主体，将“学生主体”与“教师主导”对立起来，从强调“学生主体”走向“学生中心”；要么相反，强调教师的领导作用以至发展为“教师中心”。而所谓的“学生中心”，只是在教学活动之外孤立地谈论“学生”的兴趣、需要、尊严，而回避学生在教学中如何获得发展、承担怎样的责任；同样，“教师中心”，也往往离开教学中的师生关系、撇开教学活动去孤立抽象地谈论“教师”的素养与技能，却很少关心教师在教学中的现实活动以及教师的价值及其实现。在谈及教学内容（知识/人类认识成果）时，往往孤立地关注教学内容作为认识成果本身的价值，强调它被继承、被传递的重要性，很少自觉将教学内容与学生的发展进而将学生的发展与未来人类实践活动主动联系。因此，在教学理论与教学实践中，教学内容（知识/人类认识成果）常被看作学生经验的对立面，而没能自觉去探讨两者的共通性与连接点。因此，要么是系统讲授，要么是自主探究；要么重过程，要么重结果；等等。

“深度学习”教学研究项目以及深度学习教学实践的理论价值，不仅在于克服机械学习、浅层学习的弊端，让学生学得主动、积极；更重要的是，要克服长期以来的种种二元对立，使教师、学生、教学内容（知识）获得高度的统一，使教学内容（人类历史文化、人类认识成果）实现其本应有的价值，使教师、学生在教学中获得最大发展，使学生能够形成有助于未来可持续发展的核心素养。

重新认识学生学习的意义

学生学习的最终目的并不是掌握已有的知识（虽然掌握知识是必要的途径），而是进入社会历史实践、参与社会历史实践。因此，在学习中，学生就要以明辨是非、独立思考的方式，把人类已有的实践（认识）成果转化为自身将来参与社会历史实践的能量，成为有能力、有担当、有责任感的社会一员。

因此，在深度学习这里，不是把知识（人类认识成果）平移、传输、灌输给学生，而是由教师带领学生进入知识发现发展的情境与过程中，引导、帮助学生成为知识发现的“参与者”而不是旁观者。换言之，学生并不静待接受知识，而是主动“进入”知识发现发展的过程，“亲身”经历知识的“（再）形成”和“（再）发展”过程。因此，学习的过程，不仅仅是学习知识，更不止于学习知识，甚至学习知识本身就是手段，目的在于使学生能够作为主体

“参与”（虽然只是简约地、模拟地参与）到人类的伟大历史实践，了解并认同知识背后的情感态度价值观，提升学生的文化水平与精神境界，成为具有高级社会性情感、积极的态度以及正确的价值观，有社会责任感、勇于担当的未来社会的主人。

在深度学习中，学生是学习的主体，教师是引导者而非学生学习的替代者，教学内容不是只需学生记忆的、外在于学生的静态的客观知识，而是需要学生全身心投入去理解、领会、评判、体验、感受才能“活”起来、“动”起来的知识。在教师的引导下，学生不仅能够掌握知识的（文字）符号表达以及（文字）符号表述的逻辑，还能够理解（文字）符号所传达的意义内容，即能够对教学内容进行深度加工。以诗词学习为例，“小诗小词虽短，却不容易读。它虽以理解客观的词义与句义为前提，但却有作者丰富的主观感受和体验蕴含其中，它的意境常常潜藏在容易忽略的一字一句之内，甚至暗含在并未书出的无字无句之中，需要发掘，需要领会”①。深度学习就是要引导学生透过符号去感受、理解符号背后的内容与意义，甚至要在“未书出”的无字无句之中去体会内容与意义，去理解知识最初发现时人们面临的问题、解决问题的思路，以及采用的思维方式、思考过程，理解知识发现者可能有的情感，判断评价知识的价值。只有经历这样的过程，知识才可能通过学生的主动操作活化为学生的精神力量、转化为学生认识世界的方式，学习的过程才能成为学生成长发展的过程。

重新认识教学内容

深度学习的一个重要标志，就是能将外在的教学内容转化为学

---

① 王宁. 训诂学原理［M］. 北京：中国国际广播出版社，1996：254.

生内在的精神力量。而教学内容并不能直接转化为学生的精神力量，必先转化为学生能够进行思维操作和加工的教学材料，成为学生学习的对象。

所谓“教学材料”，指由教师提供的、蕴含教学意图的、能够通达教学内容的符号或实体性材料。如，用于表述知识的符号，以及具体的物质实体，包括教具、音像以及教师的板书、示意图等等。教学材料既是人类认识成果的具象化，内在地包蕴着知识、思想、情感态度价值观，同时也包含着教师为学生的学习活动而设计的活动方式、路径以及过程、环节，是教师对学生素养形成的自觉规划与引领。也就是说，教学材料所蕴含的不只有通常所说的“干货”（即“知识”），也有让“干货”得以“泡发”的情境、情感、情绪（如纠结、疑虑）、价值观、思想过程、思维方式（如质疑、批判、推理、归纳等）等等。这样的教学材料，才是学生在教学中能够操作、思考、学习的对象，通过操作、思考和学习，学生能够全面把握并内化知识的核心本质。

教学内容是学生深度操作、加工教学材料之后所获得、体会、掌握了的东西。

当教学内容转化为教学材料后，教学内容便从“硬”的知识转变为动态、丰富、鲜活的人类认识过程，成为可以进行思维操作和加工的对象，从而能够在学习活动中转化为学生的精神力量，引导学生的成长与发展。正是在这个意义上，当静态的知识转化为学生的现实力量时，人类认识成果（知识）才实现了它自身的价值，才能继续作为认识成果存在于人类历史之中，成为与未来社会实践相关的人类历史成果（而不是静态的存在物）。这正是教学之于人类历史文化的意义，也是人类历史文化自身的价值所在。

重新认识教师的价值

没有教师，虽会有学习但不会有教学中的学习。教师的教学意识与能力水平，决定着学生能否发生深度学习。

教师与学生的深度学习是相互成就的。所谓“学然后知不足，教然后知困”，没有好的教师，不可能有学生的深度学习；同样，在不断引发学生深度学习的过程中，教师也得到持续的发展。

在信息时代，教师再也不能只作为知识的传递者而存在。引起学生的学习愿望，引导学生的学习活动，帮助学生学得迅捷、愉快、彻底，启发学生在学习过程中质疑、批判、深入思考，是教师作为教师存在的最根本的理由和价值，也是教师不能被虚拟技术所替代的根本。对于教学中的教师而言，从来没有所谓的“教师中心”，教师的所有愿望及一切工作的出发点，都只是为了学生的学习。深度学习要求教师自觉地赋予自己更丰富的职责，把社会的期望转化为学生个人的愿望，把教学内容转化为教学材料，引导学生去思考和体会教学材料所蕴含的复杂而丰富的思想和情感内容，带领学生从自在的个体成长为有思想、有能力、有高级的社会性情感、有积极的态度和正确的价值观的未来社会的主人。这样的教师，是为学生成长服务的教师，也是成就自己、实现自己存在价值的教师。

在深度学习这里，教师与学生、学生与课程、人类知识与儿童经验、知识学习与能力培养、知识学习与品格养成、知识学习与情感需要不再是分离对立的，而是有机的一体，而教学活动则是与整全的、有意义的学生个体生命息息相关的活动。

（摘自《深度学习及其意义》，原载于《课程·教材·教法》2016年第11期）

在深度学习中，教学不再是人们所讽刺的“颈部以上的”冷冰冰的理智活动，而是理智与情感共在的、鲜活的、有温度的活动。

深度学习的五个特征

深度学习并不神秘，也不是前所未有的新创造，而是数百年来优秀教学实践及理论研究成果的升华与提炼，是对一切表层学习、机械学习的反动，是超越生理学、心理学的社会活动。

任何教学活动，都要处理教师、学生、知识等教学核心要素间的关系。以下五个方面，既是深度学习的特征，也是深度学习如何处理教学活动各要素间关系的具体体现。因此，这五个特征也可作为深度学习是否发生的重要判据。

联想与结构：经验与知识的相互转化

“联想与结构”，既指学生学习方式的样态，也指这样的学习方式所处理的学习内容（学习对象）。

作为学习方式的样态，“联想与结构”处理的是人类认识成果

(知识）与学生个体经验的相互转化问题。学生绝不是一张白纸、一块白板，而总是带着已有的经验。这些经验，有的是日常生活经验，有的是以往所学知识的内化并在学生生活中得以实践的经验。在教学之前，这些经验大多只是自在地存在着，因而需要教师的帮助以唤醒、改造，使之能够自觉进入教学，既辅助当下的教学，又进入新的结构并得到进一步的提升。唤醒或者改造，使片面的经验变得全面、繁杂的经验变得简约、错误的经验得以纠正……，使自在的成为自觉的。这种唤醒或改造以往经验的活动，可被称为“联想”，而以往经验融入当下教学并得以提升、结构化的过程，可被称为“结构”。

强调“联想与结构”，意在强调个体经验与人类知识在深度学习这里不是对立的，而是相互成就、相互转化的。“联想”（唤醒、调动）是关照、重视学生个体经验（包括日常生活经验），而“结构”是通过教学活动对经验和知识的整合与结构化。由于经验的参与，知识的学习就有了生长的根基，能够使知识转化为与学生个体有关联、能够操作和思考的内容（对象）；因为对知识的学习，经验成为自觉的、有意义的内容，成为沟通学生学习与人类认识发现的重要桥梁。“联想与结构”需要学生的记忆、理解、关联能力以及系统化的思维和结构能力的共同参与，同时这些能力也将在学习过程中得到进一步发展。

作为学习方式所处理的学习内容，“联想与结构”指学习内容不是孤立的，而是在结构中、在系统中的知识，是能够被唤醒、被调用的，是能够说明其他知识也能够被其他知识所说明的。知识不是词语的简单组合，而是有内在联系的结构与系统，并在结构、系统中显出它的意义。建立事物之间的联系，就是在学生的已有经验与新经验（知识）之间建立联系，从而使学生与知识建立意义关联。

教学中学生所学的知识不是零散的、碎片式的、杂乱无章的信息，而是有逻辑、有结构、有体系的知识；学生也并不是孤立地学习知识，而是在教师的引导下，根据当前的学习活动去联想、调动、激活以往的经验，以融会贯通的方式对学习内容进行组织，从而建构出自己的知识结构。换言之，学生以建构的方式学习结构中的知识，通过建构将学习内容本身所具有的关联和结构进行个人化的再关联、再建构，从而形成自己的知识结构。

学习学科的基本结构，以联想、结构的方式去学习，是深度学习的重要特征。这种基本结构，是普遍的、强有力的适用性结构。只有掌握学科的基本结构，才能明了学科的一般图景，弄清事物之间的相互关系。

活动与体验：学生的学习机制

“活动与体验”是深度学习的核心特征，回答的是深度学习的运行机制问题。“活动”是指以学生为主体的主动活动，而非生理活动或受他人支配的肢体活动；“体验”是指学生在活动中生发的内心体验。活动与体验相伴相生。若是主动活动，必会引发内心体验；理性而高尚的体验，必是在有意义的社会活动中生发的。

学生要成为学习的主体而不是被动的知识接收器，就得有“活动”的机会，有“亲身经历”（用自己的身体、头脑和心灵去模拟、去经历）知识的发现（发明）、形成、发展过程的机会。正是在这样的活动中，学生成为活动主体，“具备审美能力和文化修养，成为称职的文化继承者”①，成为一个具体而丰富的人。

---

① 扬. 未来的课程［M］. 谢维和，王晓阳，等译. 上海：华东师范大学出版社，2003：87.

学生的学习具有高起点性，即学生无须经历漫长曲折的试误摸索，就能直接面对人类认识成果。也就是说，学生并不依循人类知识发现（发明）的过程，并不会由低到高、由错误到正确、由片面到全面重新经历一次，而是直接学习某一内容的最高成就，从人类认识的“终点”开始。这样的高起点，意味着学生不必从头开始探索，也不用在实践中积累经验、获得认识。如此，教学就走上一条捷径，快速但并不轻松。因为“学生认识的直接对象不是客观事物本身，而是对客观事物及其联系进行描述的符号及符号系统；准确地说，是透过符号及符号系统去认识客观事物。同时，在符号及符号表达的客观世界之外，人类认识成果的发现与发明过程本身也是学生的认识对象，是学生思考与质疑、批判与评判、分析与推理的对象”①。

学生的学习直接从人类认识结果开始，从概念、原理开始，这虽然保证了学生学习的高起点、目的性与教育性，但也容易导致忽视教学的真正目的，将知识传递本身当作目的，直接将知识“灌输”“平移”给学生，将教学作为知识的“输入”与“输出”。正是在这个意义上，强调“活动与体验”的教学机制便尤为重要。需要说明的是，学生的“活动”“亲身经历”既不可能也不必要像人类最初发现（发明）知识那样，而是要典型、简约地经历结构性的关键过程与关键内容。以初中物理中的“惯性”为例。对学生而言，他们不可能经历漫长而曲折的研究过程去亲历认识“惯性”的形成过程，同时在还不具备独立探索能力的情况下，他们就需要直接面对教科书中关于惯性以及惯性定律的文字表述。对于这时的学生而言，他们认得表述惯性及惯性定律的每一个文字符号，却难以

① 郭华. 带领学生进入历史：“两次倒转”教学机制的理论意义［J］. 北京大学教育评论，2016（2）：8-26.

理解文字表述的真正要义，这些文字对学生来说并不是真正的学习对象，对教师来说也不是真正的教学内容。死记硬背这些文字表述无济于事，即使能够记得住、会做题，也不能真正理解它内在的道理，也不能把惯性及关于惯性的学习转化为自己理性健康成长的精神养分，也就是说，这样的学习（教学）起不到促进学生自觉成长的作用。

深度学习则正是要使教学内容及关于教学内容的学习成为学生发展自己的养分与手段。为此，学生的学习就不能是独自面对静态的文字符号，而要在教师的带领下主动活动，通过听讲、实验、探索等方式去弄清这些文字所蕴含的原理，即学生要通过自己的主动活动，把文字结论及其隐含的意义变成自己的认识对象，变成自己成长的养分，变成自己成长的过程。

当然，学生的主动活动并不是自发的，而是依赖教师的引导以及教师对教学内容及学生学习过程与方式的精心设计。学生主动活动的过程，也是其全身心体验知识的丰富复杂内涵与意义的过程，也是生发丰富的内心体验、提升个人经验与精神境界的过程。在这样的过程中，学生能够在学习“硬知识”（“干货”）之外，体会到更深刻、复杂的情感以及学科思想方法。

在深度学习中，教学不再是人们所讽刺的“颈部以上的”冷冰冰的理智活动，而是理智与情感共在的、鲜活的、有温度的活动。学生以全部的思想和精神去感受和体验学习活动的丰富复杂、细微精深，真切或模拟地去体验伴随活动而来的痛苦或欣喜的感觉经历。“活动与体验”在所有内容的教学中都是核心。

本质与变式：对学习对象进行深度加工

“本质与变式”回答的是如何处理学习内容（学习对象）才能

够把握知识的本质从而实现迁移的问题。也就是说，发生深度学习的学生能够抓住教学内容的本质属性、全面把握知识的内在联系，并能够由本质推出若干变式。

把握本质的过程，是去除非本质属性的干扰、分辨本质与非本质属性的过程，也是对学习内容进行深度加工的过程。这个过程，不是教师将事物本质的文字描述告诉学生的过程，而是学生主动去把握的过程：或是“质疑”“探究”，或是“归纳”“演绎”，或是“情境体验”，等等。总之，要与学生正在学习的内容建立一种紧密的灵魂联系。只有这样，事物的本质才会显现，事物也才会在学生面前展现出它最生动、最鲜活的风采。把握事物的本质，要求学生具备深刻而灵活的思维品质，而这种思维品质也正是在对学习对象进行深度加工、把握事物本质的过程中发展起来的。

把握事物的本质，是以简驭繁、削枝强干的前提，更是建构知识结构的前提。把握了事物的本质，便能于万千事实中把握根本，由博返约，头脑清明；把握了事物的本质，才能认识本质的多样表现、各种变化，才能举一反三、闻一知十。这里的“一”，便是本质，是关于事物的基本原理，是教学内容的核心。各门学科的基本概念、基本原理、基本法则等，便是这样的核心内容，如物理中的万有引力、化学中的氧化还原等。甚至汉字也有本质属性，掌握了汉字的本质属性，便可以“望字生义”了。

帮助学生把握知识的内在联系与本质，是教师的重要工作。为了帮助学生把握知识的本质，教师在教学中除提供学习内容的标准正例之外，还必须设计和提供丰富而又具有典型意义的非标准正例甚至反例。当然，反例的提供必须在学生很好地理解了正例之后，以免造成思想混乱。例如，为使学生把握“角”的本质，不仅要提供“锐角”（标准正例），还要提供“零度角”“直角”“钝角”“平角”“周角”（非标准正例），从而帮助学生全面把握“角”的本质含义，避免形成“角是尖尖的”这种片面认识。

通过恰当而典型的例子来呈现教学内容，是教师的重要工作之一。这样的例子是教师根据知识的关键属性，将之与学生的经验及认识水平进行匹配后，对知识进行重组、加工的具体案例，它既典型地体现知识的关键特点，也内含着学生对之进行再加工的思考与操作方式。

学生把握了本质便能举一反三，由本质而幻化出无穷的变式，实现“迁移与应用”。更重要的是，把握知识本质的学习过程，能够使学生学会学习，形成对学习对象进行深度加工的意识与能力，提升学生的智慧水平，加强学生与知识间的内在联系。

迁移与应用：在教学活动中模拟社会实践

“迁移与应用”解决的是知识向学生个体经验转化的问题，即将所学知识转化为学生综合实践能力的问题。“迁移与应用”需要学生具有综合的能力、创新的意识，同时，“迁移与应用”也正是有目的地培养学生综合能力、创新意识的活动。

“迁移”是学习发生的重要指标，“应用”则是迁移的重要表征之一，也是检验学习结果的最佳途径。如果把学习活动看作一个闭环结构，那么“迁移”便在闭合处，既是学习开始的端点也是学习结束的端点，从别处“迁移”来，又从这里“迁移”到别处去；“应用”也是如此，既是上一个环节学习结果在此处的“应用”，又通过“应用”开启新的学习。如此，学习内容的系统性、结构性以及随着活动深化而展现的深刻性与丰富性，学生学习的主动性、积极性、自觉性，都在“迁移与应用”中得以显现，并在活动中得以培养与加强。

“迁移与应用”同“本质与变式”有着内在的关联。在一个学习活动中，先有对事物本质联系的把握，才有“迁移与应用”。“迁移与应用”是对“本质与变式”的印证与检验。“本质与变式”强调学生对教学内容的内化，而“迁移与应用”则强调学生对学习结果的外化。“迁移与应用”和“联想与结构”也是对应的，有“联想”才能有“迁移”，有“结构”才能去“应用”，反之同理。

在深度学习中，“迁移与应用”是重要的学习方式而不只是对学习结果的检验方式。“迁移”是经验的扩展与提升，“应用”是将内化的知识外显化、操作化的过程，也是将间接经验直接化、将符号转为实体、从抽象到具体的过程，是知识活化的标志，也是学生学习成果的体现。

“迁移与应用”更重要的意义在于，这是学生在教学活动中对未来将要从事的社会实践的初步尝试，也是教学具有教育性的重要体现。这是我们以往未曾自觉关注而需要特别予以重视的。

价值与评价：“人”的成长的隐性要素

“价值与评价”回答的是教学的终极目的与意义的问题，即教学是培养人的社会活动，要以人的成长为旨归。人的所有活动都内隐着“价值与评价”，教学活动也不例外。深度学习将教学的“价值与评价”自觉化、明晰化，自觉帮助学生形成正确的价值观、形成有助于学生自觉发展的核心素养，自觉引导学生能够有根据地评判所遭遇的人、事与活动。“价值与评价”不是教学的某个独立的学习阶段或环节，却贯穿在各个阶段、各个环节的所有活动中。学生的“价值与评价”活动在教学中的实质作用是：（1）使学生自觉思考所学知识在知识系统中的地位与作用、优势与不足、用途与局限；（2）使学生对所学知识及学习过程主动进行质疑、批判与评价。在教学中要竭力使学生养成这样的品质与意识：既要承认“知识的力量”，肯定知识的正面价值，又要警惕知识可能带来的束缚与奴役；既要积极主动将外在知识内化于己，又能持客观冷静的态度，与知识保持一定的距离；既要主动展开学习的过程，又要对学习活动展开的过程以及方式持有批判反思的态度。要让学生理解：学习知识是为了成为知识的主人，而不是被知识奴役；学习过程既是学习知识的过程，又是自我成长的过程，要用正当、合理的方式，不能“不择手段”。在这个意义上，学习内容以及学习方式都必须成为学生反思的对象，学什么、怎么学都需要反思批判，不应把它们作为理所当然、无须质疑的客观事实。

需要特别指出的是，对知识及其学习过程进行评判的意识与能力，不是自然而然形成的，而是在教学活动中、在“参与”知识形成的过程中、在批判性的认识与理解过程中形成的。因此，对所学知识及其过程进行评判，是手段也是目的，其终极目的在于养成学生自觉而理性的精神与正确的价值观，形成学生自主发展的核心素养。是否关注学生理性精神与价值观的形成，是否关注学生核心素养的形成，是教育活动与其他活动（传递知识、盲目探究）的根本区别。

当然，价值观的培养、核心素养的形成是一个隐性的过程，更是一个长期而缓慢的过程，也因为如此，才需要在教学活动中给予特别关注。

（原载于《人民教育》2019 年第 6 期，有删节）

教学活动从根本上看是学生的学习（认识）活动。教师是学生走向漫长历史、广袤空间，与人类历史认识成果积极互动的引导者和帮助者。

深度学习的关键是真正落实学生的主体地位

近年来，深度学习广受关注。我们在欣慰的同时又有隐隐的不安，担心这骤起的热度会背离初衷，把深度学习炒成一场短命的狂欢。

这种不安是有来由的。比如，有教师问：深度学习就是一题多解吗？深度学习就是培养高阶思维吧？深度学习与核心素养是什么关系？等等。问出这样的问题，说明教师对深度学习有思考、有期盼；问出这样的问题，说明教师对深度学习未经审慎的思考，只是做了“字面”上的“同化”理解，把深度学习看作完成各种新任务的功利手段。

我们一直强调，深度学习并不是新名词、新举措，而是以往一切优秀教学理论与实践成果的总结、凝练与提升。深度学习并不神秘，它就是教学本身。用“深度学习”一词，意在凸显：教学活动的主体是学生，只有落实学生主体地位的教学，才是真正的教学。

观念与行动的巨大落差，源于对“学生主体”的误解

改革开放以来，我国教育学研究的重要成就之一，就是确立了“学生是主体”的教育观念，并且从理论走向实践，成为理论研究者、一线教师、教育行政官员的共识，成为课程与教学改革的重要支撑理念。例如，“选课走班”——给学生以主动的选择权，“小组合作”——让学生主动参与，“先学后教”——充分发挥学生作为学习者的主动性，等等。这些改革举措虽然各有针对性，但也意在激发学生的主体性，落实学生在教学中的主体地位。但是，认真观察和思考就会发现，这些举措往往不自觉地屏蔽了教师在学生学习中的作用，把教师从学生的学习活动中择了出去。在最普通最常见的师生共在的课堂教学中，反而见不到学生作为主体的教学活动。在课堂上，所谓的学生主体，要么是无须教师引导和帮助的自学者，学习活动充斥着无谓的盲目摸索；要么是“应声虫”式的“教师教”的配合者，学习成了配合教师“出演课本剧”的行为。

前一种情形的“学生主体”，只是自学者或探索者意义上的主体，而非教学中的学生主体。这种主体，不仅不能在教师引导下展开充分的学习活动，不能快捷、愉悦、彻底地掌握知识，而且难以获得教师在价值观上的引导和提升，难以实现全面充分健康的发展。后一种情形的“学生主体”，只是教师主观想象中的主体，教师既没有依据学生的能力、水平和愿望去激发和引导学生学习，也不清楚学生是否真正发生了学习、是否得到了发展，在这种情形下，教学活动成了教师的知识传递工作而非学生的学习活动，学生厌学是常态。造成这种状况的原因，在于教师虽有“学生是主体”的理念，但并不知晓“学生主体”的真正意涵，更不知如何落实，

观念与行动、理念与实践之间存在巨大落差。

有的人承认学生主体，但不承认教师主导，这是把学生主体等同于自学者的根本原因；有的人承认学生主体，但只在发挥学生主动性、积极性的意义上承认，而未能从教学活动的根本特性、学生在教学活动中的地位、学生与教师在教学活动中的关系等方面思考学生主体的意义。思想认识模糊，行为就难以明晰。归根结底，“学生主体”还只是一种人人称颂的时髦理念，尚未在教学实践中真正扎根。

学生主体，指学生是教学活动的主体，除此之外别无其他主体。当然，如此理解的前提是：教学活动从根本上看是学生的学习（认识）活动，而非教师的实践或师生间的交往。在这种理解下，学生的活动对象主要是人类已有的认识成果，教师则是学生走向漫长历史、广袤空间，与人类历史认识成果积极互动的引导者和帮助者。教师“教”的方式可以有万千样态，但目的在于激发学生作为主体的学习活动。

理解学生学习活动的二重性，是落实学生主体地位的理论前提

深度学习提出的学生学习的五个特征①，是站在学生的立场，对学生学习活动及其特征的提炼。其中，“活动与体验”是核心。目的在于阐明学生学习的内在机制，明确什么样的活动与体验以及如何活动与体验，能够促进学生健康发展。

如果把学生在教学中的学习活动与学龄前儿童的类学习活动及科学家的探索活动相比较，能够清晰地看到学生学习活动及体验的

---

① 郭华．深度学习及其意义［J］．课程·教材·教法，2016（11）：25-32.

独特性，即鲜明的二重性。

首先是目的的二重性。与学龄前儿童和科学家不同，学生的学习活动目的有着鲜明的二重性。学龄前儿童的探索与学习，或出于本能，或出于好奇，或只是为活动而活动，活动本身就是目的，极其纯粹。虽然这些活动必然会影响儿童的成长，但活动本身并无明确的预期目的。科学家的探索，是在深厚的知识准备和强大的探索能力基础上进行的，活动目的纯粹，旨在攻克难关、发现新知。与以上二者相区别，学生的学习活动，是连接历史与未来的活动，是在教师帮助下从历史那里获得走向未来的力量和自信的活动，因而不仅要依据学生的现有水平、满足学生的兴趣，更要依据历史的成果，为未来做准备。因此，学生学习活动的目的由他人预先谋划规定，明确指向发展性、教育性，是为着培育、养成未来社会历史实践主人的。同时，学生学习活动的目的又表现出多种维度的二重性：既为继承，也为发展；既要关注学生当下的教育生活，又要观照未来发展方向；既为学生个体发展，也为人类社会进步。

其次是对象的二重性。与学龄前儿童和科学家的活动对象不同，学生学习活动的对象是人类已知而学生未知的，经过价值选择与逻辑组织的原理性、系统化、结构化的知识。对学生而言，是他在现有水平下难以独立操作①而要通过活动来掌握的。换言之，学生的学习对象既是他没有能力独立掌握的，又是必须要求他作为主体来操作的；既是客观“在那里”的人类已有认识成果，又是经过选择、组织，适于学生学习、体现学科逻辑与心理逻辑有机融合的成果；既是外在于学生、需要学生去攻克和操作的对象，又内蕴着学生需要全身心投入的活动环境、活动工具、思想材料甚至情感表现——二重性极为鲜明，甚至互相矛盾。正是这类具有二重性的活

① 这里的“操作”既指内隐的思想活动，也指外显的行为动作。

动对象，能够让学生在学习活动中不仅掌握知识本身，还能够把握学科的基本结构、一般脉络、整体图景，而且形成掌握知识的基本方法，发展能力，提升品格和境界。

再次是活动方式的二重性。与学龄前儿童和科学家的活动相比，学生学习活动的方式既是学生要在活动中运用的，也是要学生通过活动去形成的；既是间接的，即不必亲身探索、实践，又在形式上表现为“直接的”探索活动。如探索性的发现学习有着鲜明的二重性。

学生学习活动的二重性，还表现为学生的学习活动必然伴随着体验。当然，对于学生的体验有两种观点。一种认为体验是伴随活动自然而然产生的，无须特别关注，因而并不强调提升学生体验的内容层次与丰富程度；另一种则认为应该特别关注积极的体验，如快乐体验、成功体验，以为体验可以脱离活动而独立存在，将体验看作外在于活动的神秘之物，甚至看作活动的目的，而非活动的内在特征，将丰富复杂的活动体验窄化、庸俗化、抽象化了。

我们认为，学生学习活动的体验，必在活动中产生并伴随活动全过程。学生在活动中有快乐、成功的体验，就会有痛苦、失败的体验；有积极的体验，就会有消极的体验；等等。但是，教学作为一种自觉的活动，应关注对学生学习活动体验的内在教育意义的挖掘、丰富和提升，而不能停留于创造庸俗的快乐体验。比如，有关知识学习，要引导学生体验学习的困难以及克服困难所需要的坚持、灵活转换思路的必要，也要引导学生体验学习和思考应有的不辞辛劳，体验假设的“大胆”、论证的小心谨慎，体验辗转反侧的困苦与喜悦；有关所学知识，要引导学生体验知识结构的完整性、连续性、顺序性，体验学科发展的壮丽或有趣，体会前人发现和发展知识的伟大，体验敬佩、感动，等等；有关知识学习的价值，要引导学生体验知识在人类社会历史进程中所起的作用，为人类社会生活带来的福祉以及可能存在的危险，等等。这样的教学，就能帮助学生领会知识、领悟知识与人类发展的关系，帮助学生从个体学生的角度扩展到有全局观的科学家的视角，帮助学生融入波澜壮阔的人类社会历史实践中，成为沟通历史与未来的中介，成为能够创造美好未来、有责任感、有使命感的未来社会的主人。这样的体验，是具体的、活生生的、社会历史实践的主人的体验，而非局限于眼前兴趣和利益的偶然个体的体验。

综上，学生的学习活动具有鲜明的二重性。这种二重性，既是学生主体地位落实的前提，又是学生主体地位落实的障碍。误解学生主体的，多是因为只看到了其中一重而忽视了另一重。正确理解学生学习活动的二重性，才能理解教师主导与学生主体辩证关系的意义，才能开辟出落实学生主体地位的正确道路。

落实学生主体地位，教师是关键

深度学习强调学生的学习，强调教学最终要落实到学生的学习上，强调教师教的目的、价值、意义都要通过学生的学习来体现。有些教师担心，强调了学生的学是否会削弱教师的教，削弱教师的主导作用。这种担心不无道理——毕竟教学离不开教师。但这种担心正说明人们打心眼里认为，教师主导与学生主体是分离的，教师的教与学生的学是分离的。

深度学习强调：落实学生的主体地位，关键在教师。强调学生的学习，就是在强调教师的“教”，强调教师的主导，反之亦然。

学生是与“教师”相对应的一个概念。学生之所以为学生，是因为有教师的帮助和引导。学生的学习与一般学习者的学习的重要区别就在于，学生的学习不是孤零零、孤立进行的，而是在教师的帮助、引导下进行的。“在教学中，教师主导和学生主体是辩证的统一。学，是在教之下的学，教，是为学而教。换句话说，学这个主体是在教主导下的主体；教这个主导是对主体的学的主导。”①教师对学生的学习有着不可推卸的重要责任，学生学得怎么样，与教师的“教”（即引导与帮助）有着最直接的关系。在教学中，教师的“教”存在的意义与价值、教师的职责与义务也正在于引起和促进学生的学习。如果不能引发学生的学习，教师的“教”也就不存在了。王策三先生认为“教学永远是教和学统一的活动”②，一旦分离便不再是教学。杜威则以买卖来比喻“教”与“学”的依存关系：“可以把教学和出售商品两相对比。没有买主，谁也不能卖出商品。如果一位商人说，即使没有人买走任何商品，他也能卖出大宗货物，这是天大的笑柄。然而，或许有一些教师，他们不问学生得了什么东西，而竟自认为他们做了良好的日常教学工作。其实，教与学二者的值正好是相等的，同样，卖与买二者的值也是相等的。要想提高学生的学习，唯一的办法是增加实际教学工作的质量。因为学习是由学生自己来做的，并且是为了自己而做的，主动权在学生手里。教师是一名向导和指导者；教师掌舵，而驱动船只前进的力量一定是来自学生的。教师愈是了解学生以往的经验，了解其希望、理想和主要的兴趣，就愈能更好地理解为使学生形成反省型思维所需要加以利用的各种工作动力。”③

正是在“教与学统一”的意义上，我们强调教师是教学的第一关键人。没有教师，依然有学习，但不会有教学。教师是学生主体地位能否落实的关键人，是决定学生学习活动的二重性能否被充分关注并在学生现实学习活动中得到充分体现的关键。与学生学习活

① 王策三．教学论稿［M］．北京：人民教育出版社，1985：126.

② 同①91-92.

③ 杜威．我们怎样思维·经验与教育［M］．姜文闵，译．北京：人民教育出版社，2005：3.

动的二重性相一致，教师主导既要基于学生的现有水平，又不能仅停留于学生的现有水平；教师既要心怀未来的发展目标，又要从学生的现有水平出发；既要引导发展方向，又要凸显学生作为主体的经验、兴趣与需要的意义和价值；既要激发和引导学生的学习活动，又要身体力行来帮助学生达成发展目标，实现学生的发展。

当然，教师的主导作用要求高、落实难度大，集中体现在两个“转化”上：将外在的教育要求转化为学生内在的学习需求——激发学生的学习，将外在于学生的客观知识转化为学生的学习活动对象——促进学生的学习。能够做到这两个转化，学生的学习活动便基本可以保证，学生的主体地位便可以落实。要做到这两个转化，教师必须真心诚意地把学生当作主体，把自己看作是服务于学生学习的引导者。因而，“教师主导”一定是“以学为中心”“为学服务的”，教师主导绝不是不顾学生的需求和特点的一意孤行、一厢情愿，而必须知道学生“在哪里”，即知晓学生的知识与能力、困难与需要；同时，必须明确学生发展的方向、路径和目标，把握学生现有水平与发展目标的差距，具备把教学内容转化为学生主动操作对象的路径和方法。

只有落实学生的主体地位，才能培养有知识、有能力、有担当、有使命感和责任感的人，才能真正落实立德树人根本任务。因此，立德树人不在教学之外而就在教学之中，即所谓“教学永远具有教育性”，这也是教学改革、深度学习的要旨所在。

（原载于《人民教育》2019 年 13-14 期）

种子课，是在学生心里种下一颗蓬勃向上、热爱学习的种子，种下一颗能让学生的知识、能力、品格、境界不断生长的种子。

种子课：深度学习的样子

在俞正强老师的种子课教学那里，我们看到了深度学习的样子。

种子课，不是摘一片叶子给学生，而是在学生心里种下一颗蓬勃向上、热爱学习的种子，种下一颗能让学生的知识、能力、品格、境界不断生长的种子。种下种子的过程，就是带领学生深度学习的过程。有了深度学习，种子课就成为种下“种子”的课。

如何确定种子课

俞正强老师用“种子课”这个词，形象地描画了这样一类课的特点、地位与价值。在知识脉络中，它是知识联络的一个纽结，是一个节点，因而具有起始性、发生性特点；它开启一类新知识的学习，引导学生发展出以前不曾用理智认真思考、不曾彻底明晰过的活动方式。通过种子课的学习，学生的头脑、心灵会有飞跃式成长，行动会有实质性变化。

那么，教师如何确定种子课？

最重要的应该是既明白知识的结构与价值，又知道学生的发展需要与方式，两相结合来确定种子课。通俗地说，就是既知道哪个是种子，又知道什么时候以什么方式来种下这颗种子。

首先，需要教师对学科面貌有总体把握，脑子里有一幅清晰的俯瞰式“学科地图”，知道知识不是孤立的，而是在结构中的，知道要在结构中把握某个知识的地位、作用及其内蕴的不同发展价值。教师若能做到整体把握，对知识便可“区别”对待，分得清轻重缓急。有了区别对待的主张，才能选择与之相匹配的恰到好处的方式来打开这个知识——带领学生领略和体会知识的美与力量，帮助学生建构起学科的知识结构。

“用字母表示数”这一课，在俞正强老师眼里就是一节种子课。从数学的学科脉络来看，这节课“数的不确定性”第一次出现，是关键内容，同时也是为方程学习打基础的一课，非常重要；从学生学习来看，学生则必须打破“数是确定的”旧观念，去理解数有“不确定性”。正是在这个意义上，这节课是学生数感发展的关键一课，是种子课。

其次，教师还必须知道学生是如何学习这个知识的，表现为怎样的外在行为，又有怎样的内隐的理解。一方面，可以从知识的特点与价值的角度出发来预先确定和引发学生的相应学习活动；另一方面，又可以从学生活动的角度进一步挖掘知识的育人价值，这是一个相辅相成、不断升华和提高的过程。

例如，俞正强老师所列的二维分析表就是通过分析知识特点和学生活动来确定种子课的一个典范。在这节课上，俞正强老师带领学生从“确定的数”出发去理解“不确定的数”，知道“不确定的数”可以用字母来表示，同一事件中不同的对象用不同的字母来表示，若两个对象之间有关系则其中一个对象可用字母式表示……。从外显行为到内隐理解，学生的每一个活动都隐含着教师自觉的教学意图，就是要让学生透彻地理解：为什么要“用字母表示数”、什么情况下用什么样的“字母表示数”。一层一层、逐层深入，既深入到知识的内在本质，又深入到学生的理解深处，“精耕细作”“无微不至”。

因此，俞正强老师所说的“让种子课成为种子课”，就是把学科结构中具有节点性质的重要内容（即“种子”），通过深度学习的过程“种”在学生的思想和心灵里，让它在日后的学习中进一步“生根发芽”。

认清“皮毛学习”的危害

俞正强老师举例提到的对“用字母表示数”一课的通常处理，就是典型的浅层的皮毛教学。如此处理，大多是因为教师对这节课的意义与价值并不清楚，既不知学生应经历怎样有意义的学习过程，也不知学生究竟应从这节课中获得怎样的发展。因此，这种课的活动并不走心，意义感不足。例如，学生的活动主要是记忆复现与简单的技能操练，只需要调动原有的经验和技能（知道青蛙有几张嘴、几只眼、几条腿以及简单的乘法运算）就可应对，无须生成发展运用新的技能、思考新的问题。对于一些学生来说，这或许是一个可以无限循环下去的乘法游戏，热热闹闹，很开心，但一定会有学生认为这种活动极其无聊，丝毫没有挑战，带不来任何智慧上的惊诧、兴奋、紧张和刺激，没有任何新的收获。显然，这节课这么上，学生一直会疑惑，明明可以用“数”来表示，为什么还要用“字母”来表示，更不明白究竟什么情况下用字母来表示数。所谓

“用字母表示数”有“简便”作用的结论，既没有情感上的体验认同，也没有理智上的说服力，是一个未经学生体验和思考、强加给学生的偶然结论，入不了学生的脑子里，也进不到学生的心里。这样教学的结果通常是：学生能够照猫画虎但不会有深度理解，教学起不到自觉促进学生发展的作用。

俞正强老师说：“用例题讲清知识，用练习纠正错误，是我们数学学习的基本套路。”他总结得到位。不仅小学数学，其他学科的教学通常也是这样。在这种通过大量的重复练习让学生记住知识，形成类似自动化的反应的教学方式下，即使学习完成，学生与知识也是两立而分离的，学生不亲近知识，知识也没能在学生的心里扎下根来。这样的教学，学生学了些皮毛，知其然而不知其所以然。它的危害并不在于没能自觉促进学生的发展，而是在于教坏了学生，把学生变成了板结的盐碱地——没有独立思考的愿望，没有坚持不懈追求知识的渴望，更没有发现、探索、创造的勇气。

激发学生的深度学习

俞正强老师能够识别种子课，而且能让潜在的种子课成为现实的种子课，这与他的课前整体分析和精巧设计是分不开的。俞正强老师对学生学习起点的分析与思考，对知识性质与学习性质的分析，对教学内容之于学生发展的意义的思考，对课的目标的层次性区分与定位，都极为细致而深入。他确定了从“教学起点”到“教学目标”的若干步骤和分目标——做到胸有成竹，为教学精准定位和有序实施奠定扎实基础；从学生可见的外部行为推及其内在的理解，将教学目标确定为能用外部行为表征的内部理解——激发学生动心用脑，深入思考与理解，避免“皮毛式教学”。有了这样条理清晰而通透的分析和准备，上好“种子课”便有了可能，能够让学生豁然开朗，获得真实不虚的发展。

深度学习的主体虽然是学生，教师却起着关键作用。没有教师，就不可能有学生的深度学习。俞正强老师的课，便是教师发挥主导作用以落实学生主体地位的榜样，生动演绎了以学生主动活动为中心的教师、学生、学习内容的水乳交融、三位一体。

我们来看俞正强老师是如何设计、执教这节课的。

俞正强老师为“理解一”设计的初始活动，学生会感觉简单、容易、好进入，因为它“可见”、能“看见”，有几支粉笔便可“确定”用数字几来表示，这既是学生最简单的生活经验，也是数字与实物的直接对应关联。“理解一”的后续设计，则故意让学生“看不见”却还要求用数字来表示，便引得学生猜测了。既然是猜测，便会有多种可能，让学生体验到“看不见”与之前“能看见”“能确定”具有唯一答案是不同的。这是“理解一”的妙处所在。俞正强老师用简单的一个“信封”、几个简单的动作，便让学生体悟到了什么是“确定的”、什么是“不确定的”，极简而妙。由于理解了“不确定性”，学生才能打破此前数学学习中的确定性，见识到数学学习的全新内容，这也打开了学生思想的另一方天地。

“理解一”行云流水般自然而然的几个活动，正是俞正强老师精心设计的六个问题的渐次展开。这六个问题既表达了知识的内在逻辑，也符合学生思维和行动的心理逻辑，结合在一起便构成了学生的有序经历。这种有序经历，引发学生自觉去思考、体会“不确定的数”可以用字母来表示。可以想象，如果没有这些有序的活动，学生不会有如此深刻的感受。

“理解二”的设计，同样简单而又内蕴丰富。简单是因为生活中随处可见，人人有头发；丰富是因为即使可见、即使是自己的头发也不能确定究竟有多少，唯一能确定的是，我的头发与你的头发数量不会是一样的。那么，不同的对象就要用不同的字母来表示。

这样的设计，让学生沉浸其中，“自然而然”就理解了“不同的对象要用不同的字母来表示”，轻松、愉悦而且彻底。“理解二”的教学设计，既是对“理解一”的再加工、深加工，又是在“理解一”基础上的新理解、新提升。

“理解三”非常重要，是方程学习的基础。有了“理解一”和“理解二”，“理解三”的实现便更为顺畅。事物是普遍联系的，总是有着这样那样的关系，而分析和表述事物间的关系，正是数学的一项工作。用抽象的数学语言来概括、表述具体事物间的关系，是对纷繁复杂的日常世界的抽象化、理念化过程，这对学生来说是神奇的、有挑战的，也是令他们兴奋激动的。正是这样的活动，让学生精神生活获得重要进展。

综上我们发现，俞正强老师把学生的深度理解作为教学最重要的目标，作为教师努力的方向。他上课用的材料，随处可见，称手好用，既可以让学生聚焦活动的核心，又不会让学生分散精力去关注无关因素。可以说，俞正强老师的这节课，学生始终在场，是学习的主人。教学的每一个步骤都是学生亲身体验、亲自参与的，每一个结论都是学生深入思考、相互讨论得出来的。教师、学生、教学内容这三个教学要素完美地融合在一起，有一种物我两忘的沉浸感。

这节种子课，在学生的心里种下了种子。这颗种子是通过学生的深度学习、精耕细作种下的。

（原载于《人民教育》2021 年第 15—16 期，标题有修改）

分科背景下的综合学习

跨学科主题学习只是把隐含在学科教学中的实践的和综合的特性，以鲜明的方式表达出来，带动学科教学自觉实现综合化、实践化。

跨学科主题学习应该怎么做

2022 年版义务教育课程标准在课程内容板块增加了“跨学科主题学习”（虽然名称各有不同，但性质和功能相同），要求每门学科课程用不少于 10%的课时来实施跨学科主题学习。可以预见，跨学科主题学习，将成为落实新课标精神的一个重点，也会是一个相对的难点。

为什么要设立跨学科主题学习？

课程综合化实践化是基础教育课程改革的国际趋势，也是我国义务教育课程修订的一个重要议题。

分科设置课程所造成的弊端，如学科间壁垒森严、相互割裂，内容重复、观点片面等，时常激起人们废除学科课程的决心。分学科课程能废除吗？废不了，也不能废。难以想象，在没有专门的数学、科学、语言等学习的情况下，学生能够获得强有力的普遍适用的基本观念和系统的原理性知识，能生发出多么深刻的理解，能有举一反三创造性的迁移能力。现代学校分科设置课程有其优势，适合大规模的制度化的现代学校的运行特点，能为教学活动的有序展开和学生的理解深化提供系统的内容基础。当然，优势与劣势一体双生，其优势的获得、保持与发扬，也带来难以克服的劣势。例如，为了适应现代学校班级授课制的运行，不仅要分科，而且要分得越来越细，以便一课接着一课进行教学。这样的细分，使学科课程越来越封闭、孤立，远离学生，远离完整的现实生活，远离其他课程。就一门课程来看，自我封闭而孤立；就学校课程体系来看，则丧失了协同育人、整体育人的功能。

因此，虽然分科课程废不了，但不可以理所当然地无视甚至合理化它的缺陷，而要尽力克服它的缺点，减少它的消极影响。跨学科主题学习，正是分科设置课程背景下，实现课程综合化、实践化的积极稳妥的措施。

事实上，在分科设置课程的背景下，学科相关、学科融合一直被倡导，以弥合分科课程带来的割裂、孤立和片面。但这种倡导主要依靠的是个别优秀教师的自觉，既无制度要求也无方法和条件的支持，效果如何更不能强求。2022 年版义务教育课程标准设立跨学科主题学习，把原来个别人的自觉行为，固定为制度要求，变成每个教师必须做的常规活动。在保留分科设置课程的前提下，用制度来保障学科间的融合，以实现分科课程的综合化和实践化。在这个意义上，跨学科主题学习可弥补分科课程之不足，让学生拥有真实而完整的学习生活。

事实上，分科课程与综合化、实践化并不对立。分科课程也可以实现综合化、实践化。好的分科教学都会要求学生做到各科知识融会贯通、“为我所用”，用于解决难题、创造新知。能够从事创造性工作的人，一定是融通开放而非片面封闭的，没有融通，就不可能有创造性。

完整的人的生活是不分科的，一个有趣的灵魂一定有广博的见识。

科学是分科的——没有分科就不可能有系统深化的发展。但分科教学却必须寻找一条道路，既能连接学生的生活，又能把学生的认识提高到科学的高度，缩短学生与千百年发展起来的科学知识的距离。目前来看，跨学科主题学习就是可以部分发挥这一功能的一条道路。

如何理解跨学科主题学习？

跨学科主题学习，有三个关键词："跨学科""主题""学习"。首先是"跨学科"，即立足某门学科来主动跨界，实现课程间的主动关联。如何实现学科间的关联呢？通过"主题"。主题是学生能够主动参与的、有情境的复杂问题。围绕着问题解决，需要综合运用不同学科知识，即通过学生的主动活动来实现。这就是跨学科主题学习的特点：既综合又实践。

跨学科主题学习与一线学校已经开展的项目学习、研究性学习、STEAM 学习、问题解决学习等都有类似之处，又有不同。它不是游离于各门学科课程的专设课程，而是设在各门学科课程里。因此，比上述这些活动更稳妥，也更能落到实处、见到实效。它通过教学内容的跨学科关联及教学方式的实践化，来带动学校课程体系的整体建设。

事实上，学科课程的教学也必须强调学生活动。书本上静态的知识内容必须经由学生的主动活动（分析、判断、思考、想象、表达、制作等），才能被学生理解、掌握，成为学生可理解、可运用的活的知识，转化为学生的精神力量。若只是把书本上的“文字”告诉学生，忽视学生自己的分析、思考，就不能期待学生可以理解和把握其内在的丰富涵义。教材上的文字表述可看作是知识的文字投影，而它所蕴含的思想方法、思维方式、情感态度，对事物特征和规律的揭示等，只有通过活动才能被学生所把握。就教学而言，影子也重要，但它不能替代真正的知识。例如，要测量一棵大树的高度，直接测量是困难的，也不必要冒风险去直接测量，而要通过测量阳光折射下树投射在地上的影子来推算树的高度。在这个意义上，影子的长度很重要，但要说这个影子就是树本身，就本末倒置了。教学要引导学生通过影子去测量树的高度，知晓“树”的存在，思考树高与影子的关系，学会借用恰当的工具、引入其他变量来进行思考——这才是学生作为主体的现实的学习生活。学生知晓“树”的存在，才能理解树影的意义，树影才能作为树的代表而显现真实而丰富的意涵。

学生的活动，尤其是问题解决活动，一定是跨学科的。数学是最纯粹的学科，但常见的小学数学应用题却都是有情境的、跨学科的。应用题首先要跨语文——读得懂才能做得对，还要跨社会生活、跨工程交通、跨历史地理。也就是说，学科内问题的解决，大多得借助其他学科才能完成。例如物理一定会跨到数学，化学则要跨到物理。初中化学要学习“物质的性质”。学生要正确理解物质的化学性质，必须先了解其物理性质。就学校课程而言，本没有纯粹的学科（分科）课程。我们所说的分科设置课程，只是相对的。可以说，几乎所有的学科都是综合的。例如，物理是分科课程，却也可以说是电学、力学、声学、光学等的综合；生物学是分科课程，却也可以说是植物学和动物学的融合，动物学又可以说是鸟类、兽类等知识的综合。学科越向深入发展，就会分得越细。越是细分，就越需要综合。

在这个意义上，学科课程的教学本身就应是综合的、实践的。跨学科主题学习只是把隐含在学科教学中的实践的和综合的特性，以鲜明的方式表达出来，并希望以这样的方式带动学科教学自觉实现综合化、实践化。

如何做好跨学科主题学习

如何做好跨学科主题学习？一个朴素的原则是：一定不能“为跨而跨”。跨学科的实现，必须立足学科本体，依托各自学科的坚实基础。

有学科才能跨学科，立足学科才能跨学科。坚持学科立场的跨学科，才能避免庸俗化和浅表化。加拿大英属哥伦比亚大学纳雄教授在一次访问①中提到，不能忽视 STEM 教育中每一门学科的独立价值，要重视跨学科或交叉学科中的各门学科的独特性。“既立足于每一门学科的特殊性，又看到彼此间的渗透性、干预性，这对学科的研究和发展是至关重要的，亦是 STEM 教育的价值所在。”②就学校教学而言，教师的学科素养越高，越能融会贯通其他学科内容，与之建立起关联。如果不具备本学科的基本专业素养，“一瓶不满，半瓶晃荡”，就难以开展高质量的真正的跨学科主题学习。

之所以能够跨学科，是因为有学科可跨。现代学科的科学概念只能在学科内部、在学科结构里、在学科的发展脉络里去理解。离开学科，想要凭借日常经验来理解科学概念，是难以做到的。这是因为，现代学科的科学概念已远离日常经验，只能在学科脉络中才有清晰的意义。以物理学为例。“在牛顿那里，……与新的运动概

---

① 李雁冰．“科学、技术、工程与数学”教育运动的本质反思与实践问题：对话加拿大英属哥伦比亚大学 Nashon 教授［J］．全球教育展望，2014（11）：3-8.

② 同①.

念联系在一起的一系列概念构成了一个新系统，其中的概念互相定义，标识着物理学开始摆脱自然概念的束缚。”① 只有理解了学科的概念系统，才能知晓每一个概念的意义。没有系统而坚实的学科学习，想要获得有关这门学科的明晰的科学概念，几乎是不可能的；同样，没有对有关学科的科学概念的准确理解，难以想象能够进行高水平的跨学科主题学习。

跨学科主题学习与系统的学科知识学习是相互依赖、相互促进的。跨学科学习作为学科课程学习的一个环节、一个活动，要依赖、应用学科的系统学习；另一方面，跨学科学习中的复杂任务与问题，能够推动学生更进一步去了解、认识、深化学科知识的学习。跨学科学习要利用学科知识进行现实生活的观察和问题解决。例如，数学课程要培养学生具备“三会”，即会用数学的眼光观察现实生活，会用数学的思维分析思考现实生活，会用数学的语言表达现实生活。现实生活纷繁复杂，但拥有数学知识，就能从其中抽象出数学问题并运用数学方法来解决。没有数学知识，不经过严肃认真的数学学习，是不可能拥有数学的眼光、思维和语言的。而自觉的跨学科主题学习则为学科知识的综合应用提供了机会，帮助学生在综合的实践应用中深化理解并获得创造性运用的能力。在跨学科主题学习这里获得的具体的丰富形态的知识，还需要学生再抽象、以学科逻辑再表述。经由这样的教学过程，学生才能真正进入知识、进入学科、进入现实、进入历史，才可能在未来去发现新知识，做出新贡献。

跨学科主题学习的意义

如何以分科的内容、分别的活动去实现学生的全面发展，是现

① 陈嘉映．科学·哲学·常识［M］．北京：中信出版社，2018：199-200.

代学校的核心焦虑。现代学校的大规模特征，决定了科目要分门设置，分别进行教学，学生活动也得一个一个分别展开。这与人的全面发展似乎是矛盾的。实际上，分科是指内容的组织方式，即课程内容是以学科的逻辑分别组织起来的。分科课程也可以培养全面发展的人，但必须把分科的内容转变成学生的现实活动。一旦学生活动起来，一定是跨学科的、综合的。

跨学科主题学习，加强了学校课程体系中各门课程之间的横向沟通与关联，同时也促进了课程内部知识的关联与结构化，建立起统一的育人实践形态，对学生成长、教师发展以及学校课程育人体系的形成，均有积极意义。

跨学科主题学习的责任主体和实施主体是各门课程教师、教研群体。每一位学科教师都不得不从整体育人的角度来思考本学科在整体课程体系中的地位、价值以及相应的教学目标、内容与方式。他虽然还是学科教师，却不能仅以学科知识的教学来定位自己的职责，而必须立足学生发展，从育人的角度，以本学科为基地，主动跨界，利用、吸收其他学科的内容和方法来设计跨学科主题学习，推进学科教学的整体改进。

对学生而言，跨学科主题学习，可以获得更真切的主体参与感。

跨学科主题学习与社会生活和科学研究高度相似：真实的情境，开放的结果，充满不确定性。不确定便意味着有无限可能性，令人期待，充满魅力；因为不确定，才拥有努力探索的必要性，学生才能体会到努力的意义；因为不确定，学生有机会进入到无限空间，一个偶然的想法或机遇，就会带来一个更好的创意，给个体的主动创造提供了更多机会，赋予其更多权利，也让学生理解和承担相应的责任，让介入其中的主体感受审慎决策和选择的意义，体会在不确定性中去努力追求确定性的情意态度。即便学生的主动创造是失败的、错误的，也是可贵的。错误和失败本身是学习过程的应有之义，是其重要内容。跨学科主题学习与社会生活和科研相似而非其本身，说明跨学科主题学习是自觉的教育活动。它不是把学生直接抛入繁杂无序的社会生活，而是让学生自觉从学科走向跨学科，从课内走向课外，从学校走向社会，为进入真正的社会生活做好知识、能力、品格、情感、价值观等各方面的准备。可以说，跨学科主题学习在学校和社会之间搭建了一条安全通道，既有社会生活的真实情境，又有学校教育的自觉特征，帮助学生在学科课程的系统学习中，能够与教师和同学一起，深刻了解沸腾的社会生活而不至于迷失、迷乱。

跨学科主题学习构建了一种自觉的教育生活。它强调“合作”——既有教师与学生的合作，更强调学生间的合作，以及校内校外的合作。在学科教学中，大多数情况下学习只是学生独自完成的事情，与他人无关。而跨学科主题学习的任务通常是复杂的、困难的，光靠学生自己的力量在短时间内难以完成，因而必须采取小组合作的形式。这样的合作，使得跨学科主题学习超越知识学习的范畴，而具有了社会生活的意义。为了完成某个任务，小组里的每个人都不能自作主张、自说自话，必须参照别人的行动、考虑别人的行动，从而使自己的行动有意义、有方向，在确证个人力量的同时，深切体会与他人共在的意义。在这个意义上，小组合作不仅是学习的一种方式，更是一种雏形的社会生活。

在这个意义上，跨学科主题学习把社会实践提前到了学生的学习阶段，改变了“先学后用”的教学观念，自觉将学生、学科与沸腾的社会生活建立起紧密而生动的意义联系，将学生将来可能的创新实践活动提前，在教学活动中，自觉引导学生关心社会，解决真实情境中的问题，让学生在学校教育阶段就有机会自觉地模拟从事创新活动，过一种自觉的教育生活。

跨学科主题学习是基于学科的主动跨界学习，是自觉将社会实践的创新过程融入学校教学的主动过程。跨学科主题学习为更广泛的社会实践活动打下了能力的、品格的、价值观的基础，为学生的自觉主动成长营造了自觉的教育环境。它是学习、实践、创造的三体合一，在继承中思考、质疑、创造，在创新中延续历史、体会继承的意义。在这个意义上，跨学科主题学习是一个契机，让学生进入知识、进入历史，真切地体会自己作为社会中的一员的责任感和使命感，走向未来，创造未来。

（原载于《文教资料》2022 年第 10 期，标题有修改）

项目学习既是课程形态又是教学策略。课程形态与教学策略在项目学习这里是一个事物的两面，难以分离。

项目学习既是课程形态又是教学策略

项目学习近来大火，已成为教育实践与教育理论研究的热点，有人甚至认为它是最有可能取代学科教学，使教育迎来革命性新局面的新举措。到学校去参观，校长最愿意展示学生的项目学习成果（作品）；看有关项目学习的学术论文，最常见的主题是项目学习的定义、设计、展开形式、学习的成效、对信息技术的运用等等。项目学习备受关注、广泛开展是件好事，学者们研究它的定义、操作也是应该的。但是，如果仅限于此，很容易使项目学习成为一种妄自尊大的、孤立的教育改革举措，而不是学生发展总体方案中本应有的成分。研究项目学习，我们可能首先需要明确：什么是项目学习呢？①

人们通常会把项目学习简单地解释为“基于项目的学习”，即

① 对项目学习的界定有很多，各有不同视角。但大多以制作作品为中心，强调的是运用多种资源来解决复杂问题的探究活动。这与其说是项目学习，不如说是项目执行，教育意义不足。在此不一一列举。

project-based learning，PBL。这当然没错，但语义不明，词语反复。例如，“项目”是什么样的项目？是学科的还是跨学科的？基于项目的“学习”又是如何进行的？是学生自主的还是有教师引导的？等等。如果追问，那么，项目学习究竟是一种教学策略还是课程形态，或者兼而有之？上述对项目学习的解释是没法回答的，“项目学习”成了一个模糊的语词，有时候表示一种教学法，有时候表示一种课程形态。或者说，有人把它理解成教学法（教学策略），有人把它理解成课程形态。

例如，有这种说法：“当我们把‘设计本位学习’（PBL）理解为一种教学策略，……PBL 是一种问题解决（problem solving）取向的课程与教学策略。其核心是找到供学生探究的问题，在探究过程中学习课程。……PBL 不仅可以用于 STEM 这种综合学科，也可以用于单科之中。”① 还有这样的说法：项目学习是“一套系统的教学方法，它是对复杂、真实问题的探究过程，也是精心设计项目作品、规划和实施项目任务的过程，在这个过程中，学生能够掌握所需的知识和技能”。显然，在上述语境中，项目学习主要是一种教学策略（教学方法）。当然，持“项目学习是一种特殊课程形态”② 观点的也大有人在。例如，此前网络上广泛流传着的芬兰将取消分科教学，全面实施现象教学（类似于项目学习）③ 的说法，

---

① 李雁冰．“科学、技术、工程与数学”教育运动的本质反思与实践问题：对话加拿大英属哥伦比亚大学 Nashon 教授［J］．全球教育展望，2014（11）：3-8.

② 巴克教育研究所．项目学习教师指南：21 世纪的中学教学法：第 2 版［M］．任伟，译．北京：教育科学出版社，2008：4.

③ 2014 年，芬兰国家教育委员会（Finnish National Board of Education）再次公布了新的国家课程，并于 2016 年 8 月正式实施。这次芬兰新课程的实施，曾被国外和国内的媒体报道为“颠覆性的改革”，“将取消分科式教学，转为全面实施现象教学”。对于这些误导性的新闻报道，芬兰国家教育委员会进行了澄清。参见：王岩，蔡瑜琢．芬兰新课改到底“新”在哪？［J］．人民教育，2016（24）：62-66.

就是如此。

在我们看来，项目学习既是课程形态又是教学策略。课程形态与教学策略在项目学习这里是一个事物的两面，难以分离。从课程形态来看，它是基于学科课程的跨学科的活动课程；从教学策略（教学活动形态）来看，它主要是以完成作品（特定任务）为目标的学生的自主的、探究的、制作的活动。也就是说，在动态的实践层面，项目学习既是课程形态又是教学形态（教学策略），课程形态与教学形态合二为一，或者说，如此的课程形态必有如此的教学形态，如此的教学形态必有如此的课程形态。

因此，可以这样来定位项目学习：项目学习是在系统学科知识学习的基础上，学生综合运用多学科学习成就进行自主学习的一种综合性、活动性的教育实践形态。这种教育实践形态不可能取代系统的学科教学，也不是可有可无，而是作为系统的学科教学的最重要的“对立面”，与它相互映照、相互支撑、相辅相成。

这样来理解项目学习，有助于突出以下两点认识：(1) 项目学习是学校教育不可或缺的组成部分，虽然所占份额不多，但没有它，学校教育就不能说是完全、健全的；(2) 项目学习基于学科又超越学科，它能够帮助学生理解不同学科的独特价值以及学科间的相互联系，也能够实现学科教学难以实现的帮助学生关注当下社会生活、融入现实生活的任务。

（摘自《项目学习的教育学意义》，原载于《教育科学研究》2018 年第 1 期）

项目学习把社会创新实践提前到学生的学习阶段，是对未来社会实践的创新活动的模拟与雏形实验，弥补了传统学科课程教学远离真实社会生活的缺陷。

项目学习是对学科教学的解蔽

我们知道，现代学校的重要任务是通过“继承”已有的人类历史文化成果来培养人、发展人。而学科课程、课堂教学（班级授课制）则是现代学校培养人、发展人的重要内容与途径；“继承”人类历史文化成果则是学校教育最直接的任务，是培养人的最重要的途径和手段。正是在这样的背景下，形成了一条以“继承”为主线的学校教育的逻辑线索。这条线索是：学生“继承”人类历史文化—获得发展—走出学校、进入社会—从事社会实践—推动社会发展。这条线性的逻辑线，基本可以概括我们以往对学校教育的功能、运行方式以及学校与社会间关系的一般理解。

显然，在这条逻辑线索中，学习基本上是学生个人独自进行的事情。它与书本有关，却与正在发生的、沸腾的社会生活无关（“两耳不闻窗外事，一心只读圣贤书”）。同时，它也很少与周围的同学有关。即使在几十人的班级里，学生的学习也是独自进行的。极端情况下，它甚至也与教师无关（所谓“自我努力”），“独立学习”“独立思考”“独立完成作业”本就是教师最常对学生提出的要求和极力要学生养成的最重要的品格与能力。但是，学生的学习与时间进程和安排有关，要在规定的时间内完成规定的任务。于是，学习几乎可以被描述为学生对照日程表按部就班完成学习任务的活动。正如许多刻薄地批评学校教育的人所批评的那样，学生的学习表现出两个特点：一是孤立，即与他人无关联；二是强计划、强控制性，即在规定的时间里学习规定的内容，达到规定的结果。在这样的情境下，学生虽然生活在现实社会中，却与他人、与真实的社会生活和社会实践没有实质性的关联，是一个孤立的、抽象的、偶然的个体。这样的个体，当他真正进入社会生活、从事社会实践时，是否有能力、有毅力、有责任去生活和实践，是一件不能不令人担忧的事情。

以“继承”为主线的学校教育逻辑线，是与以学科课程教学为主的传统教育血脉相通的。历史地看，传统教育的主张相较之前的教学主张是革命性的伟大进步。正如杜威所说：“赫尔巴特的伟大贡献在于使教学工作脱离成规陋习和全凭偶然的领域。他把教学带进了有意识的方法的范围，使它成为具有特定目的和过程的有意识的事情，而不是一种偶然的灵感和屈从传统的混合物。而且，教学和训练的每一件事，都能明确规定，……他十分重视注意具体教材，注意内容。赫尔巴特在注意教材问题方面比任何其他教育哲学家都有更大的影响。”① 可以说，传统教育的优势主要体现为它的自觉性、有目的、有计划，它有明确的目标、系统的内容、科学的活动过程，因而可控、可预测、可检验，摆脱了经验的、神秘的、

---

① 杜威．民主主义与教育［M］．2版．王承绪，译．北京：人民教育出版社，2001：80-81.

偶然的境遇，成为有计划、有作为的自觉活动。

但是，正如杜威所指出的那样，赫尔巴特的这种哲学虽“强调智力环境对心灵的影响，但忽视环境实际包含个人对共同经验的参与。……低估充满活力的、无意识的态度的作用。……简言之，赫尔巴特的哲学考虑教育的一切事情，唯独没有考虑教育的本质，没有注意青年具有充满活力的、寻求有效地起作用的机会的能量”①。简而言之，传统教学思想及其实践主张的最要害的问题是过分强调有计划的教育环境的作用而忽视了学生自身的能量，忽视了学生的经验参与本身就是环境和教育的一部分，即过分强调计划、控制而忽视了人的主动活动可能带来的教育机会。从根本上说，这样的哲学忘记了教育的本质，忘记了学生才是教育的主体，忘记了一切教育都必须经过学生的活动才能起作用。

现代课程论之父泰勒极为赞同杜威的这种观点，并做了有趣的阐发。他说：“杜威（Dewey，J.）早在30多年前（即20世纪30年代——作者注）就评论过，真正的教育环境，是受学习者控制的因素与学习者无法影响的因素之间保持一种平衡的环境。学习者在其中无法按照自己目的加以控制的学习情境，或是教他顺从，或是教他反抗，而不是教他掌握。所有因素都受学习者支配的这种学习情境，会导致想入非非的或任性散漫的行为。理想的学习，来自学习者能够识别出他在学习情境中必须适应的因素，以及他可以根据自己的志愿加以控制的其它因素。”② 泰勒的这段话，特别能够说

---

① 杜威．民主主义与教育［M］．2版．王承绪，译．北京：人民教育出版社，2001：81.

② 泰勒．课程与教学的基本原理［M］．施良方，译．北京：人民教育出版社，1994：109.

明环境①的特性与学习者的学习及品格养成的关联。如果是“学习者在其中无法按照自己目的加以控制的学习情境”，那么，学生只会有两种反应——或者顺从或者反抗，都难以与环境进行积极的互动，难以从环境中经验到有意义的经验，即学习不能真正发生。如果处于“所有因素都受学习者支配”的学习环境中，学习者同样难以与环境有积极的互动，以为一切都以他为中心，都受他控制，他可以不经努力就轻松获得想获得的一切，从而导致他的自大散漫和任性，学习仍然不能真正发生。这两种环境都不是真正的教育环境，都不能引发真正的学习。泰勒说：“真正的教育环境，是受学习者控制的因素与学习者无法影响的因素之间保持一种平衡的环境”②；“理想的学习，来自学习者能够识别出他在学习情境中必须适应的因素，以及他可以根据自己的志愿加以控制的其它因素”③。只有在这样的情境中，才可以说，学生是教育的主体——因为他必须付出思想和行动的努力，与环境的各个要素进行积极互动，才能在这个过程中实现成长和发展。如果将学习环境刻板地一一对号入座的话，那么，控制性极强的学科教学环境（教育活动），类似于杜威所说的第一种环境，而放任的宽松环境则类似于第二种环境。

传统教育的缺陷之一，就是认为学生完全可以由环境来塑造。例如，学生的学习是完全由教师决定的，所谓“没有教不会的学生，只有不会教的老师”，所谓“给我一打健康的婴儿，一个由我支配的特殊的环境，我可担保，我可以按照我的意愿把他们训练成为任何一种人”等等说法，都是环境胜于人的主动性的观点，都忘

---

① 这里所说的“环境”，可理解为教育者专为学生所设计的教育活动，包括课程形态、课程内容、教学策略、师生互动方式等等。

② 泰勒．课程与教学的基本原理［M］．施良方，译．北京：人民教育出版社，1994：109.

③ 同①.

记了学生这个活动主体的主动性。正如泰勒所说："在有些人（看）来，学习者是受学习情境'制约'的，以便按教师或教学计划设计者指定的方式作出反应。"① 当然，也有另一些人认为，"学习者是探索学习情境的积极能动者，从而学会驾驭它们以达到自己的目的。在这两种意见之间，形成了鲜明的对照。这有点像一张漫画所蕴涵的差别——一只老鼠对另一只老鼠说：'我们已经把那个心理学家制服了。只要我们一按操纵杆，他就给我们吃的。'"② 显然，泰勒所说的这两种关于学习者与学习环境间关系的观点，表面上截然相反，内里却有着共同的特性，即都把学习者（学生）与学习环境分离开来、对立起来，没有把学生本身视作环境（学习情境）的重要组成部分，因而也没有想到学习者的状况、学习者的活动方式、经验内容是与环境互动、关联、共生的。没有学生的主动活动，教育就不可能发生。因此，教育的根本，就是去唤醒、激发学生自己的主动活动。

为了激发学生的主动活动，增强学生与他人、与社会的实质性关联，传统意义上的学科教学，也在教学方法、教学组织形式（如探究学习、小组合作学习等）等方面进行变革，力图增强学生的学习主动性、学生与他人的联系以及学生面对问题、解决问题的能力与品性。例如，在课程形态、课程内容不变的情况下，采用探究学习，便是一种温和而积极的改变。教师通过提供探究材料、设置探究情境，使学生以探究、体验的方式（可能是个人的，也可能是小组合作的）去"发现"知识而不是直接从教师那里"接受"这些知识。在这个过程中，学生"不仅学会了知识，也学会了学习知识的方法"，还能体验到知识发现过程中的种种情感，如喜悦、痛苦，

---

① 泰勒．课程与教学的基本原理［M］．施良方，译．北京：人民教育出版社，1994：109.

② 同①.

学会决策、选择、执行，学会独立、合作、坚持、妥协，等等。更重要的是，学生能以主体身份参与到教学活动中，与环境形成积极的互动，感受自身行为带来的后果（或好或坏，都与他的行为有关），确证自身的主体力量。这样的改革，当然是积极的、可行的。但是，在这样的改革中，学生的主动活动还只是模拟的方式、限于学科的范围，与在广阔、真实的社会生活中从事实践活动终究有着差距，学生难有综合运用知识解决真实问题的情境，学生态度与能力的发展也会稍有逊色，很难应对急剧变化的社会。

当前，世界已全面步入信息化、全球化时代，社会飞速发展，日新月异。日常生活的变化和个人职业的变换已成为常态，“变化”本身成为“恒常”不变的真理。在这个快速发展的世界，知识依然重要，甚至更为重要；但静态的知识本身并不具有生产力和竞争力，能运用知识去生活、工作、创造才更重要。因此，进入21世纪，为了应对时代的急剧变化，美国、芬兰、经济合作与发展组织（OECD）等国家和国际组织提出要培养学生的核心素养（21世纪核心技能）。从这些国家和国际组织提出的方案中可以看出，它们在关注传统的基础知识与基本技能之外，还特别关注学生的思维方式、社会情绪、社会责任感、交往沟通与合作能力以及参与、介入、构建可持续的未来的能力等等。事实上，早在1996年，联合国教科文组织就在“德洛尔报告”（即《教育——财富蕴藏其中》）中提出了教育的四大支柱，即“学会求知”（learning to know）、“学会做事”（learning to do）、“学会共处”（learning to live together）、“学会做人”（learning to be），指出了21世纪教育应该关注的核心问题。

无论是联合国教科文组织报告强调的“四大支柱”，还是某些国家和国际组织提出的21世纪技能、核心素养，都显示出这样的观点：系统的学科课程教学仍然重要，但仅有学科课程教学不行；

继承依然重要，但仅有继承不行；教育当然是为了个人的发展，但绝不只是为了个人的发展；学习是个人的活动，但仅仅是个人的活动，不足以构成真正的个人学习。共同的趋势是：在关注知识传承的同时，关注理解知识的过程与方法；在强调系统学科知识掌握的同时，关注跨学科知识的综合运用；在关注个人独立与努力的同时，关注群体的沟通与合作；等等。总之，强调让学生有综合运用知识的机会，有相互合作共同生活的机会，有接触真实的沸腾的社会生活的机会，等等。而项目学习，则是使学生拥有这类机会的最恰切的途径，或者说，项目学习的提出就是为了承担这样的功能。

那么，项目学习为什么能够承担这样的功能？

虽然项目学习非常模糊，模糊到学校中开展的一切学科课程教学之外的活动都与项目学习有类似之处，但项目学习还是有自己的独特性的。

项目学习既是教学策略，也是课程形态。它一定是跨学科的，而且持续较长的时间，跨越较大的空间，涉及众多事物，需要多方合作。与学科内的问题解决学习相比，项目学习更具弹性、多路径，且不确定。同样的任务，不同的团队组合、不同的切入点，就可能有不同的学习过程、不同的学习内容及不同的学习体验。就内容而言，学习内容不再只是外在于学生的客观实在，也有学生在项目学习过程中生发出来的新内容；就过程而言，学习过程不是由教师设计的预想流程，而是学生在完成任务的过程中生成的现实过程，虽然终究只能经历某一过程，但学生知道有无限多的路径和过程，知道选择、决策的重要性，知道需要承受选择的后果；就体验而言，学习体验不再是教案中要体验的那几项，而是随机、丰富又复杂的。例如，学生能够在真实而具体的情境中体验到分工合作的意义，体验到规则的意义，体验到有些问题的答案可以开放而有些问题的答案则必须唯一，等等。总之，在情境更为真实的项目学习中，学生能够真正理解和感受现实的人、事、物及其关系，而不是接受几个“干巴巴”“硬邦邦”“冷冰冰”的抽象的概念语词与判断语句。在这个意义上，外部的知识、材料，项目本身所蕴含的问题与方法，学生在完成项目的过程中的思考、行动，等等，都共同构成学生发展的内容、过程与方法。在这个意义上，可以说，项目学习把社会创新实践提前到学生的学习阶段，是对未来社会实践的创新活动的模拟与雏形实验，弥补了传统学科课程教学远离真实社会生活的缺陷。

把项目学习作为未来社会实践活动的预演提前到学校阶段，并不是要替代学科教学，而是要与系统的学科教学活动同时进行，相辅相成，相互促进，共同完成对学生的培养。纳雄（Samson Nashon）教授对 STEM 课程的理解，对于正确理解和展开项目学习有极为有益的启示，那就是：项目学习一定以学科知识为根基。他说：“在理解 STEM 时，很重要的一点是：我们不能试图忽视 STEM 中每一门学科的独立价值，每一门的知识是如何发明的。恰恰相反，理想的 STEM 教育是关注不同学科知识间的相互影响，一门学科知识的发明如何影响到另外的学科，一门学科的发展如何建立在其他学科的原理和进步之上。比如，数学建模（mathematical modelling）旨在简化我们对自然体系的认识和控制，这促进了我们对技术的理解和运用。这是数学和技术的联系。如果技术为我们带来了发明和创造，那它背后一定有相应的科学原理和依据，这就是技术与科学的联系，如此等等。总之，发现学科知识间的内在联系，是我对 STEM 本质的理解。”① “既立足于每一门学科的特殊性，又看到彼此间的渗透性、干预性，这对学科的研究和发展是至关重要

① 李雁冰．“科学、技术、工程与数学”教育运动的本质反思与实践问题：对话加拿大英属哥伦比亚大学 Nashon 教授［J］．全球教育展望，2014（11）：3-8.

的，亦是STEM教育的价值所在。”因为“科学本身不能生产东西，孤立的技术也不能，单独数学更不能，只有把科学、技术和数学结合在一起的时候，我们才能够生产计算机和其他高科技产品”。[①] 在综合性的项目学习中，学生能够深切体会到各学科在整体项目完成中的独特价值以及它与其他学科不可分割的相互关联。正因如此，经由项目学习，学生应能更加感受到系统学科学习的重要性，而且能够以一种整体的观点去学习它、运用它。

与系统的、严谨的、相对稳定的学科课程教学相比，项目学习是跨学科的、开放的、灵活的、有鲜明时代特点的。因此，我们更愿意把项目学习看作是在系统的学科知识学习基础上的跨学科应用学习，是在严谨的学科知识基础之上的对现实生产生活问题的开放式问题解决，是与学科课程教学相辅相成的一种课程形态、一种教学模式。

（摘自《项目学习的教育学意义》，原载于《教育科学研究》2018年第1期）

① 李雁冰．“科学、技术、工程与数学”教育运动的本质反思与实践问题：对话加拿大英属哥伦比亚大学Nashon教授［J］．全球教育展望，2014（11）：3-8.

重视综合性学习，就要把它看作平常的、在课堂教学条件下能够实现的学习方式。

分科背景下的综合性学习

在分科课程的背景下开展综合性学习，以综合性学习主题来带动本学科知识、能力及思想方法等的整合，能够促使学生对所学内容形成完整的认识，实现学生的整体发展。但是，究竟如何理解和开展综合性学习，有着不同的观点。在这篇文章里，仅谈一己之见，希望能引起大家的思考和讨论。

在一定意义上，分科课程人为地割裂了完整的世界图景，而且可能使学生形成对世界的不完整的认识和理解。如果在教学中不能很好地把握其严密的知识体系，还容易导致脱离生活。弥补这种缺陷的途径之一是开设综合课程。但综合课程并非万能良药。综合课程不可能开设于所有学习年段（如《基础教育课程改革纲要（试行）》中提出普通高中以分科课程为主），也不能如分科课程那样保证知识学习的深入和系统，因而目前的主流课程形态依然是分科课程。这样，就提出一个重要的问题，即在分科课程的背景下，如何促进学生融会贯通地理解所学内容？综合性学习就是一个有益的途径。

与综合实践活动不同，虽然综合性学习也强调学科间的沟通与联系，但它主要还是指某一学科内部的综合活动。例如，语文学科课程标准中提出了设置综合性学习，强调语文知识的综合运用、听说读写能力的整体发展以及语文课程与其他课程的沟通等。我理解，学科综合性学习能够在以下几个方面发挥作用：（1）在分科课程（至今仍是主流的课程形态）的背景下实现课程的综合化，即在一定程度上超越线性递进学习内容的组织方式，以类似网络的超链接方式，使学习内容综合为有多个连接纽结的整体网络；（2）在教学中模拟或建构出相对真实的学习情境，加强教学与学生生活的联系，增强课程学习对学生个人生活的意义；（3）创设多样化的课堂教学活动，使学生能够积极参与教学活动。

综合性学习的上述意图是否能够实现呢？要看如何实施。目前，学科内综合性学习开展的状况并不令人乐观：或简单模仿综合实践活动的做法；或搞形式主义，为“综合性学习”而“综合性学习”，抛开自己的学科特点搞综合；或者停留于表面的大拼盘、大杂烩；或者无限夸大综合性学习的作用，似乎一“综合”，学生就会“快乐学习”，一“综合”就可以解决教学中所有的问题，不再去探索更多样化的教学方式；等等。我认为，综合性学习的开展，要特别关注以下三个问题。

在综合中凸显鲜明的学科特点

学科内的综合性学习，应体现出鲜明的学科特点。就学习内容而言，虽然可能需要综合相关学科的相关内容，但要以本学科的学习内容为主，并且首先要将本学科内容进行综合融通；就学习方式而言，要采用多样综合的学习方式，但也需要突出本学科特点的方式；学习结果更要鲜明地突出本学科的特征。开展综合性学习，要明确综合的基地是本学科，综合的出发点和归宿也是实现本学科对学生成长的作用。如果不体现“此”学科的特点，则“这一个”综合性学习就不属于“此”学科。同样一个综合性问题，如环境保护，在生物、数学、语文等不同学科那里，有不同的视角和重点，有不同的学习过程及对学习结果的不同要求。北京大学附属中学张思明老师的数学建模教学，既体现了学科学习的综合性，又体现了综合性学习的学科特色。他曾开展了这样一次学习活动：“夏天到了，我让学生注意观察市场上所卖的‘雷达牌’蚊香，它的俯视外观图是一个中心对称图形，我们也称这个蚊香的过对称中心的弦为‘直径’。经测量，最大直径为 119mm，最小直径为 106mm。这一片蚊香可以打开，拆成形状一样、旋转方向相反的两盘蚊香。经过实验发现该蚊香的燃烧速度为每小时 12 厘米。我让学生计算一盘蚊香大约可以燃烧多长时间，然后帮助蚊香生产商计算需要此种品牌的持续燃烧时间分别为 4 小时、8 小时、10 小时的蚊香对应蚊香片的最大直径。”① 这是一个综合性学习的例子。在这个例子里，有数学知识的综合，有数学与生活的结合，也有学习方式的综合。它不只有抽象的数学概念、数字和符号，而且有真实的情境和问题；不只有内在的思维和演算，而且有市场观察、简单的实验；不只是求出一个抽象的结果，而且能够为生产商提出建议。当然，无论怎样综合，这项活动的数学特点依然鲜明：有数学概念、数学的形式化思维以及用数学解决问题的方式。

在该例中，抽象的数学与学生的学习生活建立起意义联系，这是综合的功劳；而这一综合性学习之所以具有深度，恰恰是因为它以数学的眼光从繁杂的日常生活现象中抽象出了一个有意义的数学问题，并以这样一个问题向学生的智慧提出了挑战，提供了养料；

---

① 张思明．用心做教育［M］．北京：高等教育出版社，2005：64.

学生通过这一数学学习，也能够进一步提升对生活问题的理性认识水平。

简而言之，学科学习需要一定的综合，而学科的综合性学习则必须体现本学科的鲜明特点。

应主要作为常态的课堂教学来实施

带领学生到户外进行现场观察、调查、主题活动等，是学科综合性学习应该有的重要活动，也是改造学科教学的重要措施。我们现在的教学形式确实太单一了，需要有更多样化的、综合的活动形式。但是，课堂教学依然是学生学习和成长的主要基地，是最常态化的、时间占比最大的、对教师的要求最高的一种教学形式。如果把综合性学习主要作为课堂外的专门活动，一是有限的教学时间不允许，更重要的是，则可能人为挖掘一条阻隔综合性学习与常态课堂教学的沟壑，这将大大窄化综合性学习的视野，降低它的价值，也有悖于开设综合性学习的初衷。

事实上，如果认真研究常态课堂中综合性学习的实施方式，对于丰富学生的学习方式、加强教学与生活的联系以及学习内容的有机融合，是具有基础意义的。

教学中最经常、最常态、最根本的综合，是基于课堂的看似普通、平实的综合。学校中的分科课程本身并不是科学意义上的分得很细的学科。例如生物，就综合了植物学、动物学等科学的内容。在分科课程的背景下，老师对几个貌似简单的问题所做的平实的提问和点拨，可能真正做到了综合，而形式化地加入音乐、舞蹈、美术、表演，则可能只有五花八门的热闹和给定的外形，却背离了综合的本质。因此，如果能够在教学中做到结合学生的生活，对本学科知识进行融会贯通，就能够使学生准确地领会本学科的思想、方法以及本学科学习应有的客观精神。这些方面，都不是孤立知识点的学习所能达到的，也不是简单地通过与其他学科的综合就能实现的。

重视综合性学习，就要把它看作平常的、在课堂教学条件下能够实现的学习方式。

要有开放而严谨的预先设计

综合性学习，由于其学习内容的综合，学习方式的丰富多样，在教学过程中会生发出更多的可能性。但是，教学与自发的学习不同，不能依赖于学生在教学过程中的自发生成，而要通过预先的设计，使教学活动能够紧扣学习主题、实现预期学习结果，自觉促进学生的发展。与其他教学活动一样，综合性学习强调学习过程的有序和节奏，强调在相对有限的时间里完成学习活动。同时还提出了更高的要求：既要照顾本学科的特点，又要在所学内容与学生生活经验之间建立有机的、真实的联系；既要超越本学科去还原学习内容的完整性，又不能脱离甚至背离本学科；既要在规定的时间内实现特定的教学目标，又要通过综合性学习为学生创造更多的可能性；等等。所以，教师在学习活动之前开展的精细设计就显得格外重要，需要教师付出巨大的努力。一个问题能否转化为以本学科为主轴的综合性学习问题？可能会用到本学科的哪些知识？学生们有能力解决这个问题吗？教学过程应该如何展开呢？学生会遇到哪些困难、提出哪些问题呢？预先的设计越细致、越严谨、越是对教学过程有充分的把握，在具体的实施过程中，就越可能游刃有余，做到“气定神闲”的开放，生成有意义的内容，或者说当学生在学习中生成一个问题时，老师能够及时看出它的意义，并引导学生进一步挖掘和提升它的意义。可以说，有了精密的设计，才有开放的资本。那种把不同内容简单地拼凑在一起，不做细致而严谨设计的做法，甚至把教学的成效押在教学过程中学生自发生成的想法上，是把综合性学习简单化、庸俗化的做法，甚至会败坏、葬送综合性学习。总之，综合性学习要有生命力，要成为学科的一个重要组成部分而不是点缀，就必须坚持自己的学科特点。教师要认认真真做教学设计，扎扎实实地研究其常态运行的规律，真正促进学生的发展。

（原载于《人民教育》2005 年第 5 期，标题有修改）

一个好的学校课程体系，能够在达到国家课程的规定水平之外，为学生的发展提供更广阔的空间——既有能力上升的空间，也有广泛兴趣得以满足的空间。

校本课程：亟待厘清的几个问题

2001 年开始的基础教育课程改革提出了三级课程管理模式，取得了一定的成效，但就全国的情况来看，校本课程的实施仍存在很多问题。一项基于 25 个省市的调查表明，校本课程的实施主要存在两个问题：一是课时不能保证，小学阶段校本课程的课时就达不到规定的标准，“到了初中，校本课程更是大幅下降，从每周 0.95 节降到 0.63 节再降到 0.33 节”。二是课程内容单一，“要么是所有年级共上相同的心理、法制等课程，要么被‘偷梁换柱’，变成班、团队活动和传统的文体活动”。① 校本课程实施中出现问题，原因自然不少，但就总体而言，学校并不是不想开设或者敷衍塞责，而是不知道如何实施，对于校本课程与国家课程、地方课程的关系，校本课程在整个课程体系中占据怎样的地位、难度如何确

① 翟帆. 国家义务教育课程方案为何在执行中走样［N］. 中国教育报，2005-12-05（3）.

定、内容如何选择、效果如何评估等等问题都不清楚。因此，结合一线校长和教师们关心的问题，谈谈校本课程在学校课程体系中的地位与作用，仍是必要的和有意义的。

为什么校本课程值得认真对待？学校至少要开多少门校本课程？

有的校长认为，在学校课程体系中，校本课程只占很小的比例，不值得投入大量的精力来开发。而事实上，正是因为有了校本课程，不同学校、不同学生的个性化需求才能得以满足，以实现统一性与灵活性的结合。有了校本课程，学校才有可能自主构建体现学校理念的学校课程体系。

就北京市义务教育课程计划①来看，学校自主安排的课时，即校本课程的课时在九年（每年教学周为 35 周）当中共有 655—859 节。如以 655 节来计算，每周平均 2 节校本课程；如以 859 节计，每周平均有 2.75 节。仅就年级周课时总量（一、二年级为 26 课时，三年级至六年级为 30 课时，七年级至九年级为 34 课时）来看，校本课程每周 2 节或不足 3 节的课时所占比例确实很小，因而显得似乎并不重要。但是，如果以 6 课时为一个学习日进行计算，那么在九年当中，校本课程的课时数就相当于 109—144 个学习日。如此多的时间如果被轻易敷衍，那简直就相当于“谋财害命”了。

如果查看课程计划中其他单科课程的课时，我们就会发现，除了语文和数学两门课程以外，其他课程的周课时也大多是 2 课时或者 3 课时。在这个意义上，每周两三课时的校本课程就显得非常重

---

① 北京市实施教育部《义务教育课程设置实验方案》的课程计划（试行）[Z]. 北京：2004.

要了，学校必须将其作为一门重要的课程来对待。

如果把校本课程放到学校整个课程体系中来看，学校开发校本课程的责任也是非常重大的。以六年制小学为例，如果每学年在每个年级开设一门校本课程，那么六个年级就有六门课程，即便只开一门，也要有六个不同的水平；如果考虑到学生的兴趣、需要，那么一个年级只开一门校本课程显然不可能满足学生个性化选择的需要，因此至少要开两门校本课程供学生选择。

这样一来，一所小学就至少要开两门六个水平的校本课程；条件较好的学校还会认为，每个年级开设两门校本课程，只能让学生做非此即彼的选择，因而至少要开出三门校本课程，于是，便有三门六个水平的课程。因此，学校开发及实施校本课程的任务是相当艰巨的。

如何开发校本课程？如何确定校本课程的内容和难度？

校本课程不是脱离整个学校课程体系的另类课程，而是学校课程体系的重要组成部分。它既相对独立又与其他课程相协调，与其他课程一起为学生的发展服务。校本课程既要在纵向上与学生的发展水平相匹配，体现课程体系的总体纵深水平，又要在横向上与同水平的其他课程相互联系，满足学生发展的个性化需要。因此，学校不能任意设置校本课程。

学校不仅要分年级、分程度设置校本课程，而且要考虑其他课程的难度、内容以及学生的知识水平、智力水平、兴趣取向等等。学校要把校本课程放在学校课程体系中整体思考、审慎考虑。如果我们对学校课程体系没有清晰的认识，对校本课程以外的其他课程没有精细的把握，那么单凭所谓的对学生兴趣的重视或者对地方和学校的优势及传统的认识，是不可能设计出有发展价值的校本课程的。

具体到某一门校本课程的开发，还需要考虑许多更为细致的问题。

第一，确定开发什么类型的校本课程。

许多学校认为，校本课程就是活动类课程，跟学科类课程不沾边。一般来说，由于学校课程的主体为学科类课程，所以多开设活动类的校本课程可以平衡课程类型（尤其是在小学阶段）。但是，这并不意味着校本课程只能是活动类课程。如果学生在国家规定的学科课程之外，还有更高的或者更个性化的需求，而学校也有这方面的能力，那么开设学科类的校本课程也是应当的。应该明确的是，无论是学科类还是活动类校本课程，都是在国家课程之外，满足学生需求、体现学校特点、实现课程丰富化的途径。有些学校把学科类校本课程作为国家课程（如语数外理化之类）的延长课时，弥补低效课堂教学的不足；有的学校则把活动类校本课程作为掩饰没有能力开设严谨课程的幌子。这些做法，都不可能真正建设校本课程，最终会使校本课程流于形式、流于口号。

一些优秀学校的经验表明：一个好的学校课程体系，能够在达到国家课程的规定水平之外，为学生的发展提供更广阔的空间——既有能力上升的空间，也有广泛兴趣得以满足的空间。

第二，确定相应的内容和难度水平。

内容和难度水平分不开。给出一个内容，就必须界定一定的水平，否则就无法确定这个内容究竟要教到什么程度，学生学了之后要达到什么结果、发生什么变化。

当然，同样一个内容，可以规定不同的水平；同样的难度也可以由不同的内容来实现。“教学效果”总要通过学生在哪些方面发生了变化来标示。

例如：无论提到什么课程、什么内容，我们总是会说，这门课程、这个内容是几年级的；具体到学生，还会问他是否达到这个年级的水平。一般来说，不同水平的同一课程，不仅难度不一样，内容也会有所不同，这要根据学生的心理水平以及学科本身的逻辑来确定。教师一般对国家课程都很熟悉，清楚地了解不同内容所对应的水平，以及不同水平所对应的内容。例如：有的学校组织教师根据某一学科（例如数学）的课程标准，画出内容及水平的二维图表，将课程标准直观化，清楚地展示学生在不同水平所应达到的结果，以及检测学习结果的指标。同样，校本课程的内容和难度也需要这样来确定。某一门校本课程的内容和难度的确定，就相当于写出这门课程的课程标准。一个好的课程标准，除了要确定课程的性质、功能等等之外，最重要的就是内容及难度的清晰化。

当然，与其他所有课程一样，校本课程的内容及难度设定，要参照学生的心理发展水平，要与其他课程的难度相匹配，难度至少不低于同水平国家课程的难度。

原因很简单，国家课程的要求是最低要求，校本课程水平如低于国家课程标准就没有意义。当然，在全纳教育的背景下，针对特殊学生开设的课程是另外一回事。

校本课程开发能够一次成型吗？

确定内容及难度后，学校还需要编写出详细的修习说明，明确课程的性质、功能、主要内容、必要知识和能力基础以及学习要求，以使学生能够根据自己的需要和水平进行选择。教师需要经过反复研讨、在教研组内反复试教，才能面向学生，由学生选学。经过一轮教学之后，学校要对课程进行评价，依据评价结果改进课程。因此，校本课程的开发不可能一次成型，而要不断改进、不断完善。这个不断改进、完善的过程，是校本课程的优势所在。

与国家课程相比，校本课程胜在灵活，能够比较及时地反映最新的研究进展，能够比较充分地满足学生的需求。

总之，校本课程在学校课程体系中是不可缺少的一个组成部分，是国家课程的重要补充，必须认真对待。

（原载于《中小学管理》2011 年第 11 期，有删节）

第六辑

好课燎原的教研秘密

我们要关注那些为推进我国基础教育教学改革与发展做出实实在在研究和探索的人，讲好中国的教研故事。

见证教研的力量

“教研”是我国基础教育教学隐形的翅膀，是“强师提质”的法宝。一个学科的区域教学质量，与当地教研员的理念、能力密切相关。有个好教研员，相应的学科教学就会高质量。

好的教研员通常有敏锐的眼光、灵活的头脑以及先进的理念、过硬的专业本领和灵活的沟通协调能力。他们在理论与实践之间、教师与教材之间、学生与教师之间、教师与教师之间、教师与专家之间牵线搭桥，畅通道路、提供平台，自己却常常隐在幕后，似乎与掌声无关。丛立新教授著书名曰《沉默的权威》便有此义。

长期以来，我们重视教研活动，却并不重视教研员，更不重视他们的教学思想、教学主张，他们关于教研活动规律和机制的探索与研究更是甚少受到关注。我们关注“名师”“好课”，却难得把目光投向“名师”背后的教研员，很少谈论“好课”背后教研员的教学主张与辛勤付出，太少关注“好课”产生背后的持续、严密、向纵深发展提升的教学研究与实践探索。实践中的一些“好课”，有的是天才教师的天才做法，有着别人学不来的秘笈；有的是误打误撞，是不可持续也道不明原由的巧合。“名师”亦然，有的是天才，有的是偶然。唯有那些能说明原由、可持续、可推广的“好课”，那些自觉成长起来的“名师”才有迹可循：都离不开教研活动，更离不开教研员的长期关注和辛苦付出。

斯苗儿是浙江省小学数学教研员。用她自己的话说，她从事了近 30 年的教研工作，既无官职也无荣誉，是一个没有光环的教研员，而这样的形象，恰是我国数万教研员的典型代表。

一

斯苗儿没有光环，她所带的浙江小学数学教育团队却非常了不起。他们有许多“了不起”：他们中有“低头找幸福”播撒“种子课”的俞正强，有“学会向学生借智慧”的袁晓萍，也有工作不足两年敢于给特级教师改课的“小青椒”；他们有引领小学数学教学方向的“先锋探索课”，也有朴素日常的“大众好课”；他们有典型的关键课改进，更有单元整合与拓展的整体探索；他们有说课、评课，更有聊课、改课；他们有凝聚名师实践智慧的“小学数学教学建议 30 条”，也有来自一线教师困惑的“千思百问”；他们有“名师名校长联盟”，也有“乡村教研共同体”……。能够带领这样一支队伍、形成这样教研局面的斯苗儿，必然不简单。

斯苗儿确实不简单。她既能对小学数学教研做整体布局和整体观照，又能够通过对细节的深入洞察和把握，将整体设想转化为操作细节，通过细节来实现整体布局。

关于教师队伍提升发展，她整体布局抓大放小，用她的话说，就是“抓两头”，抓住最“顶尖的”名师和最“年轻的”或偏远农村的一线普通教师。她努力促成名师名校长联盟，既是为了发挥名师名校长的影响力，扩大辐射面，带动团队整体质量提升，也是为了营造共同体学习氛围，让名师名校长能够互帮互学、相互促进，把心思放在数学教学规律探索、教学质量提升上而不是放在个人名利上；她创建乡村教研共同体，为的是扎扎实实推进教育质量高位均衡、实现教育公平。

斯苗儿的教研愿望是“让多数老师上好多数课”。这个愿望看起来朴素，实现起来却并不容易。斯苗儿创造了一套督促、鼓励教师自觉提升教学水平的简明做法和程序——“想明白、说清楚、做到位、写出来”，激发教师主动学习、思考、实践、反思，帮助教师一步步提升“上课”的水平，形成自己的“代表作”，从而增强自信、实现个人成长，成为“名师”。

二

调动教师对教研的热情，让教师成为教研的主角，是斯苗儿设计和组织教研活动的核心理念。省教研室组织的面向全省的小学数学教研活动次数不多，每年 1—2 次，但她组织的每一个教研活动，都能够促成和牵动教师几年的教学研究。斯苗儿创造的极具特色的“改课”教研，将教研员对教师的“评课”，变为教研员与教师一起互动“聊课”及教师之间相互“改课”，从“说给你听”变为“做给你看”，转变了通常教研活动的“听时激动、想起来感动、过后一动不动”的局面，带动所有教师深度“卷入”教研活动，实现教研活动的全员、全面、全过程参与。斯苗儿的“改课”实践，不仅有理念，还探索形成了“三段十步”教研流程，将备课、上课和评课融为一体，把模糊的实践经验清晰化为可拆分整合、可复制推广的步骤，易上手、可操作；对教师而言，既有规范又有个人创造的空间，为教师尤其是青年教师自觉开展教学研究提供了好抓手。

在浙江小学数学界，斯苗儿评课、聊课用的是“金刚手段”。她的“金刚手段”在帮助教师准备“赛课”时表现最为突出。她鼓励更多的教师登上“赛课”这个交流和展示的舞台，为的是提升他们的自信、促进他们自觉成长，但指出他们的问题时却“雷霆万钧”“不留情面”，从不迁就。斯苗儿说：能够让教师有所收获有所成长，才是真的对他们好，才是“菩萨心肠”。奇怪的是，省内外不少小学数学教师都以能够得到斯苗儿的“棒喝”“批评”而欣喜。对于想要上进的教师而言，他们识得出“金刚手段”下的“菩萨心肠”。

斯苗儿工作时的“不留情面”，是因为“课”在她心里有着至高无上的地位。她要通过“金刚手段”让教师把心思放在“课”上，而不是“面子”上。梨园行有句老话叫“戏比天大”，在斯苗儿这里，“课比天大”。给学生一节“好课”，比教师自己的面子重要得多——因为课是为学生成长服务的，不能因为教师的面子而牺牲学生的发展。说到底，能上好课的教师，才是好教师。好教师与好课分不开。

斯苗儿的教研活动有许多有趣的细节，越琢磨便越觉意味深长。例如，要求教师在公开课上给学生做双面姓名签，公开课后的采访学生、学生评课等等。这些做法，意在提醒教师从学生的角度来思考“课”。上课，心里要装着学生，眼里能看到学生，耳朵能听到学生，口中能呼出学生的名字。给学生一节节“好课”，才能做到“让多数老师上好多数课”。学生的健康发展，是一切教研活动的源头、归宿。有了这样的立场，就有了教研活动的主心骨，就有了不被潮流左右的“定海神针”。

斯苗儿是一个有趣、有魅力、有吸引力的人。工作中的她严肃严格，生活中的她幽默风趣，但同样是伶牙俐齿、妙语连珠、一针见血，能和她呼应的那些教师也同样灵动、自信有趣！所以浙江小学数学的教研活动，真正是严肃紧张、生动活泼，而丝毫没有枯燥无聊、乏味无趣。总之，浙江小学数学教研团队和斯苗儿一样，凝聚力强、吸引力大，他们让教研活动变得有意思。

三

人们常说教研员是“教师的教师”，也说教研员是“沟通理论与实践的桥梁”。这些表述，虽然抽象，我们却总能在优秀教研员那里感受得到。在斯苗儿身上，我们真切地感受到了。斯苗儿融合了学者的钻研求真与实践者的务实肯干，她既有广阔的理论视野又有朴实的实践意识，她的理论思考与研究，深深扎根于教育实践土壤中，有芬芳的泥土气和来自基层实践的底气，是顶天立地的；她能把抽象干涩的理论变成教师听得懂的语言、转化成教学实践案例。她之所以能成为一个好教研员，一个很重要的原因是她有善解人意的品质，她要求教师上课知道“学生在哪里”，她自己做教研同样要知道“教师在哪里”，要知道“教师有什么困惑”“教师需要什么”，知道教研怎样做能够激发教师主动“卷入”、获得成长。在这个意义上，她确实是“教师的教师”。

在斯苗儿那里，我们更能感受到教研员令人佩服的独特才能，即能够在不改变教学秩序的情况下、在不做颠覆性改革的背景下，静悄悄地、缓缓而有力有序地推进教学变革。梅兰芳曾提出京剧改革“移步不换形”的主张，即把握根本，慢慢地、稳步向前推进，教学改革也当如此。那种大动干戈、伤筋动骨、另起炉灶、重新开张的“革命式”做法，既不符合教学实践，也不符合教师成长规律，更会损害学生的发展。当然，“移步不换形”的改革难，既要把握改革的根本，又要有坚定的改革意志、持久的耐心，更要能把大方向化为教师能理解、能操作的语言和行为。斯苗儿做到了。她通过“让多数老师上好多数课”，形成一节又一节的好课，有力地推动了教学实践的稳步、扎实的改革。

十多年来，浙江小学数学界出现了一大批“好课”，也形成了一大批有代表性的典型教研成果。“跨区域集体备课”入选“2019中国基础教育典型案例”；“现场改课”作为中国特色教研活动，获邀在第 14 届国际数学教育大会展示。浙江的好课以及形成好课的教研主张与教研实践，从省内走向省外，从国内走向国际，已然形成了“好课燎原”之势。

我们把目光聚焦于斯苗儿、聚焦于她背后的浙江小学数学教研，最先便是被浙江的“好课”吸引，顺藤摸瓜，发现了斯苗儿独具特色的教研活动、教研主张以及她作为教研员的个人魅力和能力。我们希望通过对斯苗儿这一只“麻雀”的“解剖”，探讨我国教研活动的运行机制，研究如何在不打乱现有教学秩序的情况下，发挥它改进教学、发展教师、提高教学质量的作用；了解新时代教研员的教育理想与追求，了解他们的工作方式，剖析他们是如何把抽象的理念化为具体的每日工作、化为教师的教学实践的，了解他们是如何与教师、学生打交道的。我们也想了解一个好的教研员应该拥有什么样的个人品质与能力结构，了解他们是如何将行政的领导管理职能、学术的研究引领能力、教学的实践操作能力、团队的人际沟通能力完美结合从而形成教研员魅力的。

斯苗儿无疑是一个典型范本，她有想法、有做法、有业绩、有故事。于是，我们反复访谈斯苗儿，持续关注、参与她的教研活动，访谈她周围的教师、同行，搜集她的文章、著作，观看她的活动视频，把我们观察到、体验到、访谈中得到的以及文字材料中分析出的斯苗儿及其教研活动，还原为一个个生动、有意义的教研故事，希望描绘一个真实的、能够代表中国教研员的新形象，体现出新时代教研活动的新追求。

教研员以及教研工作应该获得更严肃的对待和关注。我们要关注那些为推进我国基础教育教学改革与发展做出实实在在研究和探索的人，讲好中国的教研故事。

（原载于《小学数学教育》2020 年第 7—8 期，标题有修改）

学生主体立场、结构化的教学内容、有智慧挑战的学生活动、和谐友爱的师生关系、真实无虚的学生发展，是好课的基本元素。

好课燎原的教研秘密

2019年6月，中共中央、国务院颁发《关于深化教育教学改革全面提高义务教育质量的意见》，特别提出要“强化课堂主阵地作用，切实提高课堂教学质量”。文件对课堂教学的强调，代表了最广大群众对高质量课堂教学的期盼。确实，课堂教学关乎学生的每日心情、健康成长，而课堂教学质量的提升也正是办好人民满意教育的重要体现。顾明远先生说：“要上好每一节课，教好每一位学生。”一句话，就是要让好课燎原。

好课燎原是理想，也是强烈的现实需求。

浙江省教育厅教研室小学数学教研员斯苗儿和她的团队，正在把好课燎原的理想变成现实。浙江省小学数学教育界（以下简称“浙江小数”）有一批全面发展、各有特长又相互协作的优秀教师，更有一大批有想法、有创意、能够与名师同台改课的年轻教师。浙江小数的教师队伍生机勃勃、充满生气，他们的课也极有启发性、导向性。

浙江小数的课常被名家赞赏、被一线教师拿来模仿。斯苗儿带着浙江小数团队在教研网做教研活动直播，引起广泛关注，从关键问题专题研训、单元整体教学成果展示到新教师成长机制探索，每场活动观看人次都突破 10 万。他们的好课正在燎原。

好课燎原的条件、机缘虽然难以明述，但我们从教研角度来看，至少要有以下三点基础。

教研员要用心

提到教研员，常能听到两种截然不同的意见。一种是高度的褒扬与仰视，言教研员水平之高超、功劳之卓绝，教研员是教师专业发展的领航人；另一种则是极度的鄙视与不屑，言教研员之不劳而获、不懂装懂，“有他没他一个样儿”，教研员是一个“活少钱多”的轻松活儿，是个“肥差”。

提到浙江小学数学教研员斯苗儿，不能保证全都是褒扬，但一定不会认为她干的是省力的轻松活儿，也一定不能无视她的存在。即使与她并不熟识，听过她的故事，许多人也会感动。不过，也有不少人生出感叹：这个教研员太特别，她的教研太特别。不好学！

斯苗儿和她的教研确有诸多特别之处。正是这些特别之处，为浙江小数的好课燎原提供了星火。

斯苗儿毕业于杭州大学教育系（今浙江大学教育学院）。这与绝大多数“教而优则教研”的学科教研员不同，她没有“学科背景”。一般来说，这绝对是她的“短板”，会让她工作时缺乏底气。但她有“迷之自信”，愣是把“短板”变成了“特长”。她说：“教育系背景更容易基于学科，超越学科；基于学段，超越学段。”也许因为没有学科背景，所以她比较“空”“软”。因为“空”，便可以吸收容纳更多不同的意见；因为“软”，便可转弯抹角触及通常不被触及的领域，让原本很“硬”的学科有了孩子们的活动轨迹，有了教师的个人风格，让冷冰冰的教学变得温暖友好，成为孩子们喜欢的活动。她的“毛数学”的主张，极富孩子味，因而极具教育韵味，让原本壁垒森严的学科，成为可以吸收、扩展的鲜活实践。她用“软”软化了学科的“硬”，她用“空”空掉了陈见和偏见，让小学数学的数学味变得可爱、可亲、有人情味。看来，要学斯苗儿，得先学学教育学、心理学，知道教育是什么、教育应该怎么做，知道教育的根本意义。

斯苗儿没有学科背景，但她有主心骨，从来不跟风跑。她说：“之所以能不折腾不跟风，因为大学里学过教育史的课程。”——这话有底气。一浪又一浪的所谓改革，在学过教育史的人看来，相当多都只是花样翻新的把戏，历史已经证明这些并不是“正道”。

有了这样的底气，便可轻拂“迷人眼”的“乱花”，安心做点实事，实实在在地研究点问题。哪怕只是一点点小的推进，也比大动静的花架子改革要好。铆住劲推动一点小小的进步，是真正有意义的贡献：既对得起自己人生的“潇洒走一回”，也对得起自己得以立足受人尊敬的工作岗位。如此看来，要学斯苗儿，还得先学点教育史。教研员的视野应该是广阔的，至少要知道教育及学科的历史坐标。

斯苗儿的学科视角很特别，她关注教师对学科的理解、学生对学科的学习，尤其关注学生是怎么学的，关注学生的思维过程、思维品质。例如，她会出几道“挖坑题”看有多少学生“掉到坑里”，然后再用问卷、座谈的方式，问学生为什么会“掉到坑里”，转回头再与教师一起讨论研究如何打破学生的思维定式。这样的方式看起来简单，实则是一种有效的教学“破坏实验”——打破常规，暴露日常教学中不被关注的问题。

常用的问卷与访谈，也因为她能够抓住关键，而成为她进行教研的得力助手。看来，要学斯苗儿，还得学学教育研究方法。教研员要看到课堂教学背后的东西。以上几点，下功夫是可以学到、做到的。

不过，要像斯苗儿那么有人格魅力，倒真是不容易。

斯苗儿教研时的严厉严格与她日常的灵活机智、幽默风趣“难舍难分”，是她处世风格的一体二面。如若没有后者，她的“霹雳雷霆金刚手段”，大约是老师们难以承受的。若只是截取她的一个工作片段，人们难免惊讶于她这样的工作风格竟然会得到老师们的拥戴。

若是了解了她，便会明了为什么她这么做能够行得通。

她的风趣随时随地，料想不到，出人意表。一次，和斯苗儿结伴同行，偶遇一个小伙子发传单推销牛奶。同行的几人不理不睬继续聊天行路，只有斯苗儿回应：“断奶了！谢谢！”诸位应能想象，稍一愣怔之后，双方都爆出开怀大笑。楚河汉界毫无关联的两方，立时和谐友好起来，有了眼神交流，看得清对方的面目，变成了一个交融的小场域。推销的小伙子估计从来没遇到过这样的应对，笑得不能自已。原本他是立在街中的透明人，人们大多面无表情冷漠前行，不会专门关注他，更少有回应，尴尬是他的常态。斯苗儿的这样一句回应，即便于他而言并没有得到物质性的好处，却得到了精神上的回应，他一定满心愉悦，一生难忘。

斯苗儿就是这么地会搞“气氛”，这种本事真是少有人能学得来。不过，机智幽默也许难以学来，但她热情诚恳的态度、对他人呼唤的积极回应，却是可以学的，也是一个教研员最基本的根底和素养。说到底，教研员并不能代替教师上课，教师的成长终究是要教师自己在实践中摸爬滚打、积累经验、反思改进的。因此，对教师“上心”“用心”，形成人人愿意教研的氛围，才是根本。斯苗儿的教研是“玩”出来的，教师们跟她在一起玩得很开心。在这样的氛围里，“金刚怒目、霹雳手段”都是“玩教研”的要素，没有不行。

斯苗儿是一位资源配置能手。能致力于好课燎原的教研员，大概少有考虑自己是不是能成为一个有名的教研员，初心和意图是要成就好课、成就好教师。所以，绝大多数像斯苗儿这样的教研员，都可以用“为教师做嫁衣裳”来描述。她的眼里有课、有教师，所以她要为教师的研究搭台阶、找资源、建平台。她说：“我可以不行，但我要知道谁行。”所以，她所做的一项极为重要的工作，就是开放空间和资源，做好资源配置，让教师们有更大的视野、更大的见识、更多展示的平台。

有这样的教研员，好课、好老师便可期待。

教研活动要有料有趣能提气

在我们的语境下，提到“教研”这个词，意思明明白白，无须解释。如果跟外国人解释或者译成英文，则通常将其解释为“教学研究”，即“研究教学”或“对教学的研究”。民国年间的中小学校有教学研究会，职责和做法与今日学校的教研组类似。因此，若套用早期“教学研究会”的名称解释“教研”的话，似乎把“教研”看作“教学研究”的简称也理所当然。但是，经过近百年的发展，尤其是新中国成立后，专门的教研机构（教研室）的成立及常规教研活动的展开，使得“教研”有了自己独特的内涵与价值，成为一个专有名词而与“教学研究”有所区别。若译成英语，则应该如“加油”那样，用拼音直译为“jiaoyan”。

我们认为，“教研”不能等同于“教学研究”。二者的区别极其微妙，大约只能意会。例如，人人都可做教学研究，却并不都在做“教研”，这是明白无误的。高校的课程教学论学者的教学研究，通常就只是教学研究，而不是教研。这样的教学研究即使以“课”为对象，其目的也不直接指向“课”的改进，而在于解决某个理论难题或探索最一般的教学规律。这样的研究，虽然其终极目的是指向实践的，却并不直接关联实践，尤其不指向某节课的改进。这样的教学研究相对超脱也相对抽象，某种意义上也脱离实际，甚至可以对实践不负责任。事实也如此，一线老师经常说大学“专家”的讲座和文章“云里来雾里去”“云遮雾罩”“不知所云”。理论脱离实际，是常有的。

但是，教研员的教研完全不同。教研却不能不指向某节课的改进，不能不对实践负责任。教研员的教研一定是直接在实践中并指向实践改进的。

例如，关于以下问题的讨论，教研员与学者的立场和解决方式便不同。如何看待教师的研究？教师要不要研究，如何研究？教师要不要写文章，写什么样的文章？学者们发现，一线教师做课题通常是为了评职称、评特级教师，课题研究多为低水平的重复，是远离教学的另外一件事，需要另花时间、用另一套话语。

当一线教师用繁复的大词、生硬的名词，写出一些自己都不明所以的文章时，学者们多会认为这样的文章不该写。他们认为，教师就应该“好好上课”。“把课上好”是教师的职责和义务，上好课胜过一切研究和文章。但是，大多数做研究、写文章的教师，课也上得好，不矛盾。上课上得好的名师，文章通俗易懂，倍受欢迎，因为他写出了别人想写而写不出的思路，解决了大家一直想解决而没能解决的难题。一如浙江小数团队所写的那些文章一样，与课息息相关。显然，学者所说的“研究”和一线教师所理解的“研究”是不同的。

教师们的研究，是从自己的实践中生发出来的，就是对现实问题的转化和解决。

作为教研员，斯苗儿没有学者的这种犹疑，她用教研行动处理了学者和一线教师的困惑。她用“三段十步”教研支架，朴实地解决了“上好课”和“做研究”的矛盾，让教师们把教学与研究融为一体，做成一件事儿。“想明白、说清楚、做到位、写出来”，便是教学的过程、研究的过程。这个过程提醒着教师们要认真对待自己的每一节课，形成自己的代表作。

“三段十步”把教师为什么做研究，应该做什么样的研究，如何做研究，说得明明白白、清清楚楚。斯苗儿和她的团队的成就表明，一线教师不是不应该做研究，而是应该做这样的研究。

说到这里，我们应该能够体会出“教研”与“教学研究”的微妙区别了。带动教师们做实实在在研究的活动与工作，就是“教研”，它特指教研员带领教师研究教学的活动与方式。所以，“教研”不同于“教学研究”的地方，在于它不是一个人对教学所做的抽象的研究，而是带领、激发教师们做研究的活动。

斯苗儿带领教师们所做的研究，实在、扎实、接地气，它们不是从概念或理念出发的研究，也不是针对具体某节课的“上法”提供处方式的解决方案，而是“自下而上”“自上而下”交互结合的研究，也是日常工作推进与理论突破的结合。这样的教研，从实践中找难题，以敏锐的眼光审视筛选教研主题，在解决问题中推进理论的发展。他们通过培育教师上好一节一节的“课”来发现问题、改进实践、发展理论。这样的研究虽然目的不在制造概念，但理论的发展却离不开这样的研究。

那么，如何带动教师做研究？斯苗儿的经验是：组建团队，形成研究共同体，形成研究问题的氛围。她说：“老师不能孤孤单单地做研究，一定要有研究的氛围。无论是在教研组、学校，还是区域，一定要有能够一起讨论、一起商量问题的人，要有持有共同认识的人一起研究。”斯苗儿的工作就是让每一位教师都卷入教研，让教师在教研中喜欢上教研，发自内心地觉得教研有用，从而心甘情愿地“不惜牺牲休息时间来做教研”。

教研要“以课为本”

斯苗儿创造了一种“聊课”“改课”的教研模式，目的在于让好课燎原。

“课”是教师的立身之本，因此，研究“课”、改进“课”，以“课”为对象、为抓手，也以“课”为目的的教研，教师们是喜欢的。但是，仅仅是听课然后由教研员“隔靴搔痒”地评课，教师们不喜欢。

斯苗儿把传统的听评课升级为聊课、改课，聊“课”的“前世今生”，不同的人改“课”之可“改”之处，把一节课做成一群人的研究狂欢。无论是“聊课”还是“改课”，她都把新教师和老教师放在一起，让年轻教师刺激名特级教师，让名教师助力新教师。新教师见到偶像自然激动，名教师总不能在新教师面前落下风……

于是，当斯苗儿把他们组合在一起的时候，新、老教师都格外认真投入，也常会有豁然开朗的提升和突破。那么，“以课为本”的教研，如何才能有前瞻性呢？在我国的教研实践中，很少有不以课为对象的。斯苗儿教研的可贵之处，是在研究“真实”的课，是以“课”为本的。在斯苗儿的教研里，“课比天大”（讲的是态度），“以课为本”（讲的是内容与方式），但教研的抱负绝不在于给某一节“课”开一个具体的处方。教研要成就的是教师，而教师要有所成就就必得对教学有深刻的理解。所以，

“聊课”“改课”式教研，既是探查“课”的具体问题，更是对一般性问题、规律性问题的探讨。没有理论的眼光，探不出真实的问题。斯苗儿所主张的单元视角的整合与拓展，领全国小学数学教学之风骚，不是偶然的。在斯苗儿团队中，俞正强的种子课、袁晓萍的项目化学习、刘善娜的作业研究……，每一项研究都是教研催生的成果。

“以课为本”而又能适度超脱的研究，长远来看，才能真正以“课”为本，才能让好课燎原。

斯苗儿走上教研员岗位已30年，后面的20年，正是新课程改革风起云涌的20年，观念繁多驳杂，改革层出不穷。关于“好课”的认定说法不一，关于上出“好课”的路径也同样各有说法。有的以新为好，以奇为好，完全不顾教学规律，也不顾学生发展，一味创“新”，忘记了课的本来目的，说是在糟蹋课也不为过；有的则以光鲜亮丽为好，涂脂抹粉、哗众取宠，追求“表面光”，不细究课的内里，不关注学生的发展，可以说这是在粉饰课；……总之，各有不同。

经过20年的实践，终于有相当一部分人能够透过纷繁看到本真，对于好课以及好课燎原的路径有了一定的共识。就“课”而言，具体的表现形态可以千姿百态，但学生主体立场、结构化的教学内容、有智慧挑战的学生活动、和谐友爱的师生关系、真实无虚的学生发展，是好课的基本元素，而以课为本的教研活动是好课燎原的基本路径。

要强化课堂主阵地作用，切实提高课堂教学质量，需要有一批像斯苗儿这样真正把“课”作为研究对象、以“课”的改进为旨归的教研员。如此，“上好每一节课，教好每一位学生”的理想才有可能成为现实，好课才能燎原。

在斯苗儿眼里，好课燎原的教研秘密就在于一群人持续的

“好课多磨”。我们希望有更多像斯苗儿这样的教研故事，这样的故事多了，好课才能真正燎原，也才能更好地彰显中国教研的特色。

（原载于《中国教师》2021 年第 4 期，标题有修改）

典型化的公开课，终究只是教学的一个“特例”。公开课的诉求，只有不断地回归到日常教学中，才可能最终得以实现。

公开课：日常教学的理想化及合法化

与日常教学相比，公开课是一个教学“特例”，是与师生熟悉的“日常课”完全不同的另类场景。从教师到学生，从时间到空间，从语言到行为，……无一相同。但是，无论哪个方面，公开课又无法完全摆脱日常教学的影子。其一，公开课毕竟也是“课”，有着“课”的共有特征；其二，公开课只能是目前所能有的形式，不可能完全超越现实。于是，公开课以完全不同的方式表达其完全不同的两种诉求：以集中而浓缩的形式，典型地再现日常教学，并通过将日常教学合理化的方式，公开为日常教学的正当性寻求支持；或以理想的方式追寻日常教学无法实现的愿望。而大多数公开课，则是两者合一，是对日常教学理想化与合法化的统一。

匿名化的教学

公开课与日常教学的最大不同，表现为它似乎能将“一切尽在掌握”。教师不会去处理与教学无关的事情，全身心投入教学，态度友好而积极；学生很少有不认真听讲的，坐得端正，思考积极，回答问题时声音洪亮；教学进程清晰有序，教学时间被活动充满；……当教师与学生被忽略，当现实的生活被剥离，公开课便成为匿名化的教学，几近完美地体现着教学形式化、抽象化的（即非具体的、非现实的）特征，凸显出被日常教学所掩盖的教学观念。

公开课上，学生被隐身①。无论是上课教师还是听课教师，都很少真正关注学生及其反应。上课教师关注的是如何展示自己对教学内容的处理、对教学进程的把握等等。学生可能的种种反应，已尽在教师预料之中，学生如同教师操纵的多媒体设备，隐身为教师展示自己魅力的必备道具。听课教师关注的是执教教师对教学内容的处理、语言的运用以及其他一些技术技巧方面的问题。即使关注学生，更多也是通过观察学生的反应来验证上课教师的处理是否得当。日常教学中，教师不得不关注学生，而且正是在与学生互动中，现场生成关于教学及课堂管理的措施。日常教学是生成的，而公开课是预成的。

公开课上，活生生的教师也被隐身。上课教师虽然处于被关注中心，但其个性化的特质却已隐退。执教教师要表现的，仅是一个合格的“教师”身份（依当下人们认可的标准）。这种“合格”，通常表现为教师对教学环节的精准把握，类似于机械，循规自动却少有临场的机智和创造。任何一节公开课，教师都会投入比日常教学多得多的精力。一节课分几个环节，内容如何处理，重点如何突出，组织何种活动，设计什么样的课堂练习，甚至每一环节可能用几分钟都要计算好——最好是在铃声响起时下课。所有这些，都体

① 在日常教学中有的学生也被隐身，甚至所有的学生都被看作是“一个”学生，被教师看作是工作的对象——这是另一种情况，我们另文探讨。

现出一个“合格”教师的功力。

执教教师通过反复的试验形成了公开课的这种精确。在最终向大家展示公开课之前，执教教师（尤其是年轻教师）至少要经过一次一次的反复，不仅修改教案，而且要实实在在上课。程序大概是：上课教师先有一个大概的设想，并以此设想为基础，与主管本学科教学的教师及其他同行共同研究，然后借班实地上课，根据学生的反应及时间情况对原有设计进行适当调整。一般而言，通过这样一次“实战演习”，就可以迎接最终的公开课。如果还不满意或不放心，便需再借班上课，争取最好效果。在若干次的准备过程中，教学环节、工序越来越清晰，而教师也成为标准化工序中的一部分。可以想象，当教师的行为极其标准以致类似于机器时，教师的存在便没有必要，而完全可以由机器代替。公开课这种现象，恰恰凸显了近代以来专门化教学的隐性理念，即机械化、标准化和工序化。

公开课上，教学过程本身也被匿名化。大多数公开课所用多媒体手段，便是教学过程被匿名化的表征。在现有条件下，多媒体课件的制作，大多并不由执教教师自己完成。课件来源一般有两条途径：一是与教材配套使用的课件，由专业人员开发，出版公司统一发行；二是执教教师与专门制作课件的教师合作，由其将自己的创意转化为技术的形式。无论哪一类课件，作为一种客观存在的实体，不仅制约着教师上课程序，也制约着教师上课思路，教师往往成为多媒体课件的附属品，而教学过程也在制作课件的过程中被预制完成。

于是，公开课上，教师、学生和教学过程中的种种行为都几乎戴上了统一而标准的面具，成为隐匿个性的匿名化教学。公开课上，没有日常情境下的各种偶然事件，没有与教学内容相脱离的问题。公开课就像经过不断过滤的“纯净水”，没有杂质，但缺乏日常教学的丰富多彩，缺少由各种无法预期的偶然因素带来的发展契机和创造性机会。

反观日常教学的窗口

与日常教学相比，公开课不实际、不真实，但公开课依然被频频组织，也依然有众多教师来观摩。为什么？公开课之所以被需要，归根结底是缘于其与日常教学的天然联系，及其在一定程度上对日常教学的提升作用。

虽然被大量琐屑事务掩蔽，但日常教学的目的性、计划性及有组织的特性，依然体现在教学活动的各个方面和环节。例如，上课前，教师必须对上课的内容、将要采用的教学方法、上课的具体环节以及可能达到的目标等等，有一个基本的设想，这就是通常意义上的“备课”。备课中的“通过……，达到……”句式，便是有意识地在教学措施（各种教学处理）与教学结果之间建立关联。上课的过程则是对备课方案的自觉实施。课后简单总结，便是对整个过程的自觉反思。从理论上讲，每一节课都应该是这种自觉意识的外化。但在日常教学中，这种自觉的思考渐渐“日常化”“惯习化”，也就是说，自觉的研究意识渐渐被淡化、模糊。对教学来说，公开课是打破日常教学惯常做法的一个契机。公开课把教师从日常教学的惯常情境拉到一个需要给予特别关注的特定情境。在这种情境中，教师强烈感到他自己及他的教学成为人们关注的焦点，于是不得不从惯常的做法中跳脱，不仅要认真地考虑各种客观因素，如这节课有几种设计方案，学生的认知准备如何，他们对什么样的设计方案更容易接受，等等，而且要对自身的教学行为进行反思，如我这样设计要达到一个什么样的目的，我要体现一种什么教学观念，我用这种方法上课可行吗，……这时，教师与自己所要进行的教学活动拉开一段距离，作为一个自觉的研究者和设计者，来审慎地研究即将实施的活动，其自觉意识和研究意识便加强了。于是，当教师被不断地从日常教学拉到公开课时，也就不断地被从惯常思维和惯常行为拉到自觉的反思和研究活动中，带着研究意识实施教学，在教学实施中研究教学。公开课所具有的如此功能，便赋予其积极的特性，从而成为教师成长的一条捷径。

如上所述，公开课在一定程度上隐匿了教师的某些个人特征，但公开课毕竟是特定情境下的“这个”教师的公开课。“这个”教师的公开课之所以如此，在一定程度上，是教师本人对自己日常教学进行反思的结果。在公开课上，教师总要展示他认为是好的、优秀的一面，尝试日常教学中想做而做不到的事情，展示自己的研究心得，同时也尽量避免他认为不好的、糟糕的做法。即使是“做假”，也是基于他对这种“假”的积极的评价与认可。在这种意义上，公开课便能够促使教师对自己的日常教学活动进行自觉反思，有意识地去除那些消极的因素，自觉地提炼、升华、凸显和强化那些好的、优秀的做法。“这个”教师虽然必须从公开课的“前台”回到较为私人化的“后台”，但是，这种“回到”不再是简单的、原封不动的“回到”。作为一次凝结着自己自觉思考的亲身经历，公开课的经验多少会沉淀到其日常教学活动中去，反思、引领他的日常教学。同样，作为公开课旁观者的其他教师，也能从他人的公开课中“警醒”。分析、评说就是一种自觉地对他人教学活动的研究，也是对自己教学的自觉反思。在将自己的“课”与正在进行的公开课进行对比、评价的过程中，旁观者会产生“见贤思齐焉，见不贤而内自省也”的意识。从这个意义上说，公开课是反观日常教学的窗口，是一种致力于提升日常教学水平的自觉的研究活动。

公开课是自觉培养教师的重要途径。许多学校把公开课作为锻炼、提高教师的一种有益手段，那些从未上过公开课的教师，很难成为优秀教师。大型的公开课，几乎总要在“公开”之前，反复“试教”几遍。试教的过程，便是与同事共同对一节课所进行的研究和设计。虽然这种做法使人们感觉公开课有“作秀”的成分，但从研究的角度，或从教师成长的角度来看，这种做法是有益的，也是必要的。正是通过交流与探讨，教师能够“看到”日常教学中那些“熟视无睹”的优点和缺点，也能够在较自觉的情况下，倾听他人的意见，吸收他人教学中的好经验。而小型的公开课，则总在“公开”之后，被大家评说一番。通过相互的批判与借鉴，生发出一些只凭单个教师的努力难以达到的新领悟及新思想，从而推动大家共同进步。如果说，日常的“上课”是中小学进行教学活动、完成教学任务、达成培养学生的目标的主要途径的话，那么，公开课则是自觉地进行教学研究、自觉培养教师的重要途径。

革新与守旧的舞台

从研究的角度，可把公开课分为革新式与守旧式两种。“革新式”最重要的特征，便是“反传统”，是对时下“新流派”“新运动”“新思想”和“新方法”的体现。这种公开课试图从根本上改变传统课堂教学的“沉闷”“呆板”等弊端，试图打破传统的束缚。这些课大多有五花八门的教具、最先进的多媒体教学设备、教师淋漓尽致的表演和学生的“自主活动”。但是，以传统的眼光看，这些公开课是“花样”，过于“牵强附会”。因为在这些“热闹”的表象背后，很少见到教师个人对教学的独特的、别具一格的思考。关于教学活动到底应该怎样进行，已有的课程、教学方法以及教学观念究竟有哪些优缺点，应该如何从自己的情况出发、从学生的实际出发、从现有的条件出发来对现有的教学进行改造等，似乎还没有成为公开课关注的焦点。而这种耗时费力、低效率的公开课被认为很难移植到日常教学中来。

“守旧式”的公开课集中体现着传统课堂教学的精华，如经济高效、精讲到位、线索清晰和结构合理等等。但是，在这类公开课上，教师的创造性几乎集中在如何在规定的时间内，使规定的教学内容得到最好的展示。充其量，这只是在原有的教学结构内打圈圈，在上课的技能技巧上绕弯子，却很少能够跳出原有的教学结构，对课程内容进行重组，对现有的教学结构本身进行改造。教学活动严重地受到固定时间以及内容分割的限制，在公开课上体现得更为明显。

就目前来看，无论是革新的还是守旧的公开课，大多是对某种模式的主观固化，对教学活动的实质性改造作用甚微。

典型化的公开课，终究只是教学的一个“特例”。无论其诉求如何，也无法代替自然情境下的日常教学。对于教师与学生来说，自然情境下真实的教学，是他们生活、生长的依靠；对于教学理论或教学实践而言，日常教学才是真正的沃土。公开课的诉求，只有不断地回归到日常教学中，才可能最终得以实现。

（原载于《教育科学研究》2003 年第 6 期）

真正的教育实验就是发生在现实教育条件下的自觉的教育改造活动。教育实验不是按图索骥，而是主动发现问题、解决问题的自觉活动。

纪念主体教育实验 30 周年

主体教育实验已经 30 周年了，经历过如此漫长的时光，对它却依然有着清晰如昨日的记忆。

主体教育实验，原名叫作“少年儿童主体性发展实验研究”，是北京师范大学裴娣娜教授主持的、原国家教委“八五”人文社会科学博士点基金项目。实验于 1992 年春季开始，我是 1995 年秋才加入的。甫一加入，就能感受到那种昂扬向上的研究氛围，那是一段风云际会、激情燃烧的时光。

主体教育实验是 20 世纪 80 年代到 90 年代末期最具影响力的教育实验之一，与南京琅琊路小学的“三个小主人”实验、杭州天长小学的“三自”实验一样，都在探索让学生成为主体的基本道路。这些民间的教育实验不仅是改革开放新时期昂扬向上精神的反映，也是教育学人主动探索教育规律、自觉推进中国教育实践的努力。

到学校去！

20 世纪 90 年代，关心中国基础教育的学者几乎都曾参与、关心过主体教育实验，可以说，主体教育实验汇聚了当时国内民间教育实验中最庞大的研究队伍，既有理论学养深厚的教育学大家，也有刚刚进入教育学领域的在读研究生。调动、协调、组织这样一支庞大队伍的裴娣娜老师，江湖美称“拼命三郎”。她永远有不竭的能量、高涨的热情、简单纯真的质朴和浪漫如初的干劲儿。裴老师的热情感染着大家，这个实验也恰逢其时，不仅关涉现代学校教育的基本主题，而且为渴望独立自主地探索教育教学规律的学者们提供了一个合作研究的机会。王策三先生在 1988 年发表的《教学论十年》一文中提到，10 年来（指 1978 年十一届三中全会以来的 10 年）我国教学论的主要成就之一，是开始走上“科学化、现代化和中国化的道路”，而取得这样的成就与克服“教条主义、经验主义、‘长官意志’在教学研究领域中的消极影响”① 分不开。主体教育实验正是在这样的背景下展开的。当年参与实验的研究生，现在也都年过半百，主体教育实验的鲜活实践，成为他们学术研究实践的宝贵思想资源，而主体教育思想也因此能够继续深化。

那时候到一线学校做实验，是真的去做实验的，不为名不为利。能够有一所学校做实验，真是满心欢喜。回头想，当时的条件实在艰苦，但所有的人都未理会。去安阳，6 个多小时的绿皮火车，无分贵贱，老师学生一起坐硬座，有说不完的话；如果裴老师在，一定抓紧时间开会，布置种种工作。

主体教育实验有很多实验学校，从安阳人民大道小学开始，陆

---

① 王策三. 教学论十年［J］. 教育研究，1988（11）：35-40.

续有天津第二师范附属小学（现为天津师范大学第二附属小学）、北京航空航天大学附属小学、北京小学等几十所学校参与，最高峰时有上百所学校。我们最常跑的学校是北京的学校。依当时的经费条件，当然不可能打车，因此，路途若是不远，通常也不坐地铁公交车而是骑自行车。跟着裴老师骑车“跑”学校，总是“惊心动魄”。那时候的裴老师跟我现在的年龄差不多，“知天命”的五十多岁，骑着自行车像飞一样，总要赶在红灯亮起来前的几秒冲过去，争分夺秒。在裴老师看来，夺回来的每一秒都可以做更有意义的事情。主体教育实验就是在裴老师风风火火、争分夺秒的工作方式中推进着。

那时候的条件虽差，但也有宾馆可住。不过常驻安阳时，我们都不住宾馆，为的是有更多的时间、更切近地观察学校生活。90年代在安阳做实验时，王策三老师已年过花甲，但他坚持住安阳人民大道小学教学楼的一间办公室里，一张硬板单人床，一住一星期，甘之如饴。

我读博士时，有一段时间常驻安阳人民大道小学。白天在学校跟着实验班，晚上跟着实验教师回她们家。或住刘可钦家，或住郭艳家。睡一张床，总是聊天到很晚。聊白天没聊完的，也聊生活琐事，无边无际。郭艳的生活精细、讲究，特别有语文老师独特的精致品味，能于细微处发现意义。她当班主任、上语文课，都有自己的主张。我一直记得郭艳说的一句话：“给学生时间就是给他们发展的空间。”生活中的刘可钦，没郭艳那么讲究，简约、简单是她的特点。她是抓重点的能手。广为流传的“举左手还是举右手”的例子，就来源于她。这个例子隐含着的，有她对学生状态的细心观察，也有机智的教学策略，但更重要的是对学生的呵护、帮助、尊重和信任。刘可钦和郭艳是众多实验教师的典型代表，在她们身上，能够看到，主体教育意识觉醒的教师会有多么大的精神和实践力量。30 年后的今天回想起来，依然要感慨当时的实验理念是多么具有先锋性。那时候的实验生活是多么宝贵！

去做一场真正的教育实验！

地处中原的安阳人民大道小学，因为主体教育实验而成为一所广受关注的教育实验名校。正是在这所学校，主体教育实验探索形成了影响中国近 30 年学校教育教学改革的基本理念、基本思路。落实学生主体地位、发挥学生主体性的教育思想深入人心。“学生主体”、“学生是教学的主人”、发挥学生的“主体性”等等，已成日常用语。当时实验探索的“主体参与”“小组合作”“体验成功”“社会实践学习”等策略，现在也已成为广泛的实践。

裴老师常说，主体教育实验是思想实验。当时还不那么理解，多年过去，才真正理解了思想实验的精神。主体教育实验不是孤立地验证一种教学方法、一种教学措施的优劣好坏，而是去自觉探索现代学校育人的根本规律，探索教育思想的自觉变化带来的学校育人过程及效果的整体变化。因此，主体教育实验并不设对照班，因为全校所有的班级都在实验的氛围里；也不去分辨哪些是无关变量，因为学校的一切因素都可能是影响学生成长的要素。可以说，真正的教育实验就是发生在现实教育条件下的自觉的教育改造活动。教育实验不是按图索骥，而是主动发现问题、解决问题的自觉活动。正如王策三老师所说：“究竟什么样的课程、教材、教法和管理方法有利于学生的主体性发展，我们还不完全知道，这正是我们要研究的。”① 不是高校学者事先制定方案交由一线教师执行，而是一起讨论、共同研究。主体教育实验明确提出，实验的主体，

---

① 王策三. 教育论集［M］. 北京：人民教育出版社，2002：230.

绝不只是高校的研究者，而是参与实验的每一个人，教师、学生甚至学生家长都是实验的主体。只有调动起每一个人作为主体的主体性，实验才能成功。在主体教育实验这里，一线学校的教师与高校学者形成了一种浓烈的相互信赖、相互合作的平等研讨氛围。

主体教育实验“人人都是实验主体”的思想，让每一位教师能够自主自信地做出专业判断，激发着教师的主人翁精神，激发了教师发现问题、解决问题的积极性和主动性。例如，小组合作学习是主体教育实验的一个实践策略，既要解决班级授课制背景下部分学生被忽视的问题，也要让学生在课堂上学会与他人交往、合作的社会技能。但实施小组合作学习却遇到了很多问题。起初是非常浅显的小组人数问题、桌椅摆放问题。后来则是更为复杂难解的问题，如学生不会合作，各自为政；合作讨论时，沸反盈天，声音大得像要掀翻房顶，谁也听不清谁；组内抄作业的现象普遍；小组长变得“霸道”“跋扈”；等等。简单的问题好解决，例如，经过反复尝试，教师们创造性地用原来的长条桌摆成了“T 型”小组。但是，如何改善学生小组合作学习的状况？没人事先知道答案，这正是需要教师们发挥主动性去解决的。要改善现象，必先发现问题。现象是吵闹，根源是什么？这样的现象可以归结为什么问题呢？是课堂太沉闷，学生们借机放松一下？是学生们沉浸在教学中，忘记了控制音量？是每个人都急于表现自己，争着抢着表达？……由现象而问题，让教师们的眼睛惯于观察和发现问题、头脑勤于思考问题，成长为有心有力、脑手协调的优秀教师，而教育实践也变得越来越自觉、越来越好。教师们的主体意识在实验中觉醒，每一位教师都昂扬向上，体会着作为教师的意义感和幸福感。

去探索教育活动的规律！

让学生成为主体，是主体教育实验的核心内容。实验提出，主体性有三个维度，即独立性、主动性、创造性。① 那么，学生如何才能具有主体性？学生的主体性在课上、课外、校外有怎样的表现？主体性是天然就有的，还是通过教育教学活动培养的？

主体教育实验的使命，就是探索和发现培养有主体性的、全面发展的人的教育活动规律。我的博士学位论文分析过实验教师马丽娜的一节数学课“圆的周长”②。这是 1998 年的一节课。现在回想，越发能体会到这是一节体现教学规律的好课。这节课是发挥教师主导作用与落实学生主体地位的完美体现。教师提供的教学材料、设计的活动序列，正是引发、推进学生主动学习的外部条件。学生不是被动接受，也不是听令而行，而是主动积极、发自内心地参与；有专注的独立思考，也有相互依赖的合作、创造性探究，学生学得主动、自信、轻松而愉快。这节课上，学生不是作为无关者在旁观，而是作为主体在活动，通过自己的主体活动建立起自己和知识的意义关联。可以说，这节课朴素而恰当地处理了教学过程中教师、学生、知识这三要素的关系。

主体性作为学生主体的人格特性，表现在一切活动中。因此，不仅需要语文、数学等学科的实验教师承担实验重任，贡献创造性见解，其他如音体美等学科的教师也要合作协同。安阳人民大道小学的闫兴军老师在他的美术课教学中，探索提供了一条激发学生主体性的教学道路，别开生面、别具一格。我一直把他作为开创小学

---

① 北京师范大学教育系、河南安阳人民大道小学联合实验组．小学生主体性发展实验与指标体系的建立测评研究［J］．教育研究，1994（12）：53-59．

② 郭华．教学社会性之研究［M］．北京：教育科学出版社，2002：150-157．

美术教育新风气的一位优秀教师。他认为，每个学生都有绘画的天赋、表达的愿望，教师的作用就是要把这样的天赋和愿望激发出来。因此，他不把教授客观的绘画技法和美术知识作为教学的唯一目的，而是激励学生把绘画作为自己心情、想象和思考的表现手段，让学生为了更好地表达而去学习知识和技巧。这样，就引导学生进入了美术的创作中、参与到教学中，而不是作为旁观者去学习和自己没有关系的枯燥的知识技能。他赞赏学生们稚嫩而大胆的表达像马蒂斯的作品一样，令学生大受鼓舞，从而创作出更多的作品，而且能够自信地向来访的客人们介绍自己的作品。在基础教育阶段，尤其是小学，积极的肯定、内在的兴趣，与知识学习同样重要。对小学生来说，不是因为知识重要而去学习，而是因为有能力、有自信从而能够学得更多。

主体教育实验探索了激发学生主体性的各种途径，让课上课下、校内校外，都成为学生发挥主体性的空间。1996 年，实验组印制了内部资料《小学生主体性发展实验阶段成果（一至六）》。其中，《生活报道》是实验班学生的作文集，编者郭艳写道："实验班的老师……结合平时的语文教学，引导学生接触自然，观察生活，大量阅读，大胆写作。……或编新闻，或看图命题，或自编故事。"《生活算题》选编了学生运用数学知识发现生活问题的成果。编者刘可钦在"编者寄语"中写道："书中的每一题都是'小数学家'们从自己的生活中发现的数学问题，尤其是后边的'数学作文'，充满了生活情趣，你解答后一定会有一种感觉，'原来生活中处处都有数学问题呀'……'我也要编自己的数学题'。"在这样的主动活动中，学生成为学习、生活的主人，拥有主动生活和创造的主体性。

主体教育实验开展 30 年了。今天，许多年轻的学者、一线教师甚至不知道他们口中自然说出的主体、主体性，曾经是主体教育实验殚精竭虑、孜孜以求的成果。一个实验成功，大约就是这样，它曾经是实验，但人们已经忘却，它的精神和成果已然化为理所当然的实践。

对于亲身经历那场实验的人来说，那是一段难忘的经历，是我们的燃情岁月！

（原载于《中国教师》2022 年第 6 期）

教育家书院以平常心做平常事，希望在快速前行的社会中、在纷繁复杂的生活中，为那些希望安心读书思考的人，提供一块净地、一方绿荫。

在“书院”中读书、思考、讨论

真正的实践家不会蛮干，而一定是有思想、有理论的。因此，自觉地学习理论、提高自己的理论素养和学识，同时与有教育理想、教育追求、教育情怀的志同道合者一起前行，相互激励，就会成长得更自觉、更快一些。北京师范大学教育家书院设计的各种活动，目的就是为有志于教育理想追求的教师和校长提供一个相互交流的平台、营造积极向上的氛围。

教育家书院已经成立 5 年了。5 年来，先后有 4 批来自全国各地的中小学校长、幼儿园园长以及优秀教师，在教育家书院学习、研究。

教育家书院的成立使高校与中小学建立起良好的双向合作互动机制，提供了一个平等自由的交流平台。一般而言，高校与中小学的合作常态是：要么中小学教师集中一段时间到高校接受培训，要么高校学者到中小学开展教育实验。总之，是高校向中小学输送新成果、新观点、新见解，却鲜有中小学实践的声音能够扩散到高校来。这种单向的“交流合作”，难使双方受益。而在教育家书院，既有高校学术资源向中小学的传播，又有一线实践经验向高校的流动。双方交流，没有高低之别，只是视角不同、工作内容不同。这种平等的交流使双方视野更宽、思想更活跃。因此，来到教育家书院的一线教师和校长，我们称之为书院的兼职研究员，需要以不脱产的形式在书院进行 3 年的学习与研究。

兼职研究员进入书院，必须确立一个研究课题。书院以项目制方式聘任合作研究员与兼职研究员结成对子，共同就兼职研究员的课题进行研究。除了平日的紧密联系，合作研究员至少每年去一次兼职研究员所在学校，进行现场研究和指导。而兼职研究员也至少要为北京师范大学学生开一次讲座或上一次课，与合作研究员共同承担教育硕士的相关指导工作。

为提高兼职研究员的综合能力，书院设计了多种常规活动，主要包括：

高端学术讲座，邀请国内外各领域的知名学者讲学。5 年来，已开设 80 多讲，涉及教育学、心理学、哲学、文学、历史学、社会学、经济学、数学、自然科学、艺术等各领域，帮助兼职研究员能够“跳出教育看教育”。

学校诊断与改进。每年深入到一位兼职研究员所在学校进行全面考察，结合这所学校的实践做深入讨论、争辩，梳理关于教育教学的经验与思想，也为学校提出改进意见。同时，书院兼职研究员自发的校际互访活动也非常频繁。

国际教育考察。结合国内教育研究热点及兼职研究员的兴趣，策划、组织专题性国际交流和考察活动。5 年来，书院考察了美国、芬兰、以色列等国的基础教育。已有多篇考察报告在报刊发表。

讲会营。依托兼职研究员的研究成果，举办讲会营活动，与更多的同行分享和研讨书院的研究成果。至今已成功举办两届。第一届讲会营的音像成果《种子课：展示与研讨》已正式出版。

对话名家。对话与论辩是书院学习的重要方式。2012 年兼职研究员与教育家书院院长顾明远先生就现代教育进行了为期两天的对话与讨论。对话成果《留一块黑板：与顾明远先生对话现代学校发展》已于 2013 年出版。

教育家书院以平常心做平常事，希望在快速前行的社会中、在纷繁复杂的生活中，为那些希望安心读书思考的人，提供一块净地、一方绿荫。在这样的静谧中，书院的研究成果不断地涌现。

教育家书院没有高门坎，但来到教育家书院的一线教师和校长需要对教育有追求、有理想，要品德高尚、为人师表。相比于专家型教师，教育家对儿童、对学生有着深深的爱，对教育活动有着更深刻、全面的把握，有系统整合的教育思想，体现着时代精神与历史要求。更为重要的是，教育家与所有负面的、消极的、否定的词汇绝缘，教育家本身就是真善美的代表。用“教育家”来赞誉教师，不仅是对教师的最高赞誉，也是对教育活动自身道德性、教育性、人文性的肯定。称一位教师为教育家，所要表达的不只是对其专业水平的高度认同，还有对其高尚人格的敬意，以及对他所作贡献的赞誉。“教育家”的荣誉是这样的高，以至于没有哪个人敢于自称教育家，也没有任何机构来评选、认定教育家。教育家是人们对他们心目中的好教师的自发赞誉、认同和传诵。被称为“教育家”的人，在他的身上凝聚着千百年来人们对教师的理想期待，是教育精神的人格化体现。因此，古往今来，在千千万万的教育工作者中，能被称为教育家的是少数，但是优秀的教师、校长却数也数不清。这些人不仅有着丰富的教育经验、实践智慧，有坚定的理想信念，有高尚的情操，有扎实的学识，更有仁爱之心。教育家书院要为这样一批人做些平凡而扎实的好事，要为他们继续做好事提供助力、搭建平台。

（原载于《中国教师报》2015 年 4 月 22 日）

教师是课程改革真正的主人

课改终究是教师的课改。课改的经验和教训，是教师积累和发现的；课改的酸甜苦辣，也是由教师来“品尝”和感受的。

教师是课程改革真正的主人

“新课改”已经20年，弹指一挥间。

其间有无数的故事，或精彩或平淡。

教师的故事无疑是最多的。这不仅因为教师人数多，发生故事的机会多，更因为教师身处课改第一线，最先感受课改带来的变化与调整，最真切地遭遇课改中的问题与困难，所谓“春江水暖鸭先知”。无论愿意与否，无论以什么样的方式，处在课改第一线的教师，都在课改之中，都是课改的参与者、见证者。20年间，教师的探索或疑惑、激情或颓唐、成就或失败、欢笑或眼泪，若在20年后依然萦绕心头，依然有说出来的愿望，那便是有价值的课改故事。珍视这些故事，讲述或聆听发自内心的声音，发掘故事背后的意义，是对曾经的努力和付出的温情回应，是立此存照，是面向未来课改树立的一面镜子。

课改终究是教师的课改

百年大计，教育为本；教育大计，教师为本。教师是教育活动的主体，是课程改革天然的主人。20 年来，我国基础教育课程教学实践的一切成就，都要归于一线教师的积极努力和探索。

无论课改的具体目标是什么，都不可能止于纸上谈兵，终究要落实到教学、落实到课堂，由一线教师来展开改革的进程、实现改革的目标。一线教师如战争中的前线战士，是冲锋陷阵者。没有他们的聪明才智、英勇作战，就不可能打胜仗，课改便难见成效。可以说，课改终究是教师的课改。课改的经验和教训，是教师积累和发现的；课改的酸甜苦辣，也是由教师来“品尝”和感受的。课改可以是一个宏伟蓝图，也可以只是一个动念、一个方向，但具体怎么去实现，却要由教师来完成。例如，“学生是教学的主体”这样一个理念，要变为现实的教学形态却难上加难。它不仅关涉思想观念的变革，还涉及师生关系的调整、教学内容的组织、课堂教学的具体操作等诸多事项，是个系统工程。以小学数学教学为例，吴正宪提出的“儿童数学”、斯苗儿提出的“毛数学”、俞正强提出的“种子课”，都在解决如何让学生成为教学主体的问题，其现实形态却百千风姿，其实现过程也充满个人探索的偶然。

一线教师通常不是大型课改的发动者，因而对改革方案的理解和态度便各有不同。由于态度不同，理解各异，对改革方案的转化便各有特点，因此，改革便成为一个多样分层的、有内在张力的改革，从一个统一的纸质方案变成千姿百态的、现实的实践。

我们可以用美国学者塞勒等人提出的关于课程与教学的四个隐喻（课程是蓝图，教学是施工；课程是比赛预案，教学是比赛；课程是创作的命题情境，教学是艺术创作；课程是当选者的政治纲领，教学则是立法会议)，来分析课改方案与课改实践的关系。二者的关系，与塞勒等人分析的课程与教学的四个隐喻极其相似。从“忠实执行”到象征性关联，课程对教学的规范与指导由强到弱，教学的主动性、创造性、生成性则由弱到强。无论赛前方案多么完备，运动员在赛场上机智的临场发挥都至关重要，甚至课程可能像当选者的政治纲领一样，只是便于出示的文件，在“教室”的“现实世界”中常被抛到九霄云外。同样，课改方案究竟能起怎样的作用，教师有“临场”发言权，教师才是课改实践的最终决定要素。课程方案与课改实践的情形，一方面反映着教师对课改方案的态度，另一方面也可反证课改方案是否现实可行，是否考虑到教师的现实状况。

每个教师都有自己的态度与方式

教师作为课改的一线担当，虽不能游离在外，却可以有不同的态度。无论是“穿新鞋走老路”的阳奉阴违，“表演课”的假意迎合，还是热血激情的步步紧跟，都是态度。对于课改，支持者有之，反对者有之，于行为上又有积极、消极之分。

对课改方案持积极支持态度的教师，在理念上认同、在行动上积极投入，努力将方案变成理想的现实；对改革方案持明确反对意见的教师，行动上便会有抵制、有抵抗。表面看来，反对者是课改的不利因素。但他们的存在，却使课改成为一种天然的对比实验，有利于在对比中凸显改革的进程，评估改革的成效，发现改革方案在科学性、可行性等方面存在的问题。那些持消极态度的教师，无论支持还是反对，行为变革的主动性都不足。这些人常被称为“穿新鞋走老路”的人，其教学实践还是“老一套”。即使如此，他们依然以自己的方式参与着课改。他们的态度和行为表现倒逼方案制定者反省课改作为系统工程的意涵，反思改革目标，调整改革进程，梳理改革各方人员之间的关系；提醒方案制定者关注课改发生的背景条件与真实场景，课改不仅要有理念，更要有可行性、可操作性，要符合教学实际和教师实际。20 年后回头看，才发现：正因为有不同的态度，课改才能逐渐调整、趋向理性和深入。因为有积极追随者，所以有主动的探索与改进；因为有疑惑和反对者，才不至于盲目地随波逐流，避免了革命式、运动式的激情改革，保证了教学实践的平稳运行，保证了教学活动的基本水平与基本质量，保证了课改的基本理性。

例如，新课改初期，大力倡导学习方式转变，强调从接受学习转向探究学习，倡导“自主、合作、探究”。接受式的课堂讲授被批陈腐落后，原本中立的教学方法有了先进与落后、革新与保守的区分。相当一部分教师不得不通过教学方式的选用来表明自己的改革立场；却也有不少教师坚持己见，该用什么就用什么，视改革倡导为浮云。有的教师说得实在：不管是“双基”“三维”还是核心素养，不管是“接受”还是“探究”，教师的职责就是做好自己的事情，知道学生在哪里，知道要把他带到哪里去，知道要用什么方法才能帮助学生克服困难获得发展。教师不能为了方式而方式。可见的效果是，2017 年版高中各科课程标准及正在修订中的义务教育阶段各学科课程标准，不再孤立强调教学方式的改革，而是在课程内容组织的结构化上下功夫，通过内容变化，来引导教学变革。当课程内容不以线性的知识点简单排列，而呈现内在的结构关联时，便是在引导教师去思考不同的内容在整体结构中所承担的不同功能与价值，引导教师去弄明白内容不能等量齐观、力量不能平均使用，“好钢要用到刀刃上”，需要以不同的方式对待不同的内容、达到不同的效果、完成不同的任务。于是，教学方式因不同的内容与任务而有所不同。教学方式不仅无须强制，无须倡导，还能够在整体结构中实现多样化，且是与内容相统一、相呼应的多样综合。这样的课改方案新变化，正与广大教师对抽象的“教学方式转变”的批评和抵制有关。

教师正是在主动的课改中成长的

教师是课改的主体，不仅指改革主要是由教师来展开的，教师要去探寻帮助学生健康成长的更好路径和方法，去建立一套新的课程与教学体系，也指教师自己正是在主动自觉的改革实践中得到成长和发展的。

教师与学生一样，需要在具有挑战性的活动中克服困难、激发潜能、增长智慧、发展才能、提升境界。课改便是极具挑战性的活动。改革意味着以陌生的眼光审视曾经的“熟悉”，意味着在常规中发现阻碍好的教育实现的症结性问题，意味着要付出不曾付出的努力、采取不曾采取的措施，意味着自我挑战。发现问题需要有问题意识，而解决问题却要有自觉主动的变革；在主动的变革实践中，问题才能更清晰地呈现、被发现，教师也才能有更多需要解决的新问题、新挑战，并在发现和解决问题的过程中得到成长。

新中国成立以来，人们耳熟能详的中小学名师，如新中国成立初期成长起来的斯霞、霍懋征，改革开放时期涌现出来的李吉林、马芯兰、吴正宪，新课改 20 年来成长起来的俞正强、窦桂梅等，无一不是在主动的改革实践中自觉成长起来的。如果说个体优秀教师的成长还能凭借天赋和运气的话，那么，一个优秀教师团队的自觉而快速的成长，离开自觉主动的改革实践，却绝无可能。例如，以改革为使命的北京景山学校，20 世纪 80 年代引领高中课改的北京师范大学实验中学，90 年代初开展小学生主体性发展实验的河南安阳人民大道小学，新课改以来的北京十一学校、巴蜀小学等，其改革的重要成效之一便是促进了教师成长，培育了一支有共同愿景、各有特长又能相互合作的优秀教师队伍。

教师成长与课改难分因果、先后，是双生双促的同一过程。如果一项改革没有提升、发展教师，既没有提升教师队伍的整体水平，也没能让教师感受到改革带来的积极变化，甚至感到压抑和失望，那么，这项改革又如何能称得上成功呢？

教师自觉而快速的成长，既应是课改的动因，又应是课改的重要目标。在这个意义上，教师自己主动地展开变革实践，自觉地进行改革实验，应该成为提升教学质量、促进教师专业发展的最日常也最重要的途径。

人生短短几个秋，能有几个 20 年？所以每个 20 年都值得认真对待。但是，在漫漫历史长河中，20 年也只是短短一瞬。这个 20 年的成败得失固然重要，但它是否与历史的方向一致更重要。所以，就某项改革而言，应该讨论方案本身是否取得了预期成效，更应将其置于社会历史实践的大背景下去观察，审视其合理性、先进性。教师对待改革的态度与行为究竟是积极的还是消极的，也要放在这样的大背景下才能辨得清楚。在这个意义上，要把支持改革与支持某一个改革方案区分开来。我们讲述的课改故事，在这个意义上才更能显示其价值。

（原载于《中国教师》2021 年第 9 期，标题有修改）

依靠教师来创造、建构新的课程体系，教师才有可能从无反思、反研究的教学状态中解放出来，从被动的课程执行者转向主动的课程开发者，成为自觉的教学研究人员。

课程改革如何得到教师的支持

国外及我国的经验告诉我们，任何一次课程改革，如果没有大多数教师的积极参与和支持，是无法取得成功的。因此，要求教师转变思想观念，对教师进行培训，争取教师最大的参与和支持也成为新课程推进过程中的一个焦点问题。

问题的关键是，怎样才能使教师真正支持课程改革、参与课程改革，并在参与的过程中，自身也获得成长和发展？

这次基础教育课程改革的核心理念是“为了每一个学生的发展，为了中华民族的振兴”，六个具体改革目标（课程目标、课程结构、课程内容、课程实施、课程管理、课程评价）正是这一理念得以贯彻的具体保障。以学生发展为中心的课程改革，无疑需要教师的配合，也向教师提出了更高的要求。例如，课程的综合化要求教师之间必须协同合作，必须拓宽、更新自己的知识结构；校本课程的开发，要求教师从国家课程的执行者转向课程的开发者；课程标准的弹性空间，要求教师不能再依赖教学大纲和教科书，而要自主决定教学进度及教学内容；评价方式的改变，要求教师做好过程评价，收集学生的一切有价值的作业和作品；等等。从积极的方面来看，新课程在对教师提出要求的同时，也为教师发展提供了契机，使教师有了展示自己的智慧和才能的舞台；另一方面，这些要求也可能会造成教师的不适应，甚至使之手足无措。在以往长期的教学实践中形成的职业惯习，要想在短时间内完全转变是一件困难的事。如果一味地向教师提要求，会不会引发教师的抵触情绪呢？

在这种情况下，应该考虑的问题是，在向教师提出要求的同时如何尊重教师多年来形成的职业习惯？如何尊重已有的教学实践？

理解和尊重教师已有的理念与行为方式

虽然说课程改革没有教师的参与和支持是不可能成功的，但不能把问题和矛盾转嫁或集中到教师身上，更不能把课程与教学实践的弊端完全归结于教师的理念与实践（当然也不能把优势或成功完全归功于教师），也即不能把改革的焦点指向教师而应真正指向课程设置及其教学实施。这是因为，虽然课程是由教师主动实践的，但就教师个体与课程之间的关系而言，更具有制约力量的实体是课程结构而非教师个体，甚至教师个人的课程与教学观念以及行为方式正是在一定的课程结构中逐渐生成并作为“精神基因”“遗传”而来的。

我们以“讲授”为例。为什么教师习惯于讲授？为什么讲授法总是课堂教学的主要方法？难道是教师喜欢讲授，抑或是讲授更容易？原因自然没有表面看来这么简单。对这个问题的回答必须深入到课程体系中，把讲授法放置在特有的课程体系中进行思考。从教学论史来看，讲授法是与班级授课制同时产生的，就像一个钱币的两面，浑然一体，无法割裂，共同构成课堂教学的主要因素。而使班级授课成为可能的，或者能将其发挥到极致的，还有学科课程。以较强的学科逻辑构成的学科内容，最适宜教师系统讲授。如此，学科课程、班级授课的组织形式以及系统讲授三者，便成为一体，互相牵制，互为条件。在这样的课程体系中，“讲授”有它成长、发展的土壤，也有它存在的空间。经过长期的实践、不断完善，“教师讲授”便积淀为教学的重要元素，甚至成为“理所当然”的、“不容置疑”的方式，成为一种习惯。这种习惯的形成不仅仅是某个教师个人的事情，也不仅仅是一些教师的事情，而是来自教师个体实践与既有课程体系的互动，它不仅包含着课程和教学的客观要求，也饱含着教师个体的辛勤劳作。在这个意义上，我们说，教师已有的观念和行为应得到理解和尊重。只有理解和尊重教师，才能通过从根本上改革课程体系，为教师的观念和行为转变提供制度上的保障。

如果没有理解和尊重，只是提“要求”，把教师作为单纯的执行者，用强制的统一要求来代替教师的个体实践，甚至把教师看作是改革的对象，要想获得教师的理解和支持是很困难的。

依靠教师的创造来构建新的课程体系

有一种说法，认为原来的优秀教师是新课程实施的阻力。事实上，任何一次教学改革都不可能是空穴来风，也不可能是无中生有。教学改革既是对原有教学实践的批判，也是对教学实践中涌现出来的优秀经验的借鉴和升华。因此，新课程与真正的好教师之间不存在真正的对立。就新课程而言，虽然有一系列的措施使得教师不得不有所转变（如新课程标准的出台、教材使用的变革、教师培训工作的启动等），从而使新课程能够较顺利地实施，但是，新课程不可能为每一个具体的教学实践提供现成的模式，新课程的理念和措施也并不能干预不同地区、不同学校乃至每个具体的教学实践。具体的实践是鲜活的、即时的，无法预先设想和安排的，最终决定课程方向和课程实施的是教师的实践。也就是说，新的课程体系不可能由静态的文本来创造，而只能在具体的教学实践中生成。

在这个意义上，一方面，要尊重教师并引导教师从过去的经验中提炼出符合新课程的理念与行为方式；另一方面，更要相信教师有巨大的创造潜力，依靠教师来构建现实的新课程。

当然，教师的创造，并不是没有根据的、割断历史的创造。真正有意义、有价值的创造，有着两层含义：一是对历史的继承和尊重；一是对历史的分析、批判和反思。历史不能被割断，也无法被割断。就新课程的实施而言，一是要从过去的实践中抽取合理的部分，将之发扬光大，并赋予新的内涵；一是要有所发展和变化，才能有所创造。为了激发广大教师进行有意义的创造，既要鼓励教师深入学习教育理论、自觉吸取以往一切优秀经验（包括教师自己的经验），也要为教师的学习提供条件支持。例如，建立合理的教师进修制度，鼓励理论研究工作者与教师共同进行教学研究，鼓励教师个人的教学实践研究，等等。

依靠教师来创造、建构新的课程体系，教师才有可能从无反思、反研究的教学状态中解放出来，从被动的课程执行者转向主动的课程开发者，成为自觉的教学研究人员，在研究中进行教学，在教学中进行研究，从而在富有创造性的实践中获得主动发展，体验教学实践带来的成就感。当教师投入自己的智慧和才华，付出艰辛的劳动的时候，教学实践就不再仅仅是谋生的手段，而是教师生活的需要、是值得追求的事业，而新课程也不再是外在于教师实践的东西，而成为教师生活的重要组成部分。

尊重教师，依靠教师，新课程就一定能获得教师的支持，并得到顺利开展。

（原载于《教育科学研究》2002 年第 11 期，标题有修改）

专家在教育改革中是一个独立的角色，起着不可替代的作用。同时，专家也不能越俎代庖去发挥自己本不能也不应发挥的作用。

明确专家的职责

专家的角色

专家在教育改革中怎么起作用、起什么样的作用，与专家对自己的角色定位有关。

在教育改革的众多参与者中，专家是与学生、教师、教育行政官员并列的一个角色。很显然，专家不是学生，不是教育行政官员，也不是一线教师。我们特别要分清专家与后两者的角色。说专家不是教育行政官员，主要是指专家不具备行政官员所具有的行政资源和行政权力，因此，专家只能在现有的条件下与教师一起寻找可能的途径使教学变得更合理、使教学质量有所提高。说专家不是一线教师，是说专家并不是教学实践者，不可能对变化万千的具体实践都了解并都能给出处方式的方案。因此，专家不可能为每一个教师的每一项教学实践活动提供具体的指导，而只可能在普遍的意义上提供思想的和理论的资源。为避免误解，还必须说明，说专家不是官员、不是教师，不等于说官员和教师不能成为专家。某些教育行政官员或一线教师在某种意义上正是专家，并且真正发挥了专家的作用。当然，一旦他们以专家的角色从事教育改革活动时，就必须抛开某地官员或某学校教师的身份，对普遍问题进行研究和指导。

一般而言，专家是在某一领域有专深研究并具有专门知识的人。因此，专家必须首先是学者。但是，一般的学者并不一定亲自介入实践过程，他们的职责在于研究和解决一般的、普遍性的问题，在于为实践提供一般意义的理论支持。对于真正的学者来说，他们非常清楚一般理论难以直接运用于实践，虽然他们有成为专家的潜质，但未必有能力、有精力去指导实践。从这个意义上看，学者并不必然是专家。当然，某些以"'专职'的教育思想生产者自居"的学者则根本就不具备成为专家的基本资格，实际上他们经常是在说大话、说空话、说假话。这些大话、空话、假话，自然不能提高中国教育研究的理论水平，也难以真正推动教育实践的发展。如果这些学者不去充当专家，其害处大不了是做了些无意义、无价值的研究，至多也只是浪费些科研经费、赚取些稿费。但是，一旦他们成为专家去指导实践，其危害就会波及教学实践：干扰教师的正常教学活动，扰乱正常的教学秩序，影响教育改革的顺利进行。如果他们说的是大话，可能会引导教师不顾国情盲目与西方接轨；如果他们是在说空话，就可能会无视实践的逻辑，任凭自己的思想驰骋，不断提出"新理论"，使一线教师丧失实践判断能力而围绕他们的理论转；如果他们说的是假话，就难免会出现不负责任地指责教师的情况，把不可能实现的前景归咎于教师的不理解、不投入，等等。因而，这样的学者最好不去当专家。

专家的作用

专家在教育改革中是一个独立的角色，起着不可替代的作用。同时，专家也不能越俎代庖去发挥自己本不能也不应发挥的作用。那么，专家究竟是干什么的？专家如何才能真正促进教育改革而不是扰乱教育改革呢？

专家的作用之一是通过明确的理论指向来引导教育改革。例如，在当前的基础教育课程改革中，“教师要成为研究者”“要创造性地使用教材”“要开发课程资源”“要建立平等、民主、对话的师生关系”“要促进学生学习方式的转变”等等，这是专家引导的重要内容。大多数专家对这些命题能够进行清楚的解释，并阐明它们与教师原有实践的关系，使其成为有实际内容的、能够引导教师发展、促进教学改革和提高教学质量的命题。

但是，有些专家只把这些命题当作口号、当作对教师的要求。这样的专家既不关心教师能不能做（尤其是当下能不能做），也不关心教师怎么去做，已经做了什么，哪些做得比较好，哪些还需要改进，这么做会带来怎样的结果，等等；甚至既不说明这么要求的现实原因，也不提出可供参考的方法和路径，当然更不可能提供实现这些目标所需要的条件。这不仅难以引导教师进行教育改革，反而常使教师产生疑惑，不知如何是好。

专家的作用之二是通过自己的身体力行，潜移默化地使教师体会教育改革的精神要点。在教育改革过程中，大多数专家把自己作为教育改革的普通一员，与教师共同研究问题、解决问题，即使是向教师提出意见，也是抱着合作的态度。他们善于发现实践的闪光点，并能够加以总结、提升、发扬，引导教师和教学实践朝积极的方向发展；他们善于观察、善于倾听，同教师心心相印。

但也有一些专家喜欢凌驾于一线教师之上，既不考虑现实的实践条件，也不尊重教师的专业尊严，只从概念、理念出发干涉教师的专业工作，甚至指责教师。这种专家虽然只是极少数，却影响了专家的整体声誉。这样的态度使专家自己所倡导的理念处于尴尬的境地。例如，专家要求教师尊重学生，自己却不以尊重的态度对待教师；专家要求教师关注学生的需要，自己却不去了解教师的需要；专家主张教师要与学生建立平等的、民主的关系，自己却凌驾于教师之上；专家要求教师成为研究者，自己却要指指点点、横加干涉；等等。这种境况只能说明，要么是专家所倡导的理念有问题，专家是在说一些自己都不相信的假话；要么就是专家的自身素质有问题，无能力把这些理念转化为实践。

专家的资格

关于专家的资格可从多方面多角度来讨论。在这里，我们只从指导实践这一维度来做些探讨。

第一，要有说实话的能力。专家应该有能力把握学术研究的特性，了解理论与实践的联系和区别。指导教育实践的专家，不能从概念、从理论教条出发来要求、剪裁实践，也不应漠视实践，而要对本土教育传统、本土教育实践和教育问题有深刻的理解和深切的关怀，能够从实践出发、为了实践的改善而说实话。

第二，要有科学的、负责任的态度。专家应该有谦虚、谨慎、负责任的科学态度。专家不能天马行空、不着边际地提出所谓全新的理念，而要说那些专家自己、普通教师都能够身体力行的真话。在实践结果没有出来以前，谁也不能保证一定会怎样，专家只能建议。例如，“如果有如此这般条件，经过如此这般的步骤，克服如此这般的困难，可能会达到这样的结果”。到底自己的观点是否正确，要由实践来检验。

第三，要有自知之明。既然是专家，就只是在某一方面有研究有造诣。教育实践这门大学问，任凭多么大的专家都不可能完全吃透，更不可能指导所有教育实践。专家要清楚自己能做什么、不能做什么，把能做的做好、做深入，对于暂时还不能做或根本做不到的事情，最好保持沉默。有时候，保持沉默正是专家的高境界。

（原载于《教育研究》2006 年第 6 期）

如果你已经当了教师，那么只有真诚地、全身心地投入其中，才能获得幸福。我相信，如果投入其中，你就能感觉到做老师是多么有意义的一件事儿。

教师的意义感和幸福感从哪里来

大家好！非常开心能够参与“教育与人生”论坛的活动。收到邀请后，我毫不犹豫地就答应了，因为我们教师的工作就是和学生交流沟通。在某种意义上，教师只有在和学生交流沟通的过程中才能真正成为教师。因为是和小教（小学教育——注）专业的同学座谈，所以我准备了一些和教师相关的话题，采用漫谈的方式，和大家交流分享一些我的感想。

教师常被喻为红烛、春蚕，意为教师要像红烛、春蚕那样，耗尽自己，去成就学生。有人认为：教师也应该有自己的生活，未必要做红烛、春蚕。这种讨论虽然有意义，但在我看来，所谓红烛、春蚕，是指作为教师的我们，要像红烛、春蚕那样全身心为学生，从这个意义上来理解，那么红烛精神、春蚕精神就是对教师使命和价值的最生动的写照。薪火相传、生生不息，教师的价值就在这里。

教师的目光

我们先来聊一聊教师的目光。这个话题来自一幅“小林漫画”的启发。画面中，老师在学生毕业前最后一节课上跟学生说：“你们再看看书，我再看看你们。”这幅画感人至深，把师生离别的不舍、教师对学生的期待和鼓励以及种种尽在不言中的细腻的情感，通过寥寥几笔勾画了出来。所有的老师都希望学生“青出于蓝而胜于蓝”，越是成功的老师，学生会离他越远：既会走得远，也会不断地超越他。所以，一个好老师是这样的：在面对面能看到学生的时候，给予关心、鼓励的目光；在学生离开后，会在背后默默注视和关注他的成长。所以，我觉得教师的目光可以分为两种，一种是对面的目光，一种是背后的目光。

我向大家推荐的《全世界都想上的课》这本书里面，有一个情节就很好地体现了老师的这种对面的目光所饱含的深情鼓励。日本有一种很有特色的宝塚歌舞剧。桥本武老师看宝塚歌舞剧的时候，他的乐趣不是去看那些在前排舞动的、已经成名的演员，而是观察那些虽然没有受到太多关注，但是依然卖力演出的还没有成名的演员。

文字是这样写的：“若将目光移往全力舞动于名角儿身后的学徒，观剧乐趣会随之倍增：下一个名角儿，必在这群学徒之中，那会是哪一个呢？正是怀名角儿梦想登台，全神贯注、拼命起舞的少女们，把桥本先生的心给打动了。”

这样的目光是教育者的目光，这样的目光就是要鼓励和发现那些正在努力向上的孩子们。

面对面时教师的目光有期待、有鼓励，也有严格要求。而当学生离开时，教师的目光中则更多的是对学生未来的祝福和期冀。对这种背后的目光，我在自己的成长经历中是深有体会的。

“背后的目光”你能感受到吗？能的。你能体验到那道目光一直关注着你，让你不敢懈怠。

教师的心

眼睛是心灵的窗户。聊过教师的目光之后，我们来聊聊教师的心。在成都金沙小学的走廊上写着“我的心是孩子的”。

这句话有两层含义：一层是说“我”就像孩子一样，永葆童心；还有一层是说，“我”的心是扑在孩子身上的，“我”的心是属于孩子的，老师是和孩子们心心相印的。这种心心相印集中表现在老师能够了解孩子，能够抓住学生的心。

我国著名的小学数学特级教师俞正强校长就这样说：“教师的进步离不开领导、离不开同事、离不开家人，但是最离不开的还是小朋友。”所以，俞正强校长特别感恩学生对他成长的帮助。

俞正强校长分享过这样一个小故事。他刚做教师的时候，对学生特别严厉。如果上课期间有一个学生吵闹，他就会把所有的学生留下来，不让他们放学。后来，有一位同学在作业本里写了一句话：“如果你上课能让我们忘记吵，算你有本事。”这件事对他的触动很大。学生上课吵闹是因为课没有吸引力。因此，把课讲好，讲课能抓住学生的心，能拨动学生思维的弦，是一个老师最重要的功夫。

俞正强校长说：“教育里的幸福，如果要描述一下的话，就是你的小朋友（学生），能够到你的身边来，你对你的小朋友（学生）具有吸引力。你能得到小朋友们开心的笑，你能得到小朋友们很多问候。他们满意，那就是幸福。”

怎么才能得到这种幸福呢？就是要把握好所教的学科，了解学生，即把课上好。他说："我们对数学把握得不是很好的时候，通常会通过一些形式来吸引学生。如果我们能够对数学把握好，形式就慢慢变得不重要了，就会返璞归真。那么，现在我们吸引小朋友的是什么呢？就是在上课的时候，能够去拨动小朋友的思维，然后去牵引小朋友那颗心。把他的思维和心抓牢了，这节课他就一直跟着你、跟着你、跟着你，或者有时候你跟着他、跟着他、跟着他，他也会跟过来、跟过来、跟过来。因为我们已经进入数学的内核部分了，所以形式慢慢地开始淡化。所以，我经常就是一支粉笔把一节课上到底。"

那么，能否达到这种境界呢？我想这是跟教师的修养有关系的。

教师的修养

我们都熟悉"庖丁解牛"的故事，它给予我们的启发是多样丰富的。首先，也是最重要的，是教师不能停留于技术，而是要追求"道"，即"庖丁"所说"臣之所好者，道也，进乎技矣"，或者要由"技"入"道"。其次，教师也需要成长。初入职的时候看到的是"全牛"，但自觉地加强修养，正确处理教学各要素之间的关系，就能进入一个高的境界。正如"庖丁"所说，能够"以神遇而不以目视，官知止而神欲行"。到了这种"神遇而不以目视"的境界的时候，就能够做到"游刃有余"。能够"游刃有余"，才能"踌躇满志"。这也就是第三条启示，教师的幸福感和成功感来自教学的成功，来自学生的成就。我们教师教学也应该像庖丁解牛那样，把握教学的基本规律，跟学生心心相印，这样就能把握学生发展的关节点，帮助学生成长。学生成长了，教师的自我价值也就实现了。因此，教师要像"庖丁"那样追求"道"，去自觉地提高自己的修养。正如俞正强校长所说：如果把数学把握得足够好，就不需要那些形式化的技巧了，就能够拨动学生心里的那根弦。

教师的严格要求

我曾经给小教班的毕业生们写过一句临别赠言："如果你要当老师，我希望你：尽可能多地尊重学生，也尽可能严格地去要求学生。"这句话受到苏联教育家马卡连柯的"尽量多地要求一个人，也尽可能地尊重一个人"的启发。这句话强调的是"严格要求"和"尊重学生"相统一。如果我们不严格要求学生，那么尊重就会变成"放纵"或是"放弃"；如果不尊重学生，那么严格要求就会变成恶毒的"泄愤"。所以，既要尊重学生，又要严格要求学生。

《全世界都想上的课》一书也在多处描写了桥本武的严厉和严格。比如："无论是什么样的时刻，先生一直是毫不留情地给我们下达作文任务。这一任务是强制性的，不完成是绝对混不过去的。……享有大名的魔鬼教师的身影，到我们入读时也依然浓墨重彩地保留着。我入读滩中时桥本先生发已花白，一眼望去，和蔼可亲，想不到的是，他对纪律的要求非常严格。若有礼仪不到位、上课迟到等违纪学生，用出勤簿敲他们头的情景，对我们来说是家常便饭。"

书里还写到另外一位老师的严格："数学老师宫原繁先生严谨耿直，做练习题时会让学生到黑板上写，然后他再一行一行地仔细增删，一边改一边讲解。数学考试很频繁，卷子批完后，他会逐个交到每一位学生的手里，有低于平均分的，拿学籍簿轻轻敲打其脑袋是例行仪式。总是被先生敲的我知道，敲脑袋的动作里，饱含着先生父爱一样的温情和鼓励，'啪'地一下敲下来时，心里的那种温暖和愉悦，直到今天都感觉得到。"

这些细节很好地诠释了严格要求与尊重相统一的教育原则，及其对学生的学习生活和个性成长所具有的重要意义。

我写过一篇纪念王策三先生的文章：《为学术的一生》。这篇文章里也特别提到了王老师当年是如何严格要求我们的。而所有严格的要求，现在回想起来都是幸福和温暖。

当然，出自尊重的严格要求，才有教益。也只有严格要求的尊重才是教育。能够将尊重和严格统一起来，是老师的修养。

教师的魅力

有的同学觉得自己已经是研究生了，再去小学当老师很憋屈。俗话说，三百六十行，行行出状元。有多少人能像李吉林、吴正宪、窦桂梅、俞正强这些人一样富有魅力、富有感染力和影响力呢？他们都是小学老师。

教师的魅力尤其体现在他对学生的影响之中。古今中外有无数描写教师魅力的文章和语句。比如，《论语》记录了颜渊对孔子的仰慕："仰之弥高，钻之弥坚。瞻之在前，忽焉在后。夫子循循然善诱人，博我以文，约我以礼，欲罢不能。"能够让学生"欲罢不能"，这是教师的魅力。

柏拉图的《会饮篇》描述了苏格拉底的学生阿尔基比亚德对苏格拉底的魅力的感叹。"这个人的言论对我影响很大，而且现在还发生影响。因为我一听到他的讲话就心跳不已，眼泪夺眶而出，……我们也看到许多别的人也是这样。我听贝里格勒等等大演说家讲话时虽然觉得精彩，却从来没有听他讲话时的那种经验，没有神魂颠倒，不能把握自己，有如处在奴隶状态之中。"① "当他认

① 柏拉图. 会饮篇［M］. 王太庆，译. 北京：商务印书馆，2017：77.

真地、推心置腹的时候，谁都看见他肚子里的那些神像。这些神像我看到过一次，它们非常神圣地、金光闪闪地、无比美好地、奇妙地向我走来，使我感到必须五体投地去遵照苏格拉底的愿望做。”①如颜渊对孔子的“欲罢不能”一样，阿尔基比亚德对苏格拉底的影响力也是没有“抵抗力”。

学生之所以能够追随教师，“欲罢不能”，就是因为教师的肚子里有那些神圣的、金光闪闪的、无比美好的、奇妙的“神像”，这些神像就是教师魅力的来源，也是教师修养的体现。

教师与学生的关系

西方的师生关系与我们中国的还是有些不同。他们讲究平等和讨论，而我们更强调尊重和效仿。我们有“一日为师，终身为父”，有“师道尊严”，但注重和谐的师生关系却是一样的。正如上面所说的孔子、苏格拉底与他们的学生，都有良好的关系。

对学生成长有影响的老师，就是学生人生道路上的引路人，是学生成长过程中的重要他人。在现实的教学实践中，好的老师一定是非常平等地对待学生的。所以，我们在教学论的课堂上反复强调，老师和学生的关系是不对称但平等的关系，虽然在知识、能力层面上不对称，但在人格、地位上是平等的。教师和学生要以平等的态度相互对待。教学的过程就是从不对称的平等走向对称的平等的过程，这也是教育的意义。

之前有学生问我，自己不想当老师，出于种种原因当了老师，但不热爱这个职业该怎么办。我想把毛阿敏的《投入地爱一次》这首歌送给他。这首歌是《编辑部的故事》的主题曲。

---

① 柏拉图. 会饮篇［M］. 王太庆，译. 北京：商务印书馆，2017：79.

投入地笑一次/忘了自己/投入地爱一次/忘了自己/伸出你的手别有顾虑/敞开你的心别再犹豫/投入蓝天/你就是白云/投入白云/你就是细雨/在共同的目光里/你中有我/我中有你

如果你已经当了教师，那么只有真诚地、全身心地投入其中，才能获得幸福。这样，你和你的学生就可以“在共同的目光里，你中有我，我中有你”，相互关怀，充满温情、鼓励和期待。我相信，如果投入其中，你就能感觉到做老师是多么有意义的一件事儿。

最后，我想把鲁迅的这句话送给大家：“无穷的远方，无数的人们，都和我有关。”教师就是这样，我们送走一届届学生，我们和“无穷的远方，无数的人们”都有关。而这种意义感和幸福感，只有你投入其中才能够获得。

（本文系作者2020年4月16日在北京师范大学教育学部小学教育专业研究生举办的“教育与人生”论坛上的在线演讲稿）

教育家需要被发现，需要命名。教育家也许是自在的，但教育家的发现应该是自觉的。

教育家发现之旅

人们常说：世上并不缺乏美，而是缺乏发现美的眼睛。

把这句话中的“美”替换为“教育家”，意思是一样的。在中国，我们并不缺乏教育家，而是缺乏对教育家的发现、肯定和赞美。之所以这么说，是因为我相信，在我们这样一个有着悠久文明史的教育大国，一定有成千上万的教育家存在，只是我们没有发现他们而已。

为什么我们没能发现教育家？是我们不重视、不珍视吗？

不是。

我们是重视教育家的，所以才有“当代中国有没有教育家”“教育家离我们有多远”之问。

我们也是珍视教育家的，而且把我们最崇高的理解和想象都赋予了教育家。所以，提到教育家，我们会想到孔子，想到蔡元培、陶行知，想到“母爱”教师斯霞，想到把“整个心灵献给孩子”的苏霍姆林斯基。

因此可以说，我们所缺乏的，只是对教育家的发现。中国这样一个文化大国、教育大国，需要更多更杰出的教育家，更不能让我们的教育家被埋没。现在，我们应该踏上“发现教育家之旅”了。

教育家需要被发现，需要命名。

教育家也许是自在的，但教育家的发现应该是自觉的。全社会，尤其是教育界，要善于把我们身边那些恪尽职守、专业过硬、道德高尚、把从事教育工作的职业尊严与个人的人格完善结合起来的、为教育事业和学生无私奉献的、有独立思想自由人格的优秀教师发现出来。这样的教育家，是能够经得起时间考验、经得起老百姓传诵的，是会被永久记忆的。我们应该让这些教育家的思想像苏霍姆林斯基的思想那样，进入师范大学的课堂，让他们的思想激励和滋养一代一代的未来教师；我们还要像引入苏霍姆林斯基的教育思想那样，把我们优秀的教育家及其教育思想输出到世界，让我国的这些优秀教师的杰出代表以及他们的思想被世界各国的教育理论界及教师所熟悉、研究和传诵。

没有哪个教育家会自封为教育家，但教育界、宣传界要对教育家的命名形成共识。对于教师群体中的这些优秀者，教育理论界和宣传界应该让他们能够深入到人们的记忆中，像科学家、劳动模范那样被全社会熟悉、尊重、传诵。2008 年 5・12 汶川大地震之后，“范跑跑”名声大噪；而 5・12 灾难中大量的优秀教师形象却没有如“范跑跑”那样深入人们的记忆中。这是为什么？因为我们对他们没有像对“范跑跑”那样予以足够的关注和宣传。

当然，我们不仅要发现教育家、宣传教育家，还要为教育家的成长创造条件、营造宽松的环境，使更多的优秀教师成长为教育家。

温家宝总理说：“要像宣传劳动模范、宣传科学家那样宣传教育家、宣传优秀教师，在全社会形成尊师重教的良好风尚。”期望有更多的教育家被发现，也期望他们的思想、智慧和经验被更多的人传诵。

（原载于《中国教师》2010 年第 17 期）

成为教育家的过程，就是遵循教育规律来开展教育工作，认真上好每一节课，满怀爱心地公正地对待每一位学生的过程。

教育家成长：没有终点的旅程

把成为教育家上升到理想层面

“教育家”是一个极具中国特色的词，至少翻译成外语时很难找到一个词相对应。

早几年，人们常常用专家型教师（或者学者型教师、研究型教师）来表达对教师的期望。专家型教师主要强调教师的专业化程度，是从专业发展阶段的角度对教师的定位。所谓专家，指的是具有有别于外行、不同于新手的高水平专业素养与专业实践能力的人。专家能够发现新手所不能发现的问题，能以专业的方式解决和处理新手惶然无措的问题，因此，专家型教师，应是所有教师专业发展的追求。

但是，专家型教师未必就是教育家。在中国语境下，称一位教师为教育家或教育家型教师，所要表达的，不只是对其专业水平的高度认同，还有对其高尚人格的敬意，以及对他所作贡献的赞誉。

教育家是大“家”，如科学家、艺术家、军事家一样的大家。这样的大家，是对其所从事的活动及其领域有深刻、整体的把握，作出了杰出贡献，推动本领域进入新阶段、开创新局面的人。

例如，爱因斯坦被称为科学家是因为他的狭义相对论成功地揭示了能量与质量的关系，成为解释高能物理现象的基本理论工具。而他的广义相对论极大地推动了天体物理学的发展，成为后来许多天文概念的理论基础。可见，科学家不同于一般技术专家中的佼佼者。

同样，教育家也不同于一般的专家型教师。相比于专家型教师，教育家对教育活动有着更深刻、更全面的把握，有独特而系统的教育思想，其思想与实践体现着时代精神与历史要求，推动了教育事业的发展。

例如，孔子提出的“有教无类”的教育思想及亲身实践，使得教育从“学在官府”转向“学在民间”，使得教育得以在民间开展，满足了更多人受教育的愿望，也极大地实现了文化知识的下移与传播。

当然，教育家与其他“大家”稍有不同。在提及某位科学家时，人们有时也许会加上“道德败坏”的前缀；在提及某位政治家时，人们也可能用“丧心病狂”来形容。而教育家则与所有负面的、消极的、否定的词汇绝缘，教育家本身就是真善美的代表。

用教育家来赞誉教师，不仅是对教师的最高赞誉，也是对教育活动自身道德性、教育性、人文性的肯定。教育活动是一种专业活动，教师是一种职业，因而，从理论上说，以专业的、职业的态度对待教育活动无可厚非，其甚至是教育工作者必须具有的基本工作能力与工作态度。

正如温家宝总理在 2010 年全国教育工作会议上所指出的：“教育是心灵与心灵的沟通，灵魂与灵魂的交融，人格与人格的对话。”

不仅教育活动要具有教育性、道德性、人文性，教育工作者也要成为“人格修养的楷模”，具有强烈的责任感和使命感。教师要“照亮一代又一代新人”，“以自己的人格魅力和学识魅力教育感染学生，做学生健康成长的指导者和引路人”。

在现时代，被中国人广泛认同的教育家，中国有斯霞、霍懋征，苏联有马卡连柯、苏霍姆林斯基等人。他们都拥有共同的特征，即具有强烈的责任感和使命感，有极强的人格魅力和学识魅力，是学生健康成长的指导者和引路人。

随着现代科技的发展，新技术的广泛应用，也许专家型教师可能被机器替代，但机器永远不可能成为教育家。教育家的作用是无可替代的，成为教育家应成为所有教师的理想。

教育家型教师是必由之路

教师是一个国家教育事业的承载者，是教育事业的人格化体现。

正如温家宝总理在 2010 年全国教育工作会议上所指出的那样，“一个好老师，可以教出一批好孩子；一个好校长，可以成就一所好学校；一批教育家，可以影响国家和民族的未来”。因此，要“努力培养和造就一大批献身教育事业、具有先进教育理念和独特办学风格的人民教育家”。这样的教育家“尊重、敬畏教育的价值和规律，拥有系统的教育理论和丰富的实践经验，对教育充满热爱并深深扎根于教学第一线”。

古今中外，没有哪个人自称为教育家，也没有任何机构来评选、认定教育家。教育家是人们自发的赞誉、认同和传诵。被人们认同为教育家的人，不仅是教育工作者的理想化形象，代表着当时教育活动的最高水平，而且也预示着教育的未来发展方向。

古往今来，在千千万万的教育工作者中，能被认同为教育家的人是少数，但是优秀的教师、校长却数也数不清。这些人不仅有着丰富的教育经验、实践智慧，而且有着独特、系统的教育思想，他们已经达到了教育家的境界，只是没有得到人们的传诵。这样的一些人，我们可以暂且称之为“教育家型教师”。

那么，教师如何成长为“教育家型教师”呢？

一般而言，教育家是在广阔的教育实践活动中成长起来的，需要一定时间的磨练和积累。但是，只有时间、只有磨练，最多只能成为一个熟练教师，而不能成为优秀教师，更不可能成为教育家。要想成为“教育家型教师”，在时间和磨练之外，还必须有对教育实践的主动改造、自觉的教育实验以及系统的理论学习与研究。

在主动改造教育实践的过程中，教育实践不再只是教师从事的活动，更是教师自觉观察、研究和反思的对象。也正是在这样的过程中，教师提升着自己的观察、研究、反思和改造教学实践的能力，这就是所谓的客体主体化、主体客体化的双向互动过程。

对教育教学的主动改造，再进一步，就是要从事自觉的教育实验。虽然主动的教育改造实践也可看作是朴素的教育实验，但教育实验确实不同于一般的教育实践。教育实验需要超越现有条件的束缚，创造条件去主动探索教育因素间的因果关系。可以说，在教育实验活动中，教师对教育活动进行审视与反思的意识更为强烈和自觉。这样，经由教育实验活动所形成的自觉实验意识与高超教育能力，就会成为教师稳定的个性品质，成为其成长的坚固内核。显然，在自觉的教育实验中，教师的发展自觉、主动、全面而且相对快速，因为这是教师主动干预、自主实现的发展。

主动的教育实践改造与自觉的教育实验都不可能离开系统的理论学习而盲目进行，教师的发展提高也离不开系统的理论学习与研究。只有通过系统的理论学习，吸收人类历史上一切优秀教育历史遗产，用教育理论来武装自己的头脑，并将之转化为自己的主动实践与实验，教师才能形成新思想，从事超越前人水平的新实践。

因此，主动的教育实践改造、自觉的教育实验以及系统的理论学习和研究是现代教师自觉发展的必经之路。

教育家之旅永无终点

在自觉的教育实践中，教师的关注重点以及思维方式，反映着教师的不同发展阶段。这种发展阶段与教师的工作年限有关，更与其自觉的教育实践与实践水平相关。如果我们做一个简单分层的话，大致可以分为以下三个层次。

第一层，朴素层次，表现为能对教育教学活动进行个别的、经验性的关注。例如，当教师面对学生时，表现出朴素的关爱、宽容、珍惜、激励与保护，并由此而引发教师对教育教学的改造。这样的情感大多数教师都拥有，是教师开展自觉朴素的教育教学改造的出发点。

第二层，抽象层次，表现为能够对教育教学活动的规律进行抽象的理论思考。这一阶段的教师肯学习、善钻研，有较丰富的教育经验、实践智慧，对于教育教学活动有独立的、专业的观点，不赶时髦、不折腾、不人云亦云，能够脚踏实地展开教育教学活动。这个层次的教师就达到了专家型教师的水平。

第三层，辩证层次，表现为能够把教育教学活动放置在宽广的社会历史实践背景下，深刻思考教育教学活动的社会定位、社会功能。这一阶段的教师视野广阔，不仅有丰富的教育经验、实践智慧，而且有系统的教育理论思考，能够对教育教学活动的发展前景作出理性判断并能付诸实践，实现教育活动水平的提升、新局面的开创。这便是教育家的境界了。

要成为教育家，有漫长的路要走，也有许多艰苦的工作要做。最终，也可能不会被赞誉、传诵为教育家。但成为教育家应成为每个教师的理想，如果没有这样的理想，不仅不可能成为教育家，甚至不能成为专家型教师，也不能成为一名合格的教师。

成为教育家的过程，就是一个怀揣高度使命感、责任感，以高尚的道德情怀从事教育工作的过程，就是遵循教育规律来开展教育工作，认真上好每一节课，满怀爱心地公正地对待每一位学生的过程……

成为教育家的“旅程”，永无终点。

（原载于《中国教育报》2010 年 9 月 10 日）

第八辑

平等的师生关系

尊师爱生是同时发生的，对等的爱才是正常的，只谈单向的师德是不正常的。

我们今天如何谈师德

师德问题常常说，说了很多年。

如今谈师德，面临着两个困境。

一个困境来自教师的多重角色。教师既要和同是成年人的同事、同行、家长打交道，又要和正在成长中的、未成年的学生打交道。教师与这两类完全不同的异质群体打交道时，遵循的是两类不同的规则。与未成年的学生打交道，教师要关心、关爱，宽容、等待，要做榜样；与成年人打交道时，教师当然应该以平等的身份去争取应有的权利、利益，承担应尽的义务与责任。但社会上的其他职业、其他人通常以教师要做榜样为由，对教师提出更高的要求，只要求教师承担责任与义务，却不希望教师享有相应的权利与回报，甚至把不争利不争权看作师德。问题在于，许多教师自己也纠结，不知是否应该去争取应得的权利或者以怎样恰当的方式去争取。比如，当教师遭遇了某种不公平、不公正的对待时，能像工人“罢工”那样“罢课”吗？能通过罢课去争取自己应得的权利吗？罢课耽误的是学生的学习和成长，罢课的教师有师德吗？这就存在思想、心理和行为上的巨大冲突。

另一个困境来自社会转型。我们已经进入一个复杂多元的陌生人社会或抽象社会，人与人之间的信任主要来自契约，而不主要来自血缘或地缘上的亲近熟识。而在涉及师德问题时，却掺杂着两方面的要求。一方面，人们要求教师像爱自己的孩子那样全身心地关心、爱护学生，要求教师全天候地为学生工作、为家长解疑，甚至带病坚持工作，认为这样才是好老师；另一方面，却用法律来“维权”，一旦出现问题，丝毫不顾人情，完全用对待陌生人的态度来要求教师承担法律责任。当人们模糊了教师工作边界来要求教师爱孩子时，却用清晰的边界来要求教师承担不良后果，这让教师左右为难，总是处于被要求、被责难的境地。我们对教师提出如此多的要求，却并不准备给教师相应的权利，甚至没有做出相应的保护。

当我们谈师德时，不能就师德谈师德，必须从整个社会规范重建的角度来谈，至少要把握好两个方面的问题。

一方面，要明确教师这个职业角色的责任、权利、义务，明确教师的工作内容与工作边界，以感恩的心来对待教师的超额付出，而不要理所应当地去提越来越高、越来越多的要求。所以，当我们谈师德时，要承认教师职业虽然特殊，是“太阳底下最光辉的职业”，但它也是一种职业，在最初级的意义上，它也是谋生的手段；教师承担着引路、育人的重大职责，因此对教师提出更多更高的要求，但是不能只有要求没有支持。要承认教师也是人，也有世俗的烦恼和压力，也需要成长的时间和空间。例如，年轻教师刚入职时，要不要给他们成长的空间？在保障育人底线的情况下，要不要保护教师的言行，保障教师的权益？很多时候，我们只是要求教师，却很少去帮助教师、保护教师。公平公正地对待教师，为教师的工作创造宽松的心理环境，是我们谈师德的前提。

另一方面，要明确师德与法律的边界和区隔，不能用师德来模糊法律责任。当前许多所谓师德问题，根本不能以道德来论，而是犯罪。罪行应由法律来解决。当然，为了学生的健康成长，要把那些不适合当教师、不愿意当教师而不得不来当教师的人，隔绝在教师队伍之外。这又涉及了教师职业地位的问题。教师地位提高了，门槛才会高，才能使那些适合当教师、喜欢当教师的优秀人才进入教师队伍。

因此，我们要在法律底线之上谈教师的成长与师德问题。

谈师德还要结合教师的专业化发展来谈。有些所谓的师德问题其实是专业水平不高的表现，是专业不合格而不是道德低下。当然，师德高的教师，往往能够发现学生学习的困难、精神上的困惑，会想方设法去帮助学生、引导学生，同时提高自己的专业化水平。学生学习生活愉快充实，师生关系就会轻松和谐，这是相互促进的。可以说，教师的爱体现在专业化活动中，更体现在日常教育教学活动的细微处。因此，对那些喜欢当教师且适合当教师的教师，社会要给他们成长和发展的空间与条件，帮助他们实现专业化的发展。

我们今天谈师德，既要对教师提要求，更要保护教师、支持教师、信任教师。全社会都要创造条件，给教师发展的空间，让教师在付出心血的同时有相应的回报，在爱学生的同时能得到学生和家长的尊敬。尊师爱生是同时发生的，对等的爱才是正常的，只谈单向的师德是不正常的。

我们希望："尊师重教蔚然成风，广大教师在岗位上有幸福感、事业上有成就感、社会上有荣誉感，教师成为让人羡慕的职业。"

（原载于《中国教师》2018 年第 9 期）

只有将自己定位为学生学习和成长的引导者与帮助者，承认学生的教学主体地位，才不会“一厢情愿”以自认为恰当的方式教知识。

平等的师生关系与开放的教学

师生关系的平等是良好教学的条件。然而，平等师生关系的建立并不容易。

基础教育阶段教师与学生在年龄、知识、能力、见识等方面的不对称，以及教育所具有的部分强制性特征，很容易让教师产生师生“不平等”的错觉。即便理智上赞同“师生平等”，但实际行为却常与“平等”背道而驰。因此，认真区分“不对称”与“不平等”，阐明师生平等的含义与价值，极为必要。

必须承认师生确实“不对称”，这是教学发生的条件。若师生在知识、能力、见识等各方面完全相同，无差距甚至无差异，教学便无从产生。无教学则无师生，更不会有师生关系。因而，教学中的师生双方一定“不对称”。

需要注意的是，恰恰因为“不对称”才更需要“平等”。我们所说的“平等”，并不是平易近人、态度好，而是能够真心对待学生，认真倾听他的意见，理解他的困难，重视他的想法。对教师而言，“平等”是能够站在学生的立场和角度来思考教学的路径、方式以及教学内容的组织与展开。例如，“过两点有且只有一条直线”，对教师来说是无可怀疑的真理，但小学生可能会说“可以有两条啊，如果线画得再细一点，还可以画三条”。显然，生活中“线有粗细”的经验干扰了学生的理解。教师若能静下心来听懂学生的意思，就可以想办法先让学生理解数学中的“线无粗细”，从而帮助学生理解“两点一线”。

当然，教学绝不应停留于“不对称”，而恰要走向“对称”并追求“青出于蓝而胜于蓝”。“平等”正是师生由不对称走向对称的路途。没有平等，很难实现真正的对称，难以培养出自信、担当的学生。

平等地对待学生，就要理解并接纳学生的不成熟，尊重学生的困惑与质疑。一方面，要认真对待学生因为水平不足而提出的问题，这正是理解学生、帮助学生的切入点。另一方面，也要认真对待学生对前人知识的质疑。因为学生虽然稚嫩，但他们所处时代的整体水平远比过去高，学生的见识、感受也非前人所能比，他们的意见和疑问中所体现的新型价值观，值得认真对待，而这也正是引导学生形成发现和创造的契机。例如，学生会质疑防腐剂可令食物保鲜期延长的“知识”，他们质疑为什么要延长保鲜期，是否所有的食物都可以加保鲜剂，保鲜食物对人体是否有害，等等。这些问题体现的正是学生的社会责任感，值得尊重而绝不能敷衍对待。

教学若能在学生对知识以及前人的不解、困惑、质疑、敬佩、赞叹中展开，便会出现师生之间平等真诚的对话，便可能有多样延展的可能，从而使教学成为开放的、可期待的活动，帮助学生在继承中成为“发现者”“创造者”，具有理性审视和评价人类知识的能力，以及创造美好未来的自信和勇气。

师生平等的关键在教师。教师如何定位自己和学生在教学中的地位与作用，决定着他以什么样的态度来对待学生。只有将自己定位为学生学习和成长的引导者与帮助者，承认学生的教学主体地位，才不会“一厢情愿”以自认为恰当的方式教知识，不会把课变成“教案剧”“独角戏”，才能以平等的方式与学生合作、交往，建立真实而平等的师生关系。

（原载于《中国民族教育》2020 年第 9 期）

如果进入学校的儿童不承担学习的义务和责任，不去建设而是去损害集体，没有得到教师有效的引导和帮助，那么他就只能是儿童而不是自觉成长的学生。

儿童 · 孩子 · 学生

“学生”这个词，几乎天天听、天天说、天天用，那么，“学生”这个词究竟意味着什么？它对教师工作有什么要求？不同的人看法不同。有的人把学生看作天真烂漫的儿童，不同的只是来到了学校；有的人把学生只看作是没有长大的、需要成人悉心呵护的孩子；等等。这些理解虽不能说大错特错，却也不准确、不全面。

通常，我们并不特别区分“儿童”“孩子”“学生”这几个词。谈到学生的年龄特点，通常以儿童的年龄特点来替代，如“儿童生性好动、好奇”“低年级儿童集中注意的时间很短”。当表示对学生的亲切态度时，常把学生称作“孩子”，如好多老师会说：“孩子们，我们一起来做游戏吧！”当然，有时要表达对学生的不满情绪，也用“孩子”：“这孩子，怎么这么不懂事呢？”“学生”一词，通常在比较正式、正规的场合使用，如“学生守则”“学生要遵守学校纪律”；又通常与教师相对应而用，如“教师与学生要相互尊重”（通常不说教师与儿童相互尊重或教师与孩子相互尊重）。有意思的是，虽然这几个词似乎可以混用，但每种用法的特定语境，恰恰暗合了这几个词各自的含义：儿童是中性词，指处于特定年龄阶段的人，与青年、中年人、老年人相并列；孩子与成人相对，既表示需要成人的关心和爱护，也表示相对于成人的弱势地位；学生则与教师平等相对，与教师一样，是一种社会身份，承担着特定的社会责任和义务。基础教育阶段的学生正处于“儿童”年龄段，是未成年人，因此学生自然是儿童；对作为成人的教师而言，学生自然也是孩子。但是，儿童和孩子则未必就是学生。争取儿童的受教育权，而且要追求平等的受教育权，平等之上还要优质，这样的追求正说明儿童不等同于学生。

当然，学生也还是儿童。所以，课程的设计和教学的实施要以儿童的心理发展规律、儿童的接受能力和儿童能够接受的方式为依据。相对于作为成人的教师，学生也还是孩子，所以教师要抱着宽容的态度、怀着发展的期待来看待其在成长过程中的不成熟甚至错误。但是，学生毕竟是学生。一旦入学，儿童（孩子）就成为学生，要承担学生这个社会角色的责任和义务；作为成人的教师，不再仅仅以成人的宽容来对待尚且是孩子的学生，也不再仅仅以成人的优势容忍甚至欣赏孩子的天真和幼稚，而要以高度的责任感、严格的要求、踏实的教学来促进学生的成长。

“学生”的成长不同于自然状态下的“儿童”的成长，也不同于父母呵护下的“孩子”的成长。学生的成长是在既定目标的指引下，经过教师有意识创设教育情境，通过主动承担教学活动中的义务和责任、完成特定的学习活动而自觉实现的。可以说，学生是在主动地参与教师（这里的教师，既是社会意愿的代表，也是学生意愿的代表）为他们创设的教学活动中成长起来的。学生既要在教学活动中主动承担责任和义务，又在承担责任和义务的过程中得以成长。

学生有学习的责任和义务。与儿童熟悉的游戏相比，教学活动有预先规定的任务，有外在于学生的认识内容，有各种严格的活动规范，……所有这些，都不是凭借自发的兴趣和已有的经验所能轻松胜任的。学生即使不喜欢，也不能逃避；即使不感兴趣，也要以高度的责任感和义务感去实现学习的目标；即使有各种内外部的困难，也要不屈不挠地努力，去赢得成功。

学生有建设和维护集体的责任与义务。学生不是孤零零的个体，而是生活于、成长于相互依赖的社会中。有着明确的目的和共同追求的集体（小组、班级、学校）是学生自觉成长的现实社会。在集体中，学生当然也还是独立自主的个体，是有思想、有意志、有情感的个体，但学生不是孤立的、不受他人影响也不影响他人的个体。在这个意义上，遵守纪律和规范、能够约束自己并以积极的行为给集体带来积极的影响，就成为学生的义务和责任，也是学生成长必不可少的重要内容。也就是说，学生不能以看起来正当的个人意愿和行为来损害集体。例如，不能因为自己想要歌唱而影响其他人学习，不能扰乱纪律使集体活动难以进行。总之，不能以个人的兴趣和意志为借口来损害其他人和集体的利益。健康的集体需要每个人的建设和维护，也只有在集体中，才能保障每个学生健康成长的权利，才能满足每个人正常的需要。

学生是在教师的引导下成长的。学生并不是自己孤零零地面对困难，也不孤零零地承担责任，更不是在无干预情况下自然而然发展。教师的帮助使得外在于学生的认识内容与学生发生意义联系；使得困难的学习变得相对容易，使平凡的生活变得不平凡；使学生超越现有的生活范围，接触、学习和掌握人类文明的精华。在教师的引导下，学生有可能养成积极而健康的兴趣，开始懂得遵守纪律的意义和价值；也是在教师的引导下，学生懂得承担责任和义务的意义，并学习成长为一个有责任感和义务感的公民。也就是说，在学生的发展过程中，教师起着重要的作用（即通常所说的主导作用），负有不可推卸的责任，没有教师的引导和帮助的自然成长，就不是“学生”的成长。即使是生理和心理发展，学生也和其他儿童不同。在教学的自觉干预下，学生的心理发展水平和速度远远好于自然状态下的儿童。赞科夫的教学实验证明，走在发展前面的教学是能够引导发展、促进发展的好的教学。“走在发展前面的教学”，是一系列自觉的设计和引导：既有教学目标的确定，教学内容的选择、加工和改造，也有教学过程中的教学转化。没有外在于学生的这些设计和引导，想要让学生在 12 年或 9 年的时间里成长为合格的公民是不可能的。

在明确了“学生”这个词所具有的含义之外，我们还应该明确这样一个观点：不是所有进入学校的儿童都是学生。如果他不承担学习的义务和责任，如果他不去建设而是去损害集体，如果他没有得到教师有效的引导和帮助，那么，他就只能是儿童而不是自觉成长的学生。如果说是“学生”，也只是徒有虚名。

（原载于《人民教育》2006 年第 11 期）

王策三先生的一生是孤傲高洁的一生，是为学术的一生。

为学术的人生

——缅怀恩师王策三先生

王策三先生的一生是孤傲高洁的一生，是为学术的一生。

站在人生的尽头，王老师评价自己是一位“比较真诚的学者”。对于生死，他看得很淡：“人生自古谁无死，一丝孤傲存人间。”孤傲是他作为学者在浊世中的坚持。

“宁为狂狷，毋为乡愿”的学者品格

王老师是有口皆碑的教育理论大家。学术贡献之外，王老师留给人们的日常印象最鲜明的是他的严格严厉、“不近情理”，甚至“不识抬举”。王老师有若干个“不”：不写序、不题字、不作传、不做生日、不报奖项、不申请课题、不与人合写文章、不拉帮结伙、不结党营私。退休后更是“不开会”“不讲课”“不作报告”“不参加论文开题答辩”等等。用他自己的话说：“绝不恋栈。”这样的特立独行、张扬疏狂，与他所在的这个世界格格不入。

比如，有机构聘他做课题评审专家或职称评审专家，事先未做

沟通而直接下聘书的，王老师一定会严词拒绝："岂有此理！这是尊重人的做法吗？他们还觉得是抬举我！"依常人看来确实是"不识抬举"。某杂志未经同意擅自发表了王老师的一篇会议发言，且多处语句错误，王老师坚决要求杂志刊发道歉声明，在不理解的人看来也真是"不近人情"。某杂志约稿，王老师校对清样时，发现稿子多处被改动，便耐心与编辑沟通解释他为什么这么写。私下王老师和我说："编辑太年轻了，不了解我。我的文章可不是随便写的，每一个字都是反复推敲、琢磨过的，每一个字都是有用意的。对于认真的作者，编辑是要尊重的。你也是编辑，一定要尊重原作者的意见，不能随意改动。如果真有要改的，也得征求作者的意见。"偏偏这篇文章的编辑也很认真且有自己的理解，最终刊印时依然有几处依编辑的理解做了改动，例如：以常用的"相去甚远"替代了王老师自己的"相去愈远"。拿到杂志后，王老师马上就发现了，当然非常生气！虽然只一字之差，但意思差了很多："我就是要表达越来越的意思！这个编辑怎么这么不尊重作者？"在一般人看来，一字之差，差别不大，如此反应，实是苛刻甚至是吹毛求疵。但在王老师那里，这是大事儿。因为他在乎。

王老师在乎学问，因而总是认真对待，认真到偏执、固执的地步。因为太认真、太在乎，便不能容忍别人不认真、不当回事儿。几年前，北京师范大学教育学部教育基本理论研究院邀请退休教师参加座谈会，讨论学术研究与人才培养等问题。座谈会纪要刊登在当年出版的教育学部通讯上，王老师的发言被摘要刊登，但有几处意思满拧，完全背离了王老师的本意。王老师大怒，当面批评时任教育基本理论研究院院长（时任院长曾是王老师学生，于是，批评就有着训导的意思，非常严厉）且要求登勘误说明。登勘误说明是个难题，因为没地方登。学部通讯一年发行一本，如果刊登也只能等到第二年。只能不了了之。一位师兄劝王老师："您这么想：谁在乎这事儿呢？学部通讯没多少人看，也没人真在乎您说了些什么。您也别当一回事儿了。”原本是为了让他消气儿的，结果王老师气之更甚。过后，王老师很无奈地说：“现在都是这么做事的?!谁都不在乎了?!事儿都不认真做了?!通讯怎么能错?!为什么不校对?!发表前为什么不让发言人审校?!简直岂有此理!”这样一连串的问题，都指向最简单、最应该做的事儿。这些事做起来并不难，只要认真一点，就不会出错。问题是，没人在乎，没人把这事儿当回事儿，都在做表面功夫。王老师像堂吉诃德一样，只自己与风车对战。他的呐喊，出了口便消了音，谁都听不到，只有在自己的内心轰鸣。这样一个人，在这个世界上就活成了只被尊敬却无人跟随的悲剧。王老师说：“金庸笔下有个独孤求败。我就是独孤求败啊!”

2010年我在《北京师范大学学报（社会科学版）》上发表了一篇回顾主体教育实验与教师专业发展的文章①，题目原为《主体教育实验与教师专业发展新机制》，编辑强烈建议改为《我国教师专业发展的实践探索》，因为可以彰显意义、扩大影响。刊出后给王老师送了样刊。王老师看后，等不及当面反馈，电话先追过来说题目不好。听我讲了题目的前因后果，对我、对编辑都极为不满。不满于我不能坚持：“这不只是题目的事儿。”不满于编辑的自以为是：“不尊重作者，不尊重学问。”再见面时，王老师依然耿耿于怀，纠结于这篇文章的题目。见王老师生气我便“和稀泥”：“王老师，您的文章编辑不能改一个字，我写的文章没那么重要，改就改了呗。”王老师跟我瞪眼，就差拍桌子：“这是什么话！王策三的文章不能改，郭华的文章也不能改！谁的都不能这么改!”依王老

---

① 郭华．我国教师专业发展的实践探索：主体教育实验18年回顾［J］．北京师范大学学报（社会科学版），2010（5）：21-27.

师的性格，自此便对这位编辑有了看法，只要事关此人，便要旧事重提数落一番。王老师为此文写的读后感中还专门提到此事儿："在结束本文的时候，还想谈几点感想。第一点，这篇文章所采取的方法和体现的学风很好。……第二点，有一丝缺憾感：题不副文或名实不副。文章主要研究论述的是教育改革实验，教师专业发展只是其重大成果之一。题目主要标示教师专业发展问题，关于教育改革实验本身及其对教育理论和实践创新的重要意义等内容的研究成果，则相对淡化了；而且，即使就教师专业发展而言，文章不是一般谈论，其可贵之处在于探讨了其新的机制即重点在于机制，而题目也未能突出出来，把它遮蔽了，减弱了文章的意义。另一方面，教师专业发展问题涉及内容很广，从不同视角研究者众多。这篇文章尽管很突出，也只是其中一（个）部分，一个方面，而题目标上'我国……'这种字样，有勉强拔高、大而不当之嫌。这些，可能是作者与编辑沟通不够，共同推敲不够！科学是严格的，应该力争实事求是，但愿并相信广大读者能看得出来并予理解。"① 某天遇到文章编辑，我笑问他对王老师的批评有何感想，觉不觉得老头儿小题大做，他说："王老师说得有道理。王老师这么详细写出来，我才真正意识到题目确实改得不好。"于是，我们俩凑一起共同感叹佩服了一番王老师。不久，《新华文摘》对这篇文章做了论点摘编，摘编的题目用了"主体教育实验促进了教师专业发展"。编辑再见我时，兴奋地高声大气："王老师就是厉害，牛啊！《新华文摘》也是用了原来的题目！"你看，王老师对他有意见有批评，他非但没有抱怨，还感激他。

对于自己的特立独行，王老师晚年时也时有反思，反省自己的

① 王策三．教育改革实验与教师专业发展：读《我国教师专业发展的实践探索》[J]．中国教师，2011（1）：61-62.

做法会不会“得罪人”，会不会“不近人情”。王老师常说“中国智慧的精华是‘中庸’。什么是‘中庸’？我认同冯友兰的说法：‘中庸’就是‘恰到好处’”。但是，如果做不到中庸呢？“宁为狂狷，毋为乡愿”。

“如履如临，临事而惧”的严谨学风

王老师特别在意教育学研究的好学风。他自己的文章就是好学风的样本。他从来不谈虚空的问题而总是从中国实际出发，致力于解决真实的理论与实践问题；他不唯书不唯上，不妄自菲薄崇洋媚外，不夜郎自大抱残守缺，不用浪漫主义的幻想去躲避现实的问题；他从不故作高深，从不用夺人眼球的标题、华丽繁复的语句，只用朴实的“大白话”，把研究成果清楚明白地呈现出来。他的文章没有一篇是无病呻吟，每一篇都是不平则鸣，都是“我要说”，都言之有物。“文化大革命”过后，王老师这一代历经坎坷的学者终于可以追寻教育规律解决中国实践问题了，但学风依然是个大问题。

在1988年的《教学论十年》中，王老师就明确提出了学风问题，提到要“继续不断地克服教条主义，经验主义，‘长官意志’对教学研究的消极影响”，主张“反对醉心舶来品，搞屠龙之术，无实事求是之意，有哗众取宠之心”的做法。① 1992年3月，他在河南安阳人民大道小学全体教师工作会议上谈“对小学生主体性发展实验的一些认识”。这个发言，体现了王老师一贯主张的实事求是、谦虚谨慎进行教育研究的学风。他说：“我们想探索一条新的思路：不打乱现有的教材体系和教学秩序，而是以教育主体（或主

① 王策三．教学论十年［J］．教育研究，1988（11）：35-40.

体教育）思想来运用现有的课程、教材、教法和管理方法，在实践过程中，逐步地研究、调整、改革和创造。”① 为什么呢？因为：其一，什么样的课程、教材、教法和管理方法能够培养学生的主体性，我们并不知道，正是需要研究的；其二，要实事求是地评估现行的课程、教材、教法和管理方法对学生主体性发展的作用，它们还不完全适应但又不是完全不适应。“我们认为，不需要、也不应该在没有多大把握的情况下，去主观构想那‘另外的一套’”②，因为没有这一套，另外的一套也没有出处。这样的研究思路，与动辄要进行“革命”，主张“不破不立”“大破大立”“先破后立”的思路相比，既显不出新意又“胆小”谨慎，既不光鲜夺目又无法鼓动宣传，但是，这是真正研究的路子，是实事求是、负责任的严谨学风。

进入新世纪以来，各种新名词新举措层出不穷，但教育学的基本理论研究却并无真正的进展，学风建设依然紧迫。王老师有多篇文章提到学风问题，甚至专列一节谈学风。例如 2002 年的《一次很好的学习》，2003 年的《一份宝贵的教育学遗产》，2004 年的《认真对待“轻视知识”的教育思潮》。王老师说：“一些含混模糊的提法或理论之所以流行，除了教育基本理论和课程论的理论建设不足的原因，也与学风建设不足有关。经过几十年的实践和发展，我们总结出和形成了‘解放思想，实事求是，与时俱进’的思想路线。我们的各项事业，包括教育改革创新事业，都必须从各式各样的土教条、洋教条的束缚下解放出来。不能做不切实际的空想，不能撇开社会条件和轻视知识来设想和谈论学生的个人发展；不能再

---

① 王策三．教育论集［M］．北京：人民教育出版社，2002：230.

② 同①.

受某种思维定式的束缚：笼而统之、非此即彼、好走极端。”① 好的学风建设是中国教育理论研究健康发展的重要前提，极为紧迫。

在2002年的《一次很好的学习》② 一文中，王老师特别提到了教育研究者的责任与能力。“因为事关国家民族的教育大计，责任重大。我们写文章，作报告，提口号，发表言论，要慎重，要负责，既要敢于负责，又要有能力负责。……我们教育工作者的确承担着‘特殊责任’，不可不慎重，不可稍稍轻言失败的风险。古人云：如履如临，临事而惧，应是箴言。”“在教育科学研究中，要善待不同意见。这既是民主作风，也是科学态度和方法。因为一方面，教育现象极其复杂，哪怕是一个很小的问题，要研究和说清楚也是很不容易的，何况是涉及面很广的问题；另一方面，任何个人总是有局限的，一叶障目而不见南山，明察秋毫而不见舆薪，几乎是难免的常有的事。因此必须靠群体的力量，充分重视（不可小看）教育学已有成果（它是多少代群体的力量结晶），特别是要耐心听取不同的、相反的意见。不能一听到不同的、相反的意见就不高兴。姑且不说不同的、相反的意见多少有可取之处而自己倒不一定是完全对的，即使它是错误的，所谓他山之石，可以攻玉，可以促进思考，防止片面性。”这篇文章发表在那场始于2004年的“论战”之前。

在那场人所皆知的著名“论战”中，王老师如他所说，“如履如临，临事而惧”，对于论战另一方的观点和意见极为重视。对于这场争论，他常说的是“争论不是为了争个我高你低谁胜谁败”“好的学术争论是能够促进学术发展的”“真理越辩越明”“我相信

---

① 王策三．认真对待“轻视知识”的教育思潮：再评由“应试教育”向素质教育转轨提法的讨论［J］．北京大学教育评论，2004（3）：5-23.

② 王策三．一次很好的学习［J］．教育研究与实验，2002（1）：12-17.

钟老师（指钟启泉教授）的质疑是从学术出发的”“对方的批判促使我们认真思考”。他绞尽脑汁思考的问题是：“为什么我们认为是常识的东西，对方会批判？”他很自信，“说到大天去，人类也得有教学”，但“教学认识论确实需要正视这些问题”。正是在王老师的引导下，我们能够以客观的立场看待这场争论，并通过这场争论提升对教学认识论的再认识。我在《北京大学教育评论》2016 年第 2 期发表的《带领学生进入历史：“两次倒转”教学机制的理论意义》一文，就是从这场争论中获得的对教学认识论的新认识。这篇文章写作时，王老师虽已在病中，但依然认真地看了全文、提了意见并甚感欣慰，认为是对教学认识论的一个提升。

“风物长宜放眼量”的学科情怀

现在的大学躁动不安，像娱乐圈一样有各种排行榜，有各种“大咖”“大腕”“大佬”。对于这种现象，王老师总问：“没人安心做学问了吗？”这既是无奈的问询又是痛心的谴责。早些年，还没有如今这么热闹的五花八门打榜，但有学科排名。北京师范大学和华东师范大学教育学科的排名，校外被拿来比较，校内用来激发教师发文章做课题申奖项。对于这种事情，王老师非常看不上。王老师常说：“第一第二重要吗？重要的是整个教育学科的水平！不要说与历史、文学、哲学相比，教育学的整体水平是太低了，就是与经济学、社会学相比，教育学的水平也低很多。”对于整天算计排名的人和事，王老师是“刻薄”的：“鼠目寸光、眼光短浅、自娱自乐、自欺欺人。”有时，王老师会为身为教育人感到尴尬和羞愧：“我们的理论研究实在不够，教育基本理论和课程理论还很薄弱。……举国大讲素质教育，却没有也不能回答究竟什么是素质教育这个问题。这是很说不过去的、令人尴尬的事情。”① 整体水平这么低，心思仅仅放在排名上，没意义。王老师说：“风物长宜放眼量。眼光要放长远，不要盯着排名，应该盯着教育问题，盯着基本理论研究。被别人超过，是件好事。”一个真正的学者，会为这个学科的发展而感到由衷的欣慰和高兴。有了学科的发展，这个学科的从业者才会有尊严，也才会吸引更有才能的人进入这个学科。没有学科的发展，在自己的小圈子里，自封大神，自娱自乐，确实没什么意思。

终究，王老师对教育学科还是满怀深情、寄予希望的。他常喟叹：“不信东风唤不回！”他对教育学科水平提升的诉求与贡献，除了自己“夜半犹啼血”的研究，很大一部分表现在对学生的严厉要求上。

王老师的学生，没有不被王老师骂过的。当我们都工作以后，王老师也老了、骂不动了。与王老师在一起的时候，最常提起的就是当时是怎么被王老师骂的、缘何被骂。王老师很不解：“我真是那样不通情理的人吗？”我们笑对：当然，就是这么不通情理。奇怪的是，大家回忆“被骂”时，竟然都是怀念、开心。被王老师骂，似乎成为一种荣耀，因为“还值得被骂”相当于“可造之材”，而不是“不可救药”。

我第一次被王老师骂是在1996年的春天，那时我跟着王老师做访问学者。通常，访问学者相比研究生来说，与导师的关系要远一些，因为访问学者并没有必须完成的任务，导师也就不必太认真太严格，差不多就行了。但是，在王老师那里，学生都是一样的。涉及学问，他是一点都不迁就的。记忆中应该是一天下

① 王策三. 认真对待“轻视知识”的教育思潮：再评由“应试教育”向素质教育转轨提法的讨论［J］. 北京大学教育评论，2004（3）：5-23.

午，我正看书，宿舍喇叭喊有我电话。到楼下门卫室接起电话，刚“喂”了一声，就听到王老师声如洪钟火气十足的命令：“你现在过来一趟！”心里惴惴不知是什么事情，但一刻不敢耽搁，骑车飞奔至王老师家。一进门，看到王老师手里拿着我写的一篇论文，心想必是与论文有关。果然，没有任何铺垫，王老师劈头盖脸就“骂”问：“你给我说说，班级授课制和讲授法是一个东西还是两个东西？”当头棒喝的感觉，记忆最是深刻。王老师就是这样，能为论文里的一句话、一个词大发其火。不热爱学问的人，视学问为儿戏的人，会觉得王老师小题大做、不近人情、刻薄苛刻。但为什么被骂过的人不记恨他呢？因为他的“骂”不是泄私愤，而是对学生负责，对学问认真，从他的“骂”里能够获得最直接的启示，豁然开朗。那天，王老师棒喝之后，就认真地讲为什么班级授课制和讲授法是一个东西而不是两个东西。王老师语重心长地说：“搞理论，要抠概念。”

现在的博士生延期答辩已是常态，但 20 多年前，推迟答辩对博士生来说，是天大的事儿，甚至是一件耻辱的事儿。那时候没有匿名评审、没有抽查，是否答辩全靠导师判断。导师担着巨大的学术责任，同时也有可能为不得罪学生而“放水”。在北京师范大学，王老师是第一个让博士生延期答辩的导师。被推迟答辩的那篇论文，与别的论文比起来，不仅不差，甚至还要更好一些。但就是因为没有达到王老师认为应该达到的水平，论文答辩就被推迟。在当时的我们看来，王老师是有点太严厉了。王老师说：“以后她会知道，我是为了她好。”这种“好”，不仅是对学生的未来，也是对着学科的未来。

2005 年开始，王老师觉得《教学认识论》有了再修订的基础和必要，但王老师自己不再参与，因为“这个事儿终究得由你们来完成”。王老师的工作，就是把他认为有价值的文章和观点，一个字一个字地录入电脑，做成电子版的摘录卡片，并在每一段摘要后面标出对这段话的理解、阐释，供我们借鉴、使用。他说："我现在是没有精力做大文章了，我至少还有眼光，有判断力，可以帮你们出出主意，帮着找找资料。"

王老师身后，人们纷纷想起他的"好"来，自发地封他为学者楷模、教育良心、教育学界的担当。若王老师地下有知，他会做何应对？王老师在一篇文章中这么评价胡克英：他"是不是一位教育家？是不是一位教育理论家？是不是一位教育思想家？是不是一位教育改革家？我以为都可以这样称呼他。但我宁愿称呼他是一位中国学者知识分子。我不知道他的名字是不是被收入什么教育家大辞典，或者什么名人大辞典了。如果已经收入了，那当然很好；如果还没有，那也不是最重要的。当今，教育家的头衔和称誉使用得相当广泛。有的是名实相副的，但毋庸讳言，也有的浅化了乃至失去了其本来的意义。我想，真正的学者，主要追求真理，讲的是真才实学，即使形式上没有被称为某某家，收入某某大辞典，他也会被收入真正的'辞典'，那就是经过大浪淘沙，人类科学文明精华中留下了他的一份贡献"①。这份评价，也可以用来评价王老师自己，或者说，王老师心目中对自己的定位就是"经过大浪淘沙，人类科学文明精华中留下了他的一份贡献"。王老师最欣赏的历史名人是谁？张载。为什么？因为张载说"为天地立心，为生民立命，为往圣继绝学，为万世开太平"。王老师说："张载的口气真大！孟子的口气也不小。"王老师还欣赏两个司马（司马迁、司马光）、唐宋八大家，尤其是韩愈，文起八代之衰。

2017 年 12 月 20 日上午，王老师去了另一个世界。

我多希望他去了一个平行空间。我写这些文字的时候，王老师

① 王策三．一份宝贵的教育学遗产［J］．教育研究，2003（7）：14-18．

能够看得到，能够像以往一样，跟我交流。如果我能听到他的声音，也许会听到他说：写这些有什么意义，浪费时间。快去干正事！

（原载于《人民教育》2018 年第 5 期）

黄先生总是能感动我们，并且能于感动之中教育我们，提升我们灵魂的境界。

我与黄济先生二三事

黄先生是我尊敬、热爱的老先生。我和其他人一样，尊称黄济先生为黄先生。每次电话接通时，我会说："黄先生吗？我是郭华。"黄先生总是先回一句："郭华同志啊，我是黄济。"嗯，好听的胶东话，黄先生的胶东味。

21 年前，我与黄先生第一次见面。这次会面，黄先生可能记不得了。1989 年 10 月中旬，我与我的两位同学，从大连来到北京，遵照导师罗明基教授的嘱咐，拜访北京师范大学的黄济教授和王策三教授。这样的活动是当时培养研究生的一项重要环节，即访学（游学）。那时，黄先生和王老师都还住在校内的丽泽六号楼。事实上，我对黄先生当时究竟对我的论文开题报告做了些什么指点，不是忘记了，而是根本没听懂，没明白。我和所有第一次见黄先生的后辈学人一样，听不太懂黄先生的胶东方言。导师罗明基所说的儒雅的黄先生与我当时见到的黄先生一点也不相符嘛，我一点没觉得黄先生儒雅风流啊。几年后，我到北京师范大学跟着王策三老师做访问学者，经常与王老师、裴娣娜老师的学生混在一起。那时的我们，也和现在的学生一样，对于自己崇拜、热爱的老师也是喜欢“八卦”一下的。那时我们“八”得最多的，是王老师、黄老师，以及王老师与黄老师“黄王不分”的革命友谊。我第一次听他们“八”黄老师时，对有同学说“黄老师特别‘帅’，‘可爱’极了”的观点提出了强烈疑问，我说黄先生很“古板”啊，一点也不“帅”。那位同学用不屑的眼光瞪着我：“你认错人了吧！”

读博士以后，和黄先生的接触多了起来。1996 年春，黄先生与王老师一同从校内搬到新风南里的中直机关小区同一栋楼的同一个单元，黄先生住 202，王老师住 402，于是常在王老师家见到黄老师，听他们谈论学问，谈论琐事，有时候也有幸能够掺和几句。1997 年底去天津参加裴老师主持的主体教育年会。那次会议，黄先生全程出席，和我们一起坐硬板车去天津，住在同一个宾馆里。会上会下的黄先生都亲切无比，非常幽默。尤其是会下，黄先生出字谜、讲掌故、评点人物，既不端老先生的架子，也不扭捏于师生间的距离，真正是潇洒、帅气、“可爱”。黄先生吟古诗出字谜，高兴地看我们“吃瘪”，然后才慢条斯理地讲出谜底，而且还“好为人师”地再详细解释，看到我们会心领悟，黄先生便得意得很，接着再出一个。讲到时下编书成风，黄先生善意地说，编书也是做贡献，“康熙皇帝就编书”……，真正是善良、宽厚、风趣，而且风趣得那么有文化、有历史。不知道从什么时候开始，黄先生的话于我不再是难懂的方言，反而觉得好听，觉得胶东话或铿锵，或婉转，节奏强烈、韵律十足，讲起故事来是很有味道的。这种变化是怎么发生的呢？也许是我的知识准备水平提高了，我的知识背景与黄先生的有了较大的重合，也就是所谓的“索引性”增强了。当然，更可能的原因是我熟悉这样的韵律了。

11 年前，我博士学业完成，黄先生是我的博士论文答辩委员会主席。

博士毕业后，我南下去南京师范大学做博士后研究，离校前向黄先生、王老师告别。黄先生拿出事先写好的条幅送我，这是我万万没有想到的。黄先生的字虽不如启功先生的那样著名，但他在教育界内可是首屈一指的书法家。黄先生竟为我这样的小字辈专门写字，这让我诚惶诚恐。我猜测，黄先生是不擅长当面语重心长，但又想表达一下语重心长的期望，于是写了这样一条条幅，条幅上用大小不同的三种字号写着："业精于勤，荒于嬉；行成于思，毁于随。郭华同志欣赴南京师大读博士后题韩昌黎进学解二句以表祝贺并与之共勉黄济一九九九年七月一日于北京师大新风南里"。

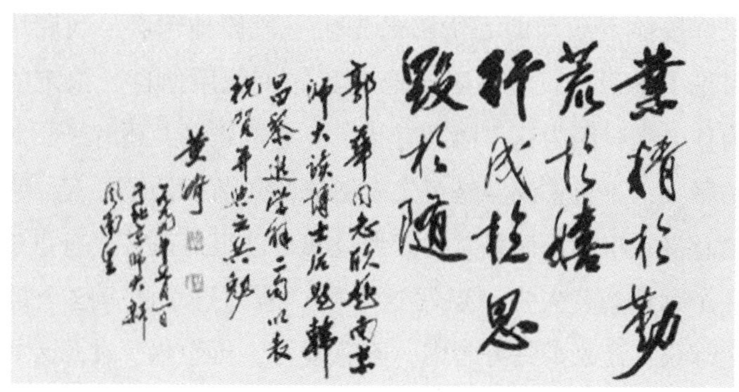

从这幅字里，我确实感到了沉沉的语重心长。信不信由你，我感受更多的是压力和重担。我要真是不精于业，不认真地学，哪里有颜面再见黄先生呢？

今年 1 月，教育家书院全力为四月初举办的成立大会做各种准备。其中的一项重要准备便是请德高望重书法又好的老先生们为书院留下墨宝。我先请顾明远先生为书院题写了院名。虽然顾先生很忙，但由于顾先生是书院院长，我便无丝毫心理负担。找黄先生时，更是直接就打了电话过去，根本没考虑过黄先生会不会不愿意、会不会拒绝等等这类问题。黄先生是教育学界的书法家，字是没得说；黄先生德高望重，是当之无愧、名实相副的教育家、教育学家。因此，找黄先生写字是最恰当不过的了。电话里的黄先生建议我先想好要写什么，还说要帮我琢磨琢磨写什么好。黄先生是这样的宽厚仁慈，我这样打扰他是不是有点过分呢？

酝酿了将近两周，二月初的一个下午，我和黄先生约好，去黄先生家。

我和黄先生像对暗号一样，各自拿出了自己准备好的文字。黄先生的那几段文字用蓝黑钢笔工工整整地写在一张两面都印满5号宋体字的打印纸上。黄先生和我坐在沙发上认真分析每段文字的意义，讨论用哪一段更好些。事实上，我一眼便“相中”了黄先生拟定的一段文字（见下图）。当然，在黄先生严谨认真态度的感召下，我也只好按捺下激动的心情陪老先生一段段地琢磨，到底用哪个好。讨论了半天，我还是固执地请黄先生就用他自己拟定的那段话。为什么呢？因为这里面既有孔子、老子语录，还有子贡对孔子语录的释义，更重要的，是黄先生把这几句话攒到了一起，它便有了新的意义在里面，而且意义巨大。我自己很兴奋甚至有点迫不及待，一个劲地劝黄先生“就写这个吧，就写这个吧，这个最好”。黄先生却说：还是要好好考虑，不急着写，再想想，过几天再写也行。我坚持这条便是最好，终于说动黄老师同意写这一段。

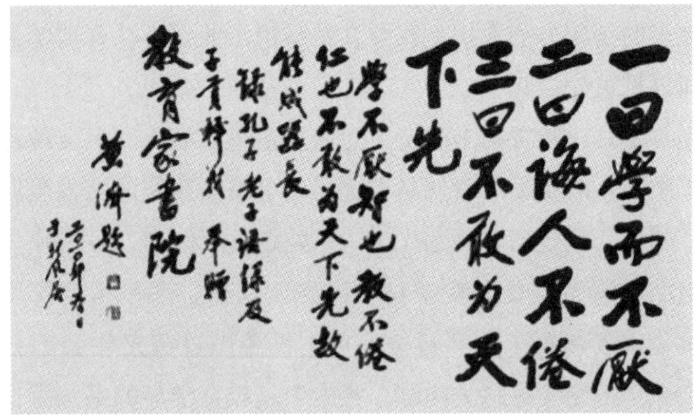

黄老师终于同意了，但又不张罗写字，而是拿出来厚厚的《四书集注》《诸子集成》两部书，一个字一个字地校对，边校对边为

我讲解孔子的“学不厌、教不倦”这句话是怎么来的，像讲故事一样。这样听着，我脑海里便浮现出孔子和子贡坐在一起推心置腹、一个“吹捧”一个谦虚的情景来。讲完孔子与子贡的对话后，黄老师笑眯眯地说：“子贡这个人，他是很会讲话的。”我心里想：“嗯，子贡的马屁真是高级。”不过，马上觉得这样想对孔圣人大不敬，于是在心里补想了一下：“不是马屁，还是挺实事求是的。能够学不厌、教不倦，真的是圣人了。”讲到老子的那句“不敢为天下先，故能成器长”时，黄先生说：“老子是很讲辩证法的，‘无为而无不为’‘将欲取之必先予之’……”。然后，黄先生笑眯眯一脸狡黠指着我拿来的两瓶冰葡萄酒说：“就像你吧，想让我写字，便先送我些东西。”我无语，只能大呼“黄先生，我好冤啊……”。不过，我很享受黄老师这么亲切“可爱”地为我讲解孔子和老子。能看到黄先生这样的亲切“可爱”状，是我的荣幸。就这样，不知不觉间，一节课的时间过去了，我享受了一节高级别的个别教学，我们也完成了校对工作。黄先生又拿出一张一面用过一面干净的小纸片来，把校对好的这段字重新誊写一遍，吩咐我拿着。于是招呼两个小阿姨，拼桌子、倒墨、铺纸，黄先生要动笔写字了。

不了解黄先生的晚辈后学，一定难以想象自己心目中的教育学界泰斗、声名远播的著名教育哲学家、书法家，他写字的家什会这么简陋。写字的桌子是用两张高低不同、大小不一的饭桌拼出来的，听着黄先生的指挥弯下腰用几本书找齐高度时，我竟然没觉得黄先生物质生活艰苦，反而觉得很有意思，“瞧，有本事的人就是这么有个性”；宣纸下铺的不是毛毡，是练字时写废的宣纸，原因不是没有毛毡，而是“我有毡子，不舍得用”——好“抠门”啊，又好浪费啊，毡子不用来垫纸不是浪费了吗，果真黄老师像葛朗台一样，只要拥有就满足了啊；充当砚台的是一个小阿姨端着的一个带豁口的茶碗，墨直接倒进这个茶碗里，黄先生要润笔时，小阿姨便手臂向前一伸把碗递过去，两个人配合得很默契。小阿姨说：“每次爷爷给别人写字的时候，我都这样倒好墨站在旁边。”

黄先生写字的时候潇洒得很，一气呵成；左右环侍三人，也威风得很。我站在旁边，拿着那张小纸片随着黄先生的写字进度提示黄先生下面要写的内容，黄先生说“千万不能错了，错了一个字就得全部重来”，因此我感觉我的责任极其重大，紧张得要死。上面提到过了，一位小阿姨负责端墨碗，而另一位小阿姨则时不常地帮着挪动镇纸。黄先生写字时的气势，让人觉得老头儿很酷很帅很威风。终于写完后，黄先生郑重地拿出两枚印章，比量着要印下去的位置，用力地印下去。印好一个再印一个，黄先生自己解释说，“这个印（指第二枚）是‘齐东人’。齐东人黄济”。

今年 4 月 10 日，教育家书院成立大会召开，我又一次打扰黄先生，请黄先生在大会上向书院的首批兼职研究员解释他的题词的含义。黄先生欣然应允，并且提前来到会场。这样的黄先生，我能用什么样的语言来感激呢？黄先生在大会上讲话时，我们用投影仪映出黄先生的题词，黄先生便一字一句地做解释，说含义。看着会场中人们专注的神情，我知道，所有的人都被这位博学、朴实、谦虚、宽厚的老人打动了。讲话完毕，黄先生竟然也“客套”了两句：“郭华同志让我讲十分钟，我也不知道超时了没有，一讲就讲多了；我的普通话也不好，好多同志可能听不大懂，浪费大家时间了。”如果这句话是我们这辈人说的，那一定是客套了，但是，相信所有的人都知道，这些在我们看来是客套话的话，在黄先生那里却是真诚的。

会后，许多人反映黄先生的讲话好，我便想着把黄先生讲话的文字稿放在书院的网站上。书院的何薇从会场录音里录出文字后，想请黄先生审定后就放到网上。没想到的是，黄先生又重新把他的讲话稿整理，亲笔写在两页 500 字的稿纸上。这份讲话稿连同黄先生为书院的题词成为教育家书院最重要的文化宝贝。我们把黄先生的题词在书画行裱好、装在相框里，挂在教育家书院的办公室里。现在，书院的网站背景也是黄先生的题词。这么做，不仅仅因为黄先生的字好，而且因为这字里饱含着黄先生的为学为人的高尚精神。黄先生总是能感动我们，并且能于感动之中教育我们，提升我们灵魂的境界。这样的字挂在书院里、放在网站上，会感动所有了解黄先生的人。

（本文写于 2010 年 8 月黄济先生九十诞辰）

考察之为考察，只能是作为他者的观看与思想。但是，考察本身，就是我们自己的亲历亲觉，是我们对考察对象的观看和思想。

世界上没有两片相同的叶子

人们常说，世界上没有两片相同的叶子。这句话通常要强调的是独特、个性，是与他人他物的不同，并以此凸显每一个存在的不可替代的独特性。独特性的价值毋庸置疑，没有独特性，事物便无法相互区分；没有独特性，事物甚至没有存在的价值。但是，独特性之所以重要，恰恰是因为共同性无所不在。无论多么独特的“叶子”，终究还是叶子，尤其是同一树种的叶子，虽有不同，但大同小异。

独特性在国别考察中是被特别强调的。中国教育界常说，美国的教育如何如何，估计美国人也会常说中国的教育如何如何。无论是学术专著还是通俗作品，但凡有涉及两国教育的，大多强调的是不同，或是优势，或是缺陷，彼之长恰为己之短，反之亦然。人们深信，考察就是要看不同的、独特的东西，只有不同，才需要借鉴。这自然是对的。但是，人们似乎忽视了考察需要注意的另外一面：如果完全不同，没有丝毫的共同之处，借鉴就不会发生。之所以借鉴，实在是因为总体上是相同的。借鉴，是为使某事某物变得更好或者发挥更多的功能，而不是为了把某事某物变成另外一个完全不同的事物。

关于美国教育，我们听到过许多，也从书本上看到过许多，获得了些许印象。但是，这样的印象，都是通过别人的眼睛、别人的思想和别人的笔触得来的。同样一件事物，不同的人看到的却不同。同样一座庐山，看的角度不同，便“横看成岭侧成峰”。那么，如果我们去美国，会看到什么样的美国教育呢？

2011 年 5 月，教育家书院首批兼职研究员（来自全国 6 个省市的 10 位在国内有影响的校长或幼儿园园长，其中 4 位是特级教师），集中一周的时间，分两组深入到美国康涅狄格州（简称“康州”）的 3 个学区的 8 所公立学校及 1 所私立学校，在教室里听课、在教室外参加活动、在校长引导下参观校园、与师生交流……，亲自观看、感受了一回美国教育。

康州位于美国东北部，是新英格兰地区的 6 个州之一，北部与马萨诸塞州相邻，西部毗邻纽约州，距纽约市只有一个小时的车程。康州是美国独立时期 13 州联盟之一，是美国文化、教育最发达的州之一，著名的耶鲁大学在康州，著名小说家马克·吐温的故居也在康州。许多世界知名大企业（如施乐公司、美国联合技术公司、美国安泰保险等）的总部都设在康州，康州可以说是美国最富庶的州之一。美国基础教育阶段的经费，由联邦、州和地方三级政府共同分担，但各州三级政府所承担的比例却不尽相同，总体来说，越是富裕的地区，地方拨款的份额就越大。“2002 年，按地方拨款所占比重排名的前几个州分别是康州、新泽西、纽约州和宾州，这几个州同时也都是美国比较富裕的地区。”① 我们所参观、访问的几个学区［蒙特维尔学区（Montville Public Schools）、费尔菲尔德学区（Fairfield Public Schools）、威斯布鲁克学区（Westbrook Public Schools）］，位于康州比较富裕的几个地区，同时，这几个学区也是康州基础教育质量名列前茅的学区。在这 3 个学区，我们参观了 8 所优秀的公立学校。这 8 所学校，学段不同——有的是小学（K-6），即幼儿园（相当于我国的学前班）至六年级；有的是初中校、高中校；还有的是包括幼儿园、小学和初中的学校。在其他方面，无论是学校空间、硬件设施，还是办学理念、管理、课程教学、教师素质等，也都有鲜明的特色。当然，这些学校也有共同特点，那就是，学生在全州的统考中成绩名列前茅，比较典型地反映了美国新英格兰地区基础教育的特点。我们访问的唯一的 1 所私立学校［派恩派因特学校（Pine Point School）］，学制为 K-8，即从幼儿园至八年级。它有自己独立的课程体系，采用小班教学。我们听了一节语文老师与 6 位学生讨论莎士比亚的课，印象深刻。

参观中小学之余，教育家书院首批兼职研究员们还参观访问了著名的哈佛大学、麻省理工学院（简称“麻省理工”）、耶鲁大学。正巧赶上麻省理工庆祝 150 周年的长达 150 天校庆的第一天，我们也体验到了麻省理工独特的办学理念和大学文化。

在短短 1 周的时间里通过参观美国一个州的 3 个学区，想要全面了解美国的基础教育自然不可能。例如，我们参观公立学校的所见所感就与纪录片《等待超人》（*Waiting for Superman*）中所反映的美国公立学校的情况截然不同。我们所见，只是美国教育之一隅，很难代表全美国的基础教育。但是，这样的考察是我们带着自

① 宋彬，黄琛．美国基础教育的经费来源分析与思考［J］．上海教育科研，2006（4）：23-26，12.

己的思想、用自己的眼睛看到的。眼光不同、关注点不同，看到的景象便会不同；即便是同一景象，也会发现不同的意义。考察期间，我们发现，中美教育确实不同，但也有许多共同的地方。比如，美国教育不像原来所听说的那样不太重视知识学习，而是很重视：一所学校三年级的学生，在开学不到 2 个月的时间，已经写了三大本作文；数学教室里到处张贴着数学符号、数学公式；一所学校还与斯坦福大学合作开展数学天才学生的培养计划……。参观的过程中，一位校长说："很多从美国回来的人一个劲儿地说美国人怎么不把知识当回事儿，那是怎么回事呢？"美国也很重视考试，甚至有全州统考。在我们所参观的康州，每年都有面向三至八年级学生的全州统考。美国的校长也一样为了考试排名烦恼。我们在费尔菲尔德学区参观时，学区教育局局长很自豪地说，他们这个学区每年在全州的统考中成绩都名列前茅，同时微笑着向在座的校长们说："相信你们能做得更好。"

当然，考试成绩名列前茅也可由不同的途径达成。美国学校强调通过学生主动学习的方式来实现知识学习，课外学习甚至野外学习也有。这样的学习方式，中国没有吗？当然有，甚至在 20 世纪 80 年代就已经有。重视学生主动性、主体性的实验就有许多，著名的如杭州的"三自实验"、南京的"三个小主人"实验、北京的"小学生主体性发展实验"等等；课外活动、兴趣小组，生产劳动、学工学农，都做得很规范也很有成效，真正实现了课内外一体化、课内外相融合；从生活中学习、把学到的知识在实践中运用，搞小发明小创造，我们做得也很好。但是，当下的中国教育，似乎总被批判成没有关注学生的主动性，学生的实践活动太少，至少没有像美国学校那么普遍；而且迫于升学的压力，有些活动甚至会被取消或者只是走过场。从根本上说，强调学生的主动性，强调课内外融合，并不是某个国家教育的特例，而是学校教育本身的要求，是学校教育教学内在的特征。没有这些，就不能被称为教育，至少不能被称为好的教育。正因如此，我们才会羡慕那些能够真正开展这些活动的美国学校吧！所谓“虽不能至，心向往之”。我们知道，学校教育应该那么做，当有条件的时候我们一定会做，没条件的时候我们便要创造条件去做。

考察中，令我们羡慕和感慨的方面还有许多，例如，充足的教育教学资源，学校空间安排、环境布置的教育性，丰富的课外活动，等等。

尤其是他们对学校中少量特殊学生的特殊干预与关怀，令我们感慨万千。无论是天才学生还是智障学生、学习落后学生，都有专门的老师有针对性地对他们进行教育教学，非常人性化也非常个性化，保证了每个学生都能得到最好的发展。我们的校长们说，虽然我们还没有他们那么近乎奢侈的条件可以安排专门的老师来进行特殊教育，但是，我们应该研究，从而找到特殊学生的特殊需要和特殊的学习方式，让每个学生都能得到最好的发展。

考察之为考察，只能是作为他者的观看与思想，与置身其中的亲历亲觉不能同日而语。但是，考察本身，就是我们自己的亲历亲觉，是我们对考察对象的观看和思想。在这种意义上，我们反复提及表达的，正是我们经由所看到的东西，产生的自己的思想。换言之，表面上，是我们对“他者”的表达，事实上，我们表达的正是我们自己。正是在这个意义上，不同版本的“美国教育考察笔记”便有其各自存在的意义。

（本文原载于《差异？差距？——中国校长美国考察笔记》，教育科学出版社 2012 年版）

真正的教育，是文化水平与精神境界的共同提升，是情感与理智的统一，是头脑与心灵的共舞，是融汇历史、现实与未来的社会实践。

好的教育都是相似的

2011 年，教育家书院兼职研究员去美国考察时，我们以局外人的观察者视角，发现了许多中美之间的差异。我以“世界上没有两片相同的叶子”为题，为《差异？差距？——中国校长美国考察笔记》写了序。

2012 年、2014 年教育家书院兼职研究员先后去芬兰等北欧国家和以色列做教育考察。出发前，我们也定了非常明确的考察主题，例如，考察芬兰学校的课程、教学与教师培训，弄明白以色列天才教育的基本思路与课程设置。但是，在考察的过程中，在与对方的交流过程中，我们观察者的身份慢慢淡化。在当地的教育现场，我们从观察者转变为轻度的参与者、体验者，去切身感受、体验他们的教育活动。当我们去感受、去体验、去参与的时候，会发现，真正能够打动人，也是难以直接学到的，是如何“用心”，如何把外在的课程以及种种物质条件和所有的活动，变成孩子能够自在生活的环境，如春风化雨润物无声。

“见贤思齐焉，见不贤而内自省也。”考察的过程中，我们边观察、边思考、边讨论，竟然慢慢地从考察具体的事项，上升到了相对抽象的精神境界的讨论。国家不同、文化不同、制度不同，有些东西是学不了的，但好的教育是共通的，尤其在精神层面是相通的。真正好的教育，不仅超越了制度、超越了物质条件，也超越了具体的教学法，而与教育信念、生活态度有关。好的教育，从来不直接指向国际学生评估项目（PISA）成绩，也从来不紧盯着“诺奖”，好的教育是帮助人成“人”的，是向善、向好、向上的。

好教育的形态，是理智与情感的统一，是头脑与心灵的共舞。

用高尚的精神境界来感染人

遇到合适的场合，我特别乐意分享不经意间收获的感动。在北欧、以色列，也有这样的感动。

1. 每一天都是美好的

法尔·什玛里亚胡·沙隆学校（Kfar Shmaryahu Hof Hasharon School）的校长高大英武，却意外地和蔼亲切。他曾在部队服役，位至中将，退休后到了这所小学。这样一位曾经的军人，在处处是小朋友的校园里却丝毫没有违和感，甚至非常和谐。他的高大，映衬着小朋友的娇小可爱；他的和蔼宽容，凸显着孩子们的调皮可爱；他沉稳缓慢的步伐，好像是为了让孩子们有时间来到他的身边环绕着他欢笑。他的办公室就是门卫室，大门永远对所有的教师、学生、家长敞开着。我们到访时，简单的欢迎仪式之后，他便向我们说：“我的父母是在天津长大的，是中国人救了我们。”他对中国人的友好是发自内心的感恩，不是客套，没有虚饰，满满的都是真诚。

但是，真正让我觉得他特别的，是他对一位校长提出的问题的回答。也正是这个回答让我对这位只相处了半天的校长念念不忘，成为我生命中一段重要的记忆，甚至成为我思考人生价值的宝贵参考资料。当时，一位校长问他：“您觉得在部队工作好，还是在学校工作好？两者有什么区别？您更喜欢哪一个？”

他的回答竟然是：“这两项工作都是我喜欢的。我在我最合适的年龄从事着最合适的工作。我现在的年龄不适合再去做我当年在部队做的工作了，同样，当年的我也办不好现在的学校。我感恩我能有机会做这样两个完全不同但都有意义的工作。”

本来常见的问题，但因他的这个回答，变得狭隘而境界有限。

这种积极的心态、高尚的境界会在日常生活的细节处、在孩子们生活的最切近处对孩子们发生影响。我们中国人常说身教重于言教，就是这个道理。

2. 祈祷明天的太阳早一点升起

另一位令我印象深刻念念不忘的也是一位老校长。这是我们要离开以色列之前去的最后一所学校，但依然令我们惊讶。这所学校属于某个基布兹，从幼儿园到高中，这个基布兹的所有孩子都在这里读书，校园辽阔、学生众多。校园里有悠闲漫步的公鸡、母鸡和孔雀，有规划整齐的庄稼地，有巨大的奶牛场，甚至还有一个马戏团。想不到的是，在这样的环境下竟然有明亮的教室、先进的教学仪器和设备，有非常具有创意的学生作品，更有亲如一家人的校长、教师与学生在一起的温馨画面。而校长呢，就像你脑海里最典型的农民大伯一样，笑容淳朴、眼神纯净、言谈爽朗而可爱，忙里忙外地愉快地张罗着，丝毫没有身为一个大校校长的威严。当他带着我们坐着拖拉机巡视他庞大的校园时，我们已经像多年的老朋友一样，谈起他多年前的往事。

他说，他在这里度过了他的少年、青年时代，在这里收获了纯洁而美好的爱情，大学毕业后他和夫人一起回到母校当老师，后来他又成了校长。“年轻时候我是很帅的，是我夫人追的我。”他笑了起来：“她追得很猛，所以，我只好答应了！”我们爆发出了哈哈大笑，为了明显的“此地无银三百两”的小伎俩。哈哈大笑过后，我真的被他感动，感动于他幸福的炫耀，感动于他步入老年后还能如此幸福地回想年轻时的美好，感动于他能够与初见面的人敞开心扉放松地度过每一刻而并不公事公办地冷漠应对。他对我们说，他很幸运能够在自己上学的学校里当教师、当校长，他一生中最美好的回忆和最幸福的生活都在学校里，没有比这儿更让他感到幸福的了。

与这位校长和他的同事、学生们共度了半天之后，我们要离开学校、离开以色列了。我们的一位校长离别时问起这位与我们已经成了“老朋友”的校长：“你管理这么大一个学校，很辛苦吧？”这位老校长一脸真挚地说道：“不累啊。每天晚上睡觉前我都会祈祷，祈祷第二天的太阳早点升起，这样我就可以早点到学校来工作了！”

挥手离别，上车，校长目送我们离开。这位像邻家大爷似的校长，令人敬佩、感动。他的忘我工作，不让人觉得高大而只觉得亲切、平凡、真实。他不是在工作，而是在生活；他不是在奉献，而是在全副身心投入的生活中获得乐趣和幸福。这样一位校长，让那些把工作当作赚钱工具的人，显出“小”来，也让那些想要凭借工作争名争利的人，生出羞愧。

老校长的朴实、真实、平凡，会影响到学校中的孩子们。他们也会和他一样，以做事为乐，在努力工作中获得幸福和自尊。

3. 有价值的事情总会有时间去做的

我们在以色列参观的第一所学校是我们常说的那种重点小学。这所小学环境好、师资强、课程丰富多样，处处都显示出这是一所好学校。在这所占地面积并不大的学校，一进校门就见到墙面上彩绘的和平鸽，进到教学楼里，又会见到走廊墙面上的和平鸽。和平鸽在天空飞翔、孩子们在草地上嬉戏、全家人平和地望向远方的儿童画，平静而强烈地表达着人们向往和平的内心愿望。

在这所学校，包括我们参观过的其他学校，除了和平鸽以及和平鸽所表达的意象之外，看不出任何战争的影子。孩子们是正常的学习生活的状态。

让我们感兴趣的是，这所学校有一位从中国留学回国的中文教师，她负责中文选修课的教学工作。看得出来，她的教学很有效果。为了欢迎我们的到访，孩子们贴出了欢迎标语，还用汉语朗诵了一段欢迎词，表达他们对中国客人的情谊。

学校的社团活动、选修课多样，给予学生极大的选择权，让学生在上学期间就体会选择的权利，培养他们选择的能力。这种自己做主的情形，在社团活动中表现得尤为突出。考察期间，正好遇到一个体育社团在策划一次活动，孩子们周密的思虑和一本正经的策划以及间或的争论，在我们看来非常有趣。

学校开这么多的课程、做这样的活动，时间是如何保证的？就这个问题，参访团的成员与校长讨论了起来。最初，校长是从技术层面解释的，解释如何保证有时间开设这些课程、开展这些活动。在几个参访团成员的不断追问下，校长似乎有些“招架”不住了。于是她很严肃地说：“如果你认为这活动是有价值的，就总会找到时间去做的。”我大以为然。

较之技术上的设计与实际操作的可能性，价值立场和价值追求大概才是办好学校的第一要素。有全局观、有追求，才能寻求技术上的设计与突破。反之，只执着于技术、操作，不可能从整体上为学生发展创造条件。

乐观的情绪与理智的力量

犹太人虽然有苦难的过往，但他们却有着乐观的心态、积极向上的精神。上面提到的三位校长，就是普通犹太人的代表。

1. 对美好生活的向往

巴以冲突世人皆知，去以色列之前，听人说那里安全而井然有序，完全不能想象。只有到了那里，才知所言不虚。

著名的戈兰高地是到访以色列的必去之处。在那里可以鸟瞰曾经的战场，可以像面对清晰的沙盘一样推演曾经的战争。我们到达戈兰高地时，叙利亚内战打得正酣。天气晴好，炮声听得到、炮火看得到，近在咫尺。问导游海伦："不会有事儿吧?""没事儿!"海伦丝毫不受炮火的影响，为我们讲述以色列历史，讲巴以战争，讲叙利亚内战。这份从容的劲头不知是从哪儿来的。大约是因为，战争作为和平的反面，更能让人体会到美好生活的意义。是得过且过，还是让每一分钟过得更精彩、更有价值？这是一种价值选择，也是生活态度。以色列人不仅要正常生活，还要活得积极、活得美好。

通向戈兰高地的路上，塑料瓶被收在透明筐中，像是后现代艺术装置；路边用废料制成的小动物模型竟然憨态可掬；向游人出卖旅游纪念品的小店窗明几净，娇嫩的小野花被精心地养在花盆里；……除了炮声不时传来，没有其他迹象让戈兰高地上的联合国战事观察员能看出这里正有一场战争。

在以色列，到处可见年轻的士兵。哭墙、死海，都有大量的士兵，我们都遇到过。他们年轻、腼腆、友好，他们眼神纯净、有活力。导游海伦说：一个国家是否爱好和平，要看她的士兵、看士兵的眼睛。可贵的是，在战争的和平期，我们看到了士兵眼里的友好和纯净，看到了他们和普通年轻人一样的可爱和调皮，他们爱自拍、爱扎堆、爱展示自己的美好。热爱和平，是普通人共有的价值观，在战争频仍、战火随时可能点燃的地方，有着这样眼神的士兵，让我们相信和平是可能的、可贵的。这样的士兵是怎么来的？与家庭教养、与社会中每个人的修养、与学校教育分不开，与他们的整个生活分不开。孩子们的样子，是整个社会环境、精神风貌的反映。

2. 理智的力量

人们知道以色列是以犹太人为主体的国家；知道爱因斯坦、马克思、扎克伯格是杰出的犹太人；知道犹太人聪明，有大量的诺贝尔奖得主；知道以色列有著名的希伯来大学、魏茨曼研究院；知道以色列现代化程度高、经济实力强，有先进的科学技术，是一个发达国家；知道以色列人的生活水平高、生活环境好；……但是，很少有人知道这是一个沙漠面积几乎占国土面积一半的国家，是严重缺乏淡水的国家。因为，当你置身以色列时，几乎看不到沙漠的痕迹，处处是绿树、鲜花，普通人家的窗台上也有鲜花盛开，干净整洁。

以色列人用自己的智慧、勤劳实现着心中的美好生活，在资源缺乏之地，建成一个民主自由的、现代化的发达国家，令人敬佩。例如，在沙漠上造出绿洲，除了源自犹太人建设自己家园的强烈愿望之外，更重要的是他们有海水淡化技术、滴灌技术。再例如，以色列并不是钻石的主要产地，却是世界上最大的钻石加工出口国。原因当然是犹太人有最好的切割工艺，有顶级的设计。正是因为有类似的坚实的理智基础，以色列才成为如今的以色列。

教育是理智与情感、头脑与心灵、知识与境界的统一

在芬兰访问时，导游特别有感触地说：芬兰人对孩子是真的用

心，认为每个孩子都是上帝的礼物。以色列人同样关注孩子的教育，他们认为孩子是民族的未来，孩子们是什么样的，民族的未来就会是什么样的。我们在考察中深切地感受到，无论是芬兰还是以色列，都能够理智地为孩子着想，为孩子的发展做各种积极的努力。

1. 向学生展开世界

在芬兰，有专供大人体验小孩子生活（如活动困难）的高大桌椅，提醒大人要从孩子的视角看世界；也有拓展孩子视野的高椅子，为的是他们能够不局限于现有的视野而能见到更广阔的世界。

在以色列，最知名的希伯来大学设有青少年活动中心，大学教授和顶级科学家为中小学生讲课、做实验，把深奥的科学原理融入学生能够进行操作和思考的小实验，用心而周到。尤其可贵的是，这些实验的仪器大多并不昂贵，或以生活中常见的器具做替代，或者是最基础的、能够让孩子们自己动手制作的简朴材料。无论是实验本身还是实验材料，都能让孩子们体会到科学实验与生活的零距离。

著名的魏茨曼研究院，也设有青少年活动中心。如果说希伯来大学的青少年活动中心是用孩子们可理解的方式带领孩子们走向科学世界的话，那么，魏茨曼研究院的青少年活动中心则通过精心的设计，让小朋友们通过自己动手、观察和思考，去发现生活中的科学，理解科学，发现科学与生活的关系。在魏茨曼研究院的接待中心，迎面可见一个问题光柱，催发你的大脑转动起来。

青少年活动中心工作人员的T恤背后是一个大大的问号。这里可不是疯玩的地方，要认真观察思考，处处都会让人感到惊讶。活动中心的每一个地方都值得你动脑筋。例如，如果你足够细心，会发现道路两旁的高杆上有格式塔图像；随着距离的变化，你会看到同一个装置会显出不同的图像，走到近处，它会变成爱因斯坦的图像。

无论是希伯来大学还是魏茨曼研究院，设立青少年活动中心的目的，是让孩子们接触到最好的资源，在最便利的条件和环境中自觉地成长。

2. 创设自然可亲的教育环境

学校的设计更是如此。校舍无一例外地朴素，但功能完备。教学、实验、运动、玩耍，孩子们在这里生活和学习感到自在、自如、舒心、安全，能够把自己与环境完全地融为一体。出于战争的原因，每所学校都有防空教室，即使在战争状态下，学校里的学生也可以在相对安全的环境下正常学习。在这里，校园就是孩子的乐园，是为孩子的活动和发展而建的，并不追求高档奢华。

虽然朴素，但依然很美。校园里的艺术品大多出自学生之手，自然、稚朴、充满童趣。校园的设计，看似无心，实则极其用心。这样的校园把学习与生活联系在一起，让学生在多样丰富的情境中从事严肃严谨的科学学习，将理智与情感完美地融合一起。

看到这样的校园，也许你会想到，孩子们正是在这里，从自己当下的生活和经验出发，经过学校生活，走向书本所呈现的更广阔深邃的世界，再返回到校园中留下自己对世界的稚嫩探索，从而走向更广阔的未来世界。

3. 铭记历史，创造未来

在以色列访问期间，导游海伦每天随身携带的最重要的东西，是以色列的历史年表。这个年表由大小相同的几个塑封的长方形纸片连接而成，易折叠，易携带，全部展开会有几米长。海伦刚把我们接到大巴车上，就拿出了这个宝贝给我们科普以色列的历史，此后每天都要拿出来，不断科普，将某个年代与某个地点对应，或者把某个时间与某个人物、某个事件对应。所有拿出来讲解的历史，都依然有着鲜活的生命，都还有意义。以色列国家博物馆室内珍藏的“死海古卷”和室外的“第二圣殿”模型以及耶路撒冷的犹太人死难者纪念馆都令人震撼。抛去其他更复杂的因素，单就以色列对历史的尊重和铭记，这个民族就值得敬佩，这也是这个民族能够发展的重要因素。有历史感的民族才会更自觉地创造美好未来。教育就是让学生了解历史、融入历史，就是让学生能够站在历史的高山上（或废墟上），去展望未来、创造未来。

对于不同国别的教育，人们通常会贴上易于辨别的标签，例如：芬兰，PISA 测试成绩优异；以色列，精英教育；中国，基础扎实；美国，自由、创造；……但是，这些标签都只是表面的刻板描述，丝毫不能揭示鲜活而复杂的教育活动，更何况，真正的教育在根本上是相通的、相似的。真正的教育，是文化水平与精神境界的共同提升，是情感与理智的统一，是头脑与心灵的共舞，是融汇历史、现实与未来的社会实践。

（原载于《理智？情感？——中国校长芬兰、以色列考察笔记》，教育科学出版社 2016 年版）

后　记

在每个人的心目中，都有关于教学模样的独特想象。在夸美纽斯那里，教学应像一部精密机器的运转，可以实现少教多学的理想；在苏霍姆林斯基那里，教学是师生间每时每刻进行着的心灵交融，为的是点燃学生渴望知识的火花。

渴求更好的教学，是教学改革不竭进步的动力。在这个意义上，教学改进没有终点，教学研究永无止境。但事实上，我们对教学活动的认识和理解，对学生学习的机制、知识转化的机制、师生交往的机制等的研究，与它本身的复杂和幽深相比，相当表面、相当浅薄。好的教学实践以及对好教学的判断，大多停留在经验层面，教学实践及教学研究的科学化依然踯躅于起步阶段，能够提供新认识、新见解、新方法、新工具的持续深入的教学改革实践少之又少。一些名之为改革的改革，或是旧有观念的新做法，或是旧做法的新说法，或是哗众取宠的新花样，更有看似严肃实则背离教学本性的做法假借改革之名大行其道。可以说，教学科学化的道路依然漫长，追求理想教学的道路并不平坦：不只要一往无前，还要分一丝神识去探查分辨“真假美猴王”。

现实的课程教学实践，总是课程教学的基本问题的折射。教师与学生、知识与经验、过程与方法、理智与情感、分科与综合、继承与创新、学校与社会……，这些难舍难分纠缠在一起、困扰课程教学理论与实践的要素，是教学活动三要素，即教师、学生、知识的变形与转化，是使教学复杂丰富、充满张力、具有无限可能性的基本要素。处理这些要素之间的关系，是深化教学认识、推进教学改革的重要理论前提。这本书的主要努力，就是在思想上、理论上重新认识、理解这些关系。

这本书汇集了笔者20多年来对我国教学实践及教学理论研究的观察、思考和回应。虽然是个人作品，却映出了新世纪20年来我国教学改革实践与研究的共同议题。对核心素养、深度学习、课程内容结构化、跨学科学习、教学方式转变、师生关系、教研活动等的思考与讨论，立场都在学生发展上，让学生成为教学主体，让知识学习成为学生认识世界、走进历史的通道，让学生成长为能够创造美好未来的主人。对这些问题的思考与讨论，既是对已有理论研究成果的继承、弘扬，又有来自一线优秀教学实践和优秀教师的启发，是理论与实践智慧的互相转化。若这本书能促进我国教学理论与实践的持续深化，那便是她最大的愿望。

选入这本小书的文章，大多是已经发表了的，但也有少量未曾发表过的演讲稿或网站上的网文。选入本书时，在文字上做了适当删节与校订，有些文章的标题也做了调整。

感谢教育科学出版社多年来对我的厚爱，感谢本书责任编辑方檀香老师，她的认真、细心、专业、敬业，让我深切地感受到“责编”这个默默无闻角色的伟大。正是因为有她，这本书才呈现出了她所能够达到的最美好的样子。